WHAT IS MANAGEMENT?

経営学とはなにか

伊丹敬之

HIROYUKI ITAMI

日本経済新聞出版

はしがき

この本は、新しい構想で書かれた、経営学の概論書である。

英語のマネジ（manage）という言葉の起源はラテン語で、「(馬を）手で御する」という意味だそうである。馬を御するのはそれほど簡単ではないために、「なんとかする」というニュアンスがこの言葉に生まれ、それがマネジにも引き継がれているそうだ。

経営学とは、組織の経営プロセスを研究する学問だが、それは「組織を統御すること、うまく扱うこと、なんとかすること」を研究する学問だ、ということになる。

そんな「語源的発想」が私のなかにここ数年、大事な視点の一つとなっていた。そんなときに、新しい経営学の概論書の構想をつくる作業が始まった。「経営学とはなにか」というタイトルの概論書、入門的な本を書きませんか、という持ち込み企画が日経ＢＰの堀口祐介さんからあったからである。

その作業の結果、経営学の新しいユニークな体系を提案したものになったのが、本書である。その新しい体系そのものが、「経営学とはなにか」というこの本のタイトルへの、私なりの答えである。

実際に組織全体のトップとしてあるいは下部組織の長として、「経営」という行為を仕事としている人たち（リーダーと呼ぼう）がなにを行うべきか、を経営のステップの順序で考えて、浮かび上がったリーダーの行動を体系化したものが、本書の内容となった。以下のようなシンプルなものである。

―　1．未来への設計図を描く　―

2．設計図の具現化のために、組織のメンバーに仕事をしてもらう、いわば「他人を通して事をなす」、そのための仕組みをつくる
3．現実の実行プロセスで想定外の事がおきたとき、対処行動をとる
4．右の三つのステップのあちこちで、必要な決断をする

これが、本書の第Ⅰ部「経営行動の原理」の概要である。「想定外への対処」と「決断する」ということを経営学の体系のなかに位置づけている点が、ユニークな点といえようか。

この第Ⅰ部に加えて本書では、現実に経営行動が大量にとられている企業という経済組織に着目して、その企業という存在の本質を考える第Ⅱ部がつづく。経営行動は必ずしも企業組織にだけあるのではないが、しかしわれわれの経済社会での企業組織の活動の広範さと重要さを考えれば、経営学の概論書としては当然に書かれるべき部分である。

私がこの本のターゲット読者と考えたのは、経営行動に頭を悩ましている人、悩ましはじめている人、あるいはいずれその悩みがくると準備している人、である。具体的にいえば、たとえば、企業の経営者、管理者、社会人の経営学初学者である。もちろん、いずれ経営の仕事をすることの準備を意識している学生を入れてもいい。

そうしたかなり幅のあるターゲット層に対して、概論書として、「初学者でも読めて、しかし経験者の心にも響く本」にしたかった。経営学概論という入門的位置づけの本として書いているが、しかし経営の経験のある人たちの心にしみる部分もあるような本、自らの経験を自省し、全体をながめ直すのに意味があるような本を書きたかった、ということである。

経験者の心にも響く本とは、経営の現場で悩んでいる人たちが、「ああ、そうだよな」と頭のなかの霧が少しでも晴れるような思いを持てる本、とでもいおうか。「ああ、そうだよな」とは、劇作家・小説家の井上ひさしさんが「いい小説とは」を語っておられる文章から得たイメージである。

人間は人生の喜怒哀楽、さまざまな複雑な人間関係の悩み、あるいはときおりの爽快感、そんなことを日頃から感じている。それは多くの人の体験なのだが、その体験者たちが自分自身の言葉でその「感覚」を適切に表現できないことが多い。その人たちが、小説を読んで、「たしかにこの通りだ。自分の感情の動きをこの小説は自分に代わって表現してくれている」と思ってもらえるような小説がいい小説だ、と井上さんはいうのである。だから、「ああ、そうだよな」なのである。

経営の現場で経営にさまざまに悩み、ときに喜んでおられる人たちが、この本での経営行動や企業の本質の整理の枠組みとその枠組みのなかでの説明を読んで、「ああ、そうだよな。自分が明確に意識していたことが整理されているし、意識もしないままに漠然と感じていたこと・思っていたことも、ここには書いてある」と感じてもらえるか。それが、私にとってこの本の成功のイメージである。

経営学の概論書としては、高いハードルの目標である。その目標にこの本が到達できたかどうかの自信はないが、しかしこの新しい体系の提案を世に送り出すことにした。そんな「大それた」ことをする気になったのも、私が人生の最晩年の時期を迎えていることと無関係ではなさそうだ。

さて、こうした発想での本書の全体の枠組み（とその枠組みのなかでの各章の説明）をつくるにあたって、二つの原点を大切にしようと意識した。

一つは、組織内のさまざまなリーダーの立場に立って、その人たちが経営についてクリアな思考ができるような助けになること。そんな思考枠組みを現場のリーダーたちが必要としている。

もう一つの原点は、重要と思える経営現象を私なりに理解できた・説明できた、と思える論理を書いてみたい、という私の長年の研究哲学である。その哲学に忠実に、新しい経営学の体系化を考えたかった。言い換えれば、自分の長年の経営学者としての知見・経験を集約した本を書きたかった。

ただし、こうしてでき上がった本書の「経営行動の全体像」は私の考える「全体像」であり、それが唯一無二だというつもりはない。この全体像よりもさらに明快で、多くの人の思考を助けるものがあるのであれば、そちらを使ってほしい。ただ、こうしたスタンスで、「著者の思い」が反映された経営学概論書があってもいい、と思ったのである。

その「著者の思い」の一つの象徴が、各章の末尾にその章に関係の深い経営者あるいは学者を紹介するコラムをつけたことである。そのコラムでは、彼らの一般的な紹介というより、私がどのように彼らから影響を受けたかを一種の自分史のような感覚で書いた部分がかなりある。自分史の断片をそこで書いているともいえる。私も、そんなことを書き残したいという気持ちが自然に生まれる年齢になった、ということであろう。

そんな思いの詰まった本書の、きっかけとなる企画の持ち込みから具体的な編集まで担当していただいたのは、長年の戦友である堀口祐介さんである。自分の過去をある意味で総括するような本を担当していただくのに、もっともふさわしい方である。記して、心からの感謝を捧げたい。長年、ご苦労をおかけしました。

二〇二三年三月

伊丹 敬之

『経営学とはなにか』目次

第2章 未来をめざす流れを設計する
――未来への設計図を描く②

第3章 組織的な影響システムをつくる
——他人を通して事をなす①

第4章　現場の自己刺激プロセスを活性化する

——他人を通して事をなす②

第5章　想定外に対処する

第6章 決断する

第Ⅱ部　企業という存在の本質

第7章　企業という存在の本質

第8章　本質と原理の交差点、そして企業統治

終章　経営を考えるための一六の言葉

造本・野網雄太

序章

経営学の全体像

経営学とはなにか

組織を経営するとは、なにをすることであろうか。なにをすることだと思うと、現実の経営がよりクリアに見えてくるだろうか。

この本全体を貫いている「経営するということ」の定義は、

「**組織で働く人々の行動を導き、彼らの行動が生産的でありかつ成果が上がるようなものにすること**」

というものである。

この定義をつくるのに、私は第8章の学者コラムで紹介するドラッカーの見解をベースにした。彼はその主著『マネジメント：課題、責任、実践』(*Management: Tasks, Responsibilities, Practices*)の最終章で、経営者の責任についてこう書いて締めくくっている。

「経営者は、組織をつくるという道義的責任と、一人ひとりの人間の強みを生産的なものとし、成果が上がるようなものにする責任を引き受けなければならない」(伊丹訳)

まことにその通りだと思う。

こうした定義の「経営すること」は、どんな組織でもその頂点に立つリーダーがしなければならないことである。企業であれ、そのなかの事業部でも、課でも、あるいは国、病院、行政組織、大学、あるいは大学のサークル、あらゆる組織に経営はある。

そうした組織のリーダーが組織を経営するためにとる行動を「経営行動」と呼ぶとすれば、経営学とは経営行動の原理的解明をめざす学問である。なぜある状況で特定の経営行動が成果を生みやすいか、その原理を論理として解明するのである。

それをややくわしくいえば、経営行動というやや漠然とした行動の全体をどのように捉えるかの把握と整理の枠組み、そしてそのなかでの適切な経営行動の概念の提供、その経営行動がなぜ成果を生むかの論理の準備、そうした作業全体が経営学の役割であろう。その具体的内容はこの本の次章以下でじょじょに明らかにされるが、あえて集約していえば、つぎの二つのことが、経営学が目的とすべきものだと、私は考える。

・経営現象の理解のための枠組み、概念、理論の提供
・有効な経営行動の提示と、それがなぜ有効かの論理の提供

こう考えると、経営学の本質は金儲けのための学問ではないことが理解できるだろう。多くの人が生産的に働き、きちんとした成果を上げられるための基礎知識を提供するのが経営学なのである。そこでいう成果とは、カネだけではない。組織の多くは、非営利組織、公的組織なのである。また、企業ですら、利益だけが成果変数である必要はない。

しかし、経営がもっとも注目されるのはしばしば企業経営である。それは、企業がわれわれの社会で果たしている役割・機能の大きさから考えても当然だし、また企業組織のなかの経営者をはじめとしてさまざまな下部組織のリーダーたちの多くが、「経営する」という作業をしている。だから、広義の経営学としては、経営行動一般の原理だけでなく、企業という存在そのものの本質の議論とその本質と経営行動の原理のかかわり合いの議論をすることが大切となる。

したがって、この本の経営学の体系が、経営行動の原理を議論する第Ⅰ部、企業という存在の本質を議論する第Ⅱ部、と分けられているのである。経営行動の原理の議論が「狭義の経営学」、それに企業存在の本質まで含めると企業を中心にした「広義の経営学」となる、と考えればよい。

この本での、経営学の全体像

第Ⅰ部の経営行動の原理では、経営者あるいはリーダーが経営行動をとる際の典型的なステップの順序に従い、以下の三つのタイプの経営行動の原理に大別して議論していこう。

・未来への設計図を描く
・他人を通して事をなす
・想定外に対処する

組織としての活動の設計図を未来へ向けて描くのが、経営することの第一ステップである。その設計図に従って多くの人々の行動を導けるよう、そして彼らの行動が生産的で成果を上げられるように、

組織活動全体の設計図を経営者あるいはリーダーは示さなければならない。いわば、羅針盤を提供するのである。逆にいえば、それが示されなければ、現場はどこに向かってどう動いたらいいのか、困るであろう。その設計図を描く際の原理はなにか。それを議論するのが、経営行動の原理の第一の部分である。

しかし、設計図があれば、現場の人々が生産的にかつ成果を上げるように自動的に動き出すわけではない。彼らは、経営者あるいはリーダーからすれば、「別な人間」という意味での「他人」である。その他人に動いてもらわなければならない。経営者やリーダーの単独の力ではどうしようもない。

彼らは個人としての感情を持ち、利害もあり、あるいは持っている情報にも差があるかも知れない。彼らをして組織として望ましいと思う行動を実際にとるように仕向けるための仕掛けや働きかけを、経営者あるいはリーダーがきちんと考える必要がある。それをこの本では、「他人を通して事をなす」と表現していく。

「事」とは、設計図が示す「なされるべき事」である。それを、現場の人々という他人を通してしか実現できない。それが、組織というものの真実である。

したがって、「他人を通して事をなす」工夫の原理はなにか。それを議論するのが、経営行動の原理の第二の部分である。

そうして組織としてのさまざまな工夫をしたうえで、設計図実現の行動を組織として取りはじめた後に、ほとんどつねに「設計図づくり」や「他人に事をなしてもらう工夫」を考えた際に想定していた環境の動きとはちがう現実が出てくるのがつねであろう。たとえば、この市場に大きな需要があると想定して動き出したが、その市場で災害などがおきて需要が出てこない、というような例である。現実には、多くの想定外がおきるだろう。それらを無視して、事前に決めた現場行動をとりつづけるのは不適切であることが多いだろう。したがって、想定外への対処という一種の修正行動が、経営行動の第三のステップとしてほとんどつねに必要になる。

想定外に対処する際の原理はなにか。それを議論するのが、経営行動の原理の第三の部分である。

そして、経営行動の三つのステップのいずれの行動を決める際にも、経営者やリーダーが「決断する」ことが必要になるだろう。設計図の決断（たとえば、どの方向へ進むかの決断）、他人を通して事をなす工夫の決断（たとえば、誰に任せるか、なにを任せないかの決断）、想定外になんとか対処するときの決断（たとえば、混乱のなかでなにを優先するかの決断）。

つまり、経営行動の三つのステップのいずれにも通奏低音のように、「決断する」ということの重要性が流れているのである。したがって、そうした決断をする際の原理はなにかを議論する必要が出てくる。それが経営行動の原理の第四の部分である。

以上の四つの原理の部分のうち、設計図と他人を通して事をなす工夫の部分は、原理として取り上げるべきものが多いので、それぞれをさらに二つに分類して、以下のような六つの章の構成で「経営行動の原理」を議論していこう。それが、第Ⅰ部の全体構成である。経営行動をとる、実際に動く、というニュアンスを強調するために、すべての章のタイトルを「動詞」で表現してある。

第1章　組織の立ち位置を設計する——未来への設計図を描く①
第2章　未来をめざす流れを設計する——未来への設計図を描く②
第3章　組織的な影響システムをつくる——他人を通して事をなす①
第4章　現場の自己刺激プロセスを活性化する——他人を通して事をなす②
第5章　想定外に対処する
第6章　決断する

第1章と第2章はふつう戦略論と呼ばれている分野の議論で、それを「立ち位置」と「未来への流れ」と分類するのは、私なりの整理である。また、第3章と第4章はふつう組織論と呼ばれている分野の議論で、それを私なりの整理をしたものである。

しかし、第5章（想定外に対処する）、という分類で経営行動を論じる本はおそらくない。しかし、私は経営者あるいはリーダーの仕事の重要部分が想定外対処だと思うので、あえて自分なりに原理を考えて第5章をつくった。

また、決断するということを一章まとめて取り上げ、それが戦略論や組織論の章と並んでいる経営学の本もほとんどないだろう。しかし、決断することは経営者やリーダーの最大の仕事だと思われるので、あえて設けた。

この経営行動の原理の6章立ての枠組みは、この本の独自の枠組みである。

この第I部につづいて第II部では、企業というもののわれわれの社会での存在の重み、そして企業という組織での経営行動の議論が圧倒的に多いことを考え、企業という存在の特徴、あるいはその本質について議論しよう。そこでの視点は、企業という経済組織体をどう捉えればいいか、である。

そこでは私は、企業の本質を三つに分けて議論しようと思う。

・企業が果たしている役割の本質――技術的変換

・企業の構成の本質――カネの結合体とヒトの結合体の二面性

・企業と社会との関係の本質――社会からのさまざまな恩恵のおかげで生きている存在

ここで「本質」という言葉をあえて使う意味は、この三つの企業の特徴を深化・追求することが企業の長期的な健康や発展に大きく貢献する、という意味である。したがって経営者やリーダーがそうした本質を深化・追求するように経営行動を考えるべき、という経営行動の指導原理にもなるのである。

この本質の議論が第7章で行われた後、三つの企業の本質と経営行動の原理がどのように合体するか、交わるか、その議論が第8章で行われる。それが、「本質と原理の交差点」の議論である。その交差点に立って総合判断をするのは、基本的に企業の経営者である。したがって、この章は経営者のあり方についての議論が中心になる。

この第II部の構成（第7章と第8章）も、ふつうの経営学のテキストではあまり見かけない構成で、さらに、第I部と第II部をこうしてつなげて交差点として書くのも、この本独自の整理枠組みである。

この全体像の特徴

前項で概説したようなこの本の「経営学の全体像」には、つぎの三点について特徴があると考えている。他に類例がないというほどの特徴ではないが、経営学の他の概論書の多くとは多少おもむきがちがう。それを簡単に説明しておこう。

・全体の枠組み
・議論の視点
・書かれている「見解」

この本の全体の枠組みは、前項で説明したように、経営行動の原理と企業という存在の本質である。そして、経営行動の原理の整理の枠組みも、独自のものを提案していることは、前項の説明の通りである。

ある意味で、この8章からなる全体像の提示が、私としての「経営学とはなにか」という問いへの一つの答えである。この枠組みで経営の全体像を考えると、全体が俯瞰できるし、また経営の現場のリアリティにも沿っている、と考えての枠組み提示である。経営者や組織のリーダーたちにとって、自分の経営行動を決めるときの、現実把握と決定への指導原理として、現実感を持って役に立つことを期待している。

ただし、それぞれの原理や本質のくわしい説明は十分にはできていない。一つの本の紙幅のなかで経営学の全体像を説明するためには、個々のトピックの掘り下げ不足は仕方がないと私としてはあきらめた。それでも、全体を考える整理の枠組み全体を提示したかったのである。ただし、掘り下げるための議論を書いた本は、それぞれの章で紹介している。

この枠組みと章構成の基本的視点、そして各章での議論の基本的視点はいずれも同じで、「経営者あるいはリーダーは経営のためになにをするべきか、なにを考えるべきか」、である。これも、「経営学とはなにか」という問いへの私のもう一つの答えである。経営者やリーダーの経営についての思考を助けるための学問、それが経営学だと私は考えている。

こうして徹底的に経営者あるいはリーダーの視点に立つ本があってもいいのに、案外とそれがない。経営学の本としては、経営の既存の理論を説明する必要があると著者たちが思うせいか、経営学の分野で過去から議論されてきた分類をそのまま使っての「さまざまな議論の解説」というスタイルの本が多い。

この本では、経営者あるいはリーダーの視点に立って、「彼らの仕事はどうあるべきか」を素朴に一から考えてみた。それでなければ、想定外に対処する、決断する、などの章を経営行動の原理の一部として書くことはなかっただろう。

この本の第三の特徴（人によっては欠点と思うかも知れない）は、経営行動の原理や企業の本質について各章で書かれている「見解」が、私の観察と経験、そして過去の類似の論理の知識、それらを総合しての私の見解であることである。言葉を換えれば、伊丹の見解にすぎない、と表

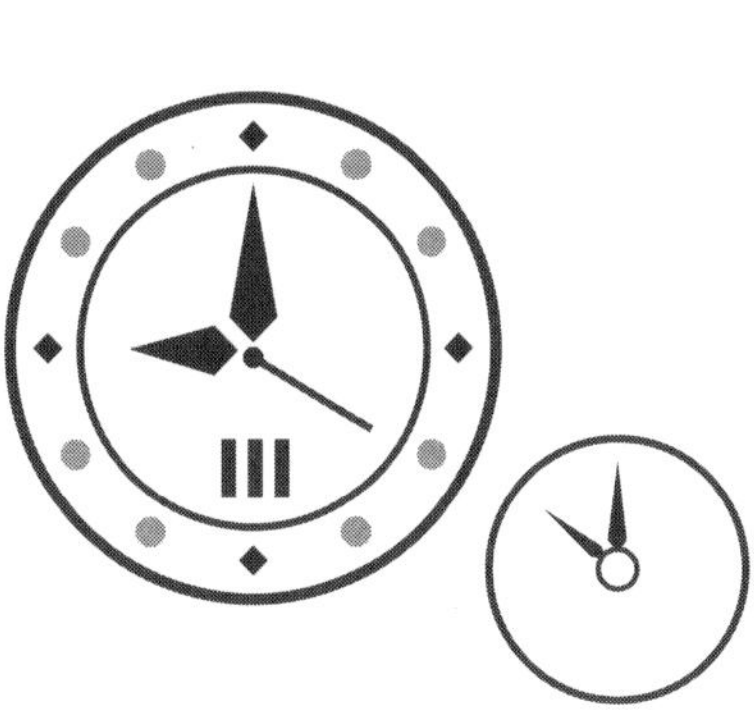

現したい人もいるかも知れない。

私の見解にすぎない、とは、書かれていることの「すべてに」過去の経営学の研究からの証拠が存在するわけではない、ということでもある。

では読者は、どのようにして各章の内容を「正しい」と受け入れればいいのか。

それは、この本の議論が「論理的に筋が通っている」「自分の経験に照らしても、その通りだと思える」、あるいは「十分に現実に成立しうることが書いてある」と思えるかどうかである。そう思えれば、それが読者にとっての「正しさ」の根拠となる。

客観的な、しばしばデータ的な、証拠がなければどのような仮説や議論も信じない、と考えてしまうと、社会科学の分野のほとんどの理論や原理の議論は、信じられなくなるだろう。自然科学とちがって、客観的な検証がそれほどむつかしいのである。

しかし、多くの現場の経営者やリーダーの思考にインパクトを与え、彼らの思考を導いてきた経営学の理論や本は数多くある。その典型例が、この章の経営者コラムで紹介するバーナードの古典である。あるいは、第3章の学者コラムで紹介するサイモンの古典である。

彼らは、自分の経験や少数の事例のくわしい調査をもとに、一般的な命題を大胆に提示している。そして、その論理的な筋のよさをきちんと説明している。だから、人々が、経営者たちも学者も、それを読み、自分の思考の指針にしているのである。

したがって、読者にお願いしたいのは、各章の議論の内容が自分の実感に合う、あるいは成立しうる、と思えば、それを採用して、自分の思考の指針にしてほしい。そして著者としては、その「実感テスト」に合格する部分が各章に書いてある内容のうちのかなり大きな部分を占めることを期待したい。少なくとも私としては、「自分のさまざまな観察と考察をもとにした」総合判断の結果を、自分としては信じられると思って書いているのである。

類似分野の学問との関係

以上がこの本の全体像の説明だが、それをより広く、類似分野の学問との関係のなかに位置づけて、この章を終わろう。

位置づけは、二つの観点からしておこう。

第一は、企業活動や組織活動のさまざまな具体的業務分野あるいは職能分野での専門知識を体系化しようとする学問分野との関係。第二は、経営学の隣接分野である経済学との関係。

企業や組織のなかのさまざまな専門分野ごとに、その専門知識を体系化する学問がある。たとえば、人事管理、財務管理、会計学、マーケティング、生産管理、研究開発管理、などである。

これらの分野の専門知識の解説には、この本では踏み込まない。「経営」についての学問である経営学の中核分野ではない、と理解して議論を進めたい。もちろん、こうした専門知識は組織運営の現場では重要であるので、経営者あるいは組織のリーダーは必要に応じてその専門知識を取り入れればよい。

そして、こうした専門分野の仕事の「総合化」のために、企業全体をあるいは組織全体を経営する、という作業がある。その総合化作業を行う経営者や組織のリーダーのための思考枠組みと具体的な行動原理の提示、それがこの本の役割である。

つぎに、経済学とのちがいあるいは関係について。

経済学にも、国全体の経済そのものの動きやそれを健全にするための知識を扱う分野としてのマクロ経済学がある。そして、国の経済のさまざまな分野ごとに、労働経済学、資本市場の経済学、財政学、など専門分野の経済学がある。さらに企業を扱う経済学の分野としての、企業経済学や産業組織論という分野もある。

こうした経済学の議論がこの本の「経営者やリーダーのための思考の助け」という視点と大きくちがうのは、経済学には「外からの目で現実を説明する」という性格が強いことである。個々の専門分野やあるいはマクロ経済分野で、その構成者としての経済主体（たとえば消費者、労働者、投資家、財政当局など）がどのような行動をするのか、その行動の原理は何か、その結果として全体はどう動くか、を「外からの観察者の目」で説明しようとするのが経済学なのである。

もちろん、経済を動かすための政策的議論はあるのだが、その前に「現実はどう動いているか」を議論の視点の中心に置いているのである。

企業や組織についての「経営学」に相当する分野は、経済学ではマクロ経済学であろう。そこで、経営学がさまざまな活動の総合を議論するように、マクロ経済学はさまざまな分野の経済行動の総合を議論するのである。

そのマクロ経済学での政策的議論は、国家経済をどう導いていくか、という議論である。それは、国家の経営を経済面から議論している、と考えられる。そうなると、経営学の視野を国家という組織にまで拡げると、マクロ経済学とはマクロ（国家の）経営学のための経済面で必要な論理の在庫を用意する分野、とも位置づけられそうだ。

そして方法論という点からの経済学の一つの大きな特徴は、「価格理論」というミクロの経済主体の行動原理のメカニズムの論理を、さまざまな専門分野（労働市場、資本市場などなど）の共通の理論ベースとして使う、という志向があることである。マクロ経済学も結局は、価格理論をベースに置いた理論体系で説明しようとする。

それに対して経営学は、そうした統一的方法論があるわけではない。この本の枠組みのなかの経営行動の原理の説明にも、経済的得失の議論もあれば、社会心理学的な議論もある。多様な方法論をもちいて、経営という現象を解明しようとするのが、経営学である。そうせざるを得ないほど、人間の組織は複雑なのだ、と言い換えてもいい。

その意味で、経営学は現象ベースの学問であり、方法論ベースの学問ではない。それが、経営学の遅れの象徴なのか、あるいは、じつは現実のかなりの部分を説明の対象から切り捨てることで方法論ベースの学問になれている、という経済学の思いきりのよさ（あるいは現実の多様さとの関係での欠点）を示すものか、意見は分かれそうである。

経営者コラム

チェスター・バーナード

Management Column — Chester Barnard

チェスター・バーナード（Chester Barnard）は、経営学の古典である『経営者の役割』（*The Functions of the Executive*）の著者である。一九三八年に出版されたこの本は、経営行動とくに組織内の人々の協働について最初の理論的考察のメスを深く入れた本である。

彼自身は学者ではなく、経営者であった。ニュージャージー電信電話会社の社長を務めたこともある。その彼が、ボストンのローウェル研究所の講義シリーズに講師として招かれた際の講義のための原稿が、この本のベースになっている。だからこのコラムのタイトルは、「経営者コラム」としてある。

彼は、組織を組織として成立させる（つまり、組織内で協働がきちんと行われる）ための基本的な三要素として、コミュニケーション、貢献意欲、共通目標を明示的に示し、これらを人々が持てるように工夫するのが経営者の役割だ、という基本命題を提示したのである。

さらにまた、リーダーシップについて、ある人がリーダーとして組織で機能できるのは、その組織の人々がその人を「リーダーとして受け入れる」からだ、というリーダーの「権限受容説」をこの本で述べている。つまり、フォローする人がフォローしたくなるからリーダーは機能する。誰かの命令で形式的権限が与えられたから実質的に機能するリーダーが生まれるのではない、リーダーとしての実質的権限はフォロワーが受容することによって生まれる、という説をはじめて主張したのである。

彼の視点は、すべて経営者の視点であった。経営者として自分が考えてきたことの理論的エキスを書こうとしたのがこの古典的著書だった、といっていいだろう。だから、彼の議論はかなり難解な抽象的議論もあるのだが、その背後に現場の実感が匂っている。リアリティがあるのである。その匂いは、私がこの本で再現したいと思ったものでもある。

彼の枠組みを基礎に私はこの本を書いたのではないが、彼のめざしたところは私も深く共有する思いである。むかしこの古典を最初に読んだときは、言葉の定義にうるさく、論理の展開に厳密であろうとする彼に多少うんざりしたが、しかし彼の「経営者視線」には共感した。その視点は、私のこの本でも貫きたいと思った視点である。

私はじつは中小企業の経営者の家に生まれ、自分の家に住み込みの従業員がたくさんいるような環境で育った。だから、生まれたときから経営が身近にあった、といってもいい。そして父親が代々続いた大きな商売で失敗し、別な事業をその後に見事に立ち上げていくプロセスも、中学生から大学生の間に、じっと見ていた。また、ときには父からの相談もあった。そのせいか、経営学の勉強を私自身がはじめてからつねに、組織のトップの眼で考えるクセがついていたようだ。

バーナードの『経営者の役割』に続く経営学の古典は、後に第3章のコラムでも紹介するハーバート・サイモンの『経営行動』(*Administrarive Behavior*)であろう。四七年の出版で、バーナードの本から九年後に書かれた。サイモンは当時は行政学の学者で、行政組織における経営あるいは管理のあり方を理論的に考えた本である。したがって、彼の本には、消防署の組織など行政組織の事例がたくさん出てくる。

つまり、経営学の本格的理論化は、経営者と行政学者によってはじめられたのである。

このサイモンの本に、バーナードが序文を寄せている。自らの後継者、と考えたのであろう。その序文でバーナードは、経営行動についての理論と経験のそれぞれの意義について、実務家らしいすばらしい洞察を述べている。

「組織と経営の科学は、現実の状況での実際の経験の代用物にはならない。しかし、現場の試行錯誤の経験の積み重ねに合理的な理解を与えるところに、こうした一般的知識(組織と経営の科学)の有用性がある。その有用性は大きく、現場の人々の観察をよりシャープにし、重要な要因の見落としを防ぎ、より一般化された言語表現によって現場の行動とその言葉による説明のすれちがいを小さくする」(伊丹訳)

この考え方に、私は共感する。そしてそれが、私がこの本で「経営行動の原理と企業という存在の本質」を論理的に語ろうとしたときの、基本スタンスでもある。

私はバーナードの言葉（先の引用）をすっかり忘れていたが、このコラムを書くにあたってサイモンの本を見直したとき、バーナードが書いた序文の、先に引用した部分にくっきりと赤線を引いていたことを発見した。私はあまり本にマーカーなどを入れない人間だが、おそらく私が三〇代の昔に、感激して引いた赤線であろう。四〇年の年月が経っても人間とはあまり変わらないもの、という証拠でもあろうか。

第 I 部

経営行動の原理

経営学とはなにか

第1章 組織の立ち位置を設計する
未来への設計図を描く①

他者に対して、どのような立ち位置になりたいか

経営するということの第一ステップは、未来への設計図を描く、という行動である。そして、未来への設計図を描く作業としてまず経営者あるいは組織のリーダーがしなければならないのは、「組織の環境のなかの立ち位置」を設計することである。

したがって、経営行動の原理の第一は、組織の立ち位置の設計の原理となる。その立ち位置とは、現在を含め、当面の間の環境のなかの立ち位置と考えればいい。当面とは、設計者が決めればいい近未来のことだが、ふつうには三年から五年程度であろうか。

その設計の中心は、誰のためになにをする組織だと自ら考えるのか。企業を例にとれば、顧客、競争相手、分業相手などの他者とどんな関係を築くか。それが、立ち位置の設計であり、組織の未来への設計図としてもっとも基本的な設計である。どんな組織もすべて、環境のなかの他者との関係のなかで生きている、生かされているからである。その関係のあり方が、組織の現在と未来にとって、決定的に重要である。

この立ち位置設計は、企業経営の世界では、経営戦略の策定として議論されるものである。どんな

製品をどのような顧客に対して提供するか、というのが、企業の立ち位置設計の中核であろう。そして、その顧客を誰と想定するか。その顧客を取り合う競争相手として誰をメインに想定するか。

さらに、その競争に勝つために、顧客にどのような訴求力を持とうとするか、自社をアピールするか。そして、その訴求力を実現するために、どのような供給構造を自社の内外に持てばいいのか。つまり、自社内にどのような資源投入をするか、他者とどのような作業分担（分業）をするか。

つまり立ち位置設計とは、企業経営の場合、顧客、競争相手、分業相手、という環境のなかの他者との関係のあり方の設計なのである。

そして立ち位置設計の中核には、顧客に提供する「製品」をなににするか、という設計がある。製品は、立ち位置設計の全体をもっとも雄弁に表現するものである。

立ち位置設計のより具体的な内容についてはこの章の後半でくわしく議論するが、「なにをもって立ち位置設計と考えるか」というイメージを読者に持ってもらうために、世界的に有名なインターネットサービス企業、グーグルの例で考えてみよう。

グーグルにとって、グーグルのサービスを使うユーザーに提供する製品とは、ウェブ検索エンジンやインターネットメールサービス、グーグルマップの閲覧サービス、などである。そして、グーグルの画面にさまざまな形で自社の広告を出したいという広告主には、その広告サービスがグーグルの提供する製品である。

面白いことに、彼らにとって顧客は二重に存在する。まず、「サービスの利用者」という意味の顧客として、さまざまなインターネットサービスのユーザーたちがいる。しかし不思議なことに、グーグルはこうした一般のユーザーからはカネをとっていない。ただでサービスを利用させている。

グーグルの提供するサービス（という製品）を利用してカネを払っている（つまり、グーグルのサービスを買っている）という意味の顧客は、もちろんいる。グーグルのインターネットサービスを利用したときのパソコンやスマホの画面に出てくる広告を出したり、あるいは検索での表示順序を有利にするサービスを利用している企業である。

彼らを「広告主」とひとまとめに表現すれば、この広告主からの広告収入がグーグルの巨額の売上の大半である。そして、彼らがグーグルの広告サービスを買おうと思う最大の理由は、グーグルのインターネットサービスを利用して画面を目にする（そして広告もついでに目に入る）ユーザーの数が巨大だからである。

そこで、グーグルの立ち位置設計の微妙でしかも最大の肝となるのは、ユーザーと広告主という二種類の顧客に対する自分の立ち位置をどう設計するか、ということとなる。どちらをより大切な存在と考えるか、と言い換えてもいい。

この点、グーグルの設計思想は明確で、圧倒的にユーザーが大切、そのつぎに広告主、と優先順位がはっきりしている。カネを払ってくれる広告主を二番目の位置づけ、と明確にしているのである。その理由は、巨大なユーザーの集積があるからこそ、グーグルに出す広告の届き先の数が大きくなり、それが広告主に経済価値をもたらすからである。その価値の源泉になっているユーザーを、徹底的に大切にする。

そして、ユーザー最優先だからこそ、ユーザーが欲しがりそうなインターネットサービスとしてきわめて高度なものをつぎからつぎへと開発する、という「提供する製品」についての立ち位置設計が自然に生まれる。初期のウェブ検索サービスでその検索の精度を徹底的に上げようとしたのが、その典型例である。

そしてついには、アップルのiPhoneに対抗できる唯一のスマートフォンのプラットフォームであるアンドロイドのシステムすらも、開発に膨大な費用がかかるのに、自社製品として開発し、しかもただ同然で電話機メーカーに提供する、という戦略が生まれる。アンドロイドスマートフォンが世界に普及すれば、その上でのインターネットサービスを膨大な数のユーザーがグーグルの影響圏のなかで使うことになるからである。

このグーグルの顧客の二重性は、かなり奇妙に見えるかも知れない。多くの企業にとっては、自分が提供するモノやサービスの利用者その人が、同時に企業にカネを払う人である。グーグルの場合も、二人の創業者（ラリー・ペイジとセルゲイ・ブリン）がスタンフォード大学の大学院生の頃に高性能のウェブ検索エンジンを開発したときには、そのエンジンの利用者であるユーザーに課金する（つまり、ユーザーがカネを払う人でもある）という立ち位置設計にしていた。

だが、その立ち位置は他の検索エンジンとの競争でそれほどユニークなものではなかった。そこで、検索サービスを無料にし、しかし検索結果の表示画面での広告で収入を得る、という立ち位置設計に変更した。しかも、ユーザーのために検索の精度を究める（自分の製品の質を最高にする）ということも自らの立ち位置として、他の類似の検索エンジン無料提供企業との圧倒的な差をつくろうとした。

それが功を奏して、無料で高精度の検索ができるということであっという間にユーザーが増え、それが広告収入を誘う基盤になった。そこからグーグルの爆発的成長がはじまった。

以上の例は、経営者という企業全体のリーダーにとっての立ち位置設計の例だが、企業組織のなかの下部組織（たとえば工場あるいは事業部）のリーダーにとっても、誰になにを提供するのか、そのために誰と分業するか、という立ち位置設計の選択の余地は、考え方次第でかなりありそうだ。彼らにとって、同じ企業の別の下部組織もまた、環境のなかの他者と考えればいい。

たとえば工場長であれば、営業部という他組織（つまり他者）にいわれた通りの製品を生産して届ける組織と自らの立ち位置を選択するか、実際に製品を買う顧客を工場としての製品の提供相手と想定し、かつ、営業部を「営業活動」の分業相手と想定するような立ち位置設計を選択するか。企業内の制約にもよるが、じつは選択の余地はありえる。この選択次第で、工場長が考えるべき事柄の内容はかなり変わるだろう。

企業以外の組織での立ち位置設計の例として、大学のサークルを考えてみよう。

誰を顧客とするかは、案外とサークルの目的によるかも知れない。部員同士の親睦を目的とするサークルであれば、顧客は部員で、提供する製品は彼らが満足するサークル活動であろう。それがスポーツであることもあるだろうし、さまざまな交流イベントそのもの、ということもありそうだ。

歴史のある運動サークルであれば、顧客はその大学の学生とＯＢの全体かも知れない。そして、顧客が満足するような、そしてもちろん部員たちが満足するような、部活動の内容と成果の追求が必要となるだろう。製品は、対外試合で勝てるようなチームであろうか。

そして、そうした製品を提供するために、大学当局、他のサークル、あるいは類似サークルとの間の立ち位置をどう設計するか。あるいは、製品提供に関係する業者あるいは部員の供給源の高校、などとの立ち位置設計にも選択の余地はありそうだ。どこか特定の業者と深い関係を持つか、あるいは活動内容ごとに、イベントのたびに業者を変えるという立ち位置設計にするか。

サークルのリーダーも、考えることがたくさんあって、大変そうだ。

このように組織活動の原点を決めている「立ち位置設計」について、この章では以下のような順序で、よりくわしく解説していこう。

PREVIEW

- **▼立ち位置のコンセプト設計と構造設計**
- **▼製品・顧客構造の設計（なにを誰に提供するか）**
- **▼製品・顧客構造の拡大、三つの方向**
- **▼訴求力構造の設計（なにで顧客にアピールするか）**
- **▼供給力構造の設計（意図する訴求力を現実に供給できるように）**
- **▼供給力構造が、カネと情報の蓄積を決める（仕事から将来への蓄積が生まれる）**
- **▼立ち位置設計の三つの判断基準**

立ち位置のコンセプト設計と構造設計

こうした立ち位置設計の設計図を描く際には、建築の世界の設計にならって、三つのレベルの設計図がある、と考えるといいだろう。

- ・コンセプト設計
- ・構造設計

一・詳細設計（施工設計）

コンセプト設計とは、立ち位置設計図全体がめざすもの（宣言するもの、と言い換えてもいい）を概念的に表現したものである。

その宣言の基本は、「自分たちは、誰のための何者になりたいのか」、ということである。何者になりたいか、とはなにを提供できる組織になりたいか、ということである。企業の例でいえば、その中心には、製品（提供するもの）のコンセプトが存在するのがふつうであろう。

たとえばグーグルには、世界中の人々に「どんな事柄についても」意味のある情報をインターネットサービスを通じて即座に提供する存在になりたい、というコンセプトがある。そして、ユーザーが自分たちの第一優先順位、と「誰のために」についてのコンセプトもはっきりと打ち出している（グーグルの株式が上場される際［二〇〇四年］の投資家へのユニークな手紙にはっきりそう書いてある）。

こうしたコンセプトを、企業によってはビジョンと呼ぶところもあるだろう。それを最終的に決めるのは、組織のリーダーの責任であり、義務である。このコンセプト設計が、それを実現するためのより具体的な各種の構造設計の基本指針になるからである。だから、たとえばグーグルでは、世界中の図書館にある本をデジタル化する、というようなきわめて挑戦的な具体的方向がこのコンセプトから出てくる。

企業内の組織でも、事業部のコンセプト、部のコンセプト、支店のコンセプト、海外事務所のコンセプト、と自分たちの組織のコンセプトを考えることができるだろうし、考えた方がいい。

こうしたコンセプト設計から具体的に建築物としてつくりあげるために、建築の世界では構造設計が行われる。企業経営の世界での構造設計としては、つぎの三つの構造についての設計図が描かれるのがふつうである。

1. 製品・顧客の構造（どんな製品を、誰に提供するか）
2. 訴求力の構造（顧客に訴求できる力として、なにをめざすか）
3. 供給力の構造（訴求力を実現して製品を提供するための、自らの供給力をどうつくるか）

グーグルの例をつづければ、製品・顧客の構造の基本設計は、先に紹介したコンセプト設計がそれをすでに行っている。そのうえで、具体的なおもな製品とそれぞれが対象とする顧客層の構造が、製品・顧客構造である。それが、ウェブ検索サービスという製品からグーグルマップ、YouTube、Gmailと広がっていったのが、グーグルの製品構造の拡大であった。ただ、顧客構造は基本的には変わっていない。

グーグルの顧客への訴求力の構造の基本はすでに書いた。初期には検索エンジンの機能の圧倒的高さをユーザーへの訴求力の源泉とし、後にはさまざまなインターネットサービスの高性能と広範囲のひろがりを訴求力の核とした。しかも、利用価格は無料である。そして広告主には、ユーザーの検索内容に密接に関係するような広告をきちんと精度高く、各ユーザーの検索画面に出せるような広告エンジンの機能の高さ（つまり、意味のあるユーザーにだけ広告が届く度合い）を訴求力の源泉とした。

現実として、同じ顧客層へ類似な製品を「売っている」企業（つまり競争相手）がいろいろとあるのがふつうだろう。したがって、訴求力の構造はどんな競争相手を考えての顧客へのアピールか、を考える必要が出てくる。その意味では、訴求力の構造という立ち位置設計は、誰をメインの競争相手として、なにを差別化の武器とするか、という競争相手との関係の立ち位置設計でもある。

さらに供給力構造としては、グーグルは「スマート・クリエイティブ」と呼べるような、感性が豊かで、創造力の大きな人材の採用を経営上の最大のポイントとしている。そうした人材に十分に活躍してもらって、質のきわめて高いソフトウェアとサービスを生み出そうとするのである。

さらに、供給力構造の重要な部分は、他者との分業（仕事の分担）の構造の設計である。自分でなにを具体的な仕事とし、他人になにを分担してもらうか、という構造のことである。自分一人ではすべては行えない以上、当然に考えなければいけない分業構造である。

ただ、グーグルの分業構造は、「基本的なソフト開発はすべて自分たちで行う」という設計となっている。検索エンジンも広告エンジンも、すべて基本は自社開発なのである。最終的に顧客に提供する製品の質を最高のものとするという訴求力を実現するためには、「自分たちで徹底的に究める、つまり他人と分業しないこと」が必要だと彼らは考えたのである。

この考え方の延長線上に、スマートフォンのオペレーティングシステム（ＯＳ）をすべて自社開発するという分業構造が生まれた。それが、先に述べたアンドロイドＯＳの開発である。そうした開発を手がけていた企業をグーグルが買収して自社内の供給力の源泉をつくりだした後、そのプロジェクトに自社のエンジニアを大量に投入して自社製品として完成させたのである。ウェブ検索エンジンとはかなりタイプの異なる巨大なソフトウェアだが、自社がユーザーに提供する基本製品なのだからという理由で、他社との分業は基本的にしないのである。

三番目の設計である施工設計とは、構造設計されたものを実現するための具体的な作業の内容と工程をくわしく描いたものである。ただ、組織のリーダーあるいは経営のトップが自ら関与するのは、コンセプト設計と構造設計までであることが多く、施工設計は下に任せるのがふつうだろう。

この章の以下では、三つの構造設計についてのポイントを解説しておこう。経営学全体を論じるというこの本の性格からして、三つの構造設計をくわしく論じる紙幅はこの章にはないので、くわしい議論を読みたい読者は拙著『経営戦略の論理（第4版）』をお読みいただきたい。

製品・顧客構造の設計

製品も顧客も、多くの企業や組織にとって自明のように思えるかも知れないが、その定義はじつは自明ではない。定義を意味の深い形できちんとつくることこそが、経営者や組織のリーダーの大きな役割の一つである。

とくに製品の定義が、すべての構造設計の基礎となるだろう。そしてその原点は、製品コンセプトにある。自分たちはなにを社会に（顧客に）提供する組織なのか、その提供しているものは一体なにと考えるべきか、という定義である。

たとえば、化粧品メーカーが売っているものを、「肌を保護する化学物質」と定義するか、「美しくなりたいという夢を可能にするもの」と定義するか。それによって、誰をメインの顧客のターゲットとすべきか、なにを訴求のポイントにするか、その訴求を実現するためにどんな売り方をすればいいのか、どんな能力を自分たちは持たなければならないか、

などという具体的戦略に大きなちがいが出るだろう。

あるいは、商業貨物の輸送サービスをメインの製品（この場合は、輸送サービスという製品）としていたヤマト運輸が一九七五年に日本で最初に宅急便サービスを開始したとき、それは同じ「貨物輸送」という産業のなかでの新しい製品コンセプトの提案であり、挑戦であった。個人が他の個人宛に送り出す、一個単位の小さな荷物の輸送サービス、という製品コンセプトである。

少数の企業が送り出すまとまった量の商業貨物の輸送とは、顧客層も集荷の手間も配達の手間も、すべてまったく異なる製品なのである。だから、商業貨物の会社とは、顧客構造、訴求力構造、分業構造（誰がどのような集配をするか、など）のすべてでまったく異なった設計が必要となる。

こうした製品コンセプトを明確に定義した後に、その製品を買ってくれる顧客としてどのようなタイプの顧客をメインターゲットとするか、を明確にする必要がある。それができてはじめて、製品・顧客構造の基本設計ができることになる。要は、なにを誰に提供するか、を明確に設計するということである。

ヤマト運輸の宅急便の場合、開始当時の顧客ターゲットは主婦と設定された。個人の荷物の送り主の中心は、家庭の主婦であろう、というターゲット設定である。この顧客ターゲットが明確になると、主婦層に宅急便がきちんとアピールするためにはどんな具体的な製品設計（たとえば、価格、引き受ける荷物の形態、どこで荷物が出せるか、などなど）が必要かを明確に考えられるようになる。

つまり、顧客ターゲットの明確な設定が、第二の構造設計である訴求力構造の設計の出発点になるのである。

もちろん、宅急便の場合、主婦以外の顧客も便利であれば当然に利用者になるのだが、設計段階では明確な、絞り込まれたターゲット設定が有効であることが多い。設計者の思考を迷走させないからである。

そして、絞り込まれた顧客ターゲットでの成功が、その波及効果として実際の顧客層を拡げてくれることも、しばしば多くの製品でおきることである。いわば、成功のもたらす評判が、口コミ的な効果で製品の魅力を広い層に伝えてくれる、コストゼロの広告になるのである。

顧客構造の設計では、グーグルの場合に顕著であったように、製品をアピールする相手とその製品を買ってカネをもたらしてくれる相手が異なる場合がある。それを明確に意識して、トータルの顧客構造の設計を行うことが大切であろう。

ユーザーとカネを払う人がちがうというのは、グーグルの場合だけでなく、案外とよくあることである。たとえば、ファミリーレストランでは、家族がどのレストランへ行くかを決めるときの発言権（つまり決定するユーザー）は子どもであることがしばしばであろう。しかし、カネを払うのは親である。しかも、親の意見はあまりインパクトを持たないケースも多そうだ。大学教育でも、多くの学生の場合、ユーザーは学生自身、カネを払うのは親であろう。

しかし、ユーザーもカネを払う人も、ともに顧客なのである。そしてもちろん、カネを払う顧客が顧客構造にきちんと組み込まれていなければ、経済活動としては維持・拡大が無理になることを、明確に意識する必要がある。

製品構造の設計の際も、製品の定義の微妙なちがいを明確に意識し、どこに焦点を絞るかをきちんと設計することが重要になることが多い。

たとえば、ソニーがゲーム機の世界で革命をおこしたプレイステーションという製品は、その中核になる演算素子としての半導体の能力が小型高性能コンピュータへと進化するポテンシャルを持っていた。そこで、ソニーが提供すべき製品は、小型高性能コンピュータなのかゲーム機なのか、という微妙な定義でソニーは一時期混乱した。小型高性能コンピュータという定義へと進みたいという動きがあったのである。しかし結局ソニーは、「あくまでゲーム機」と再定義し、小型高性能コンピュータという定義から引き出される「ゲーム機としては過大な」製品設計や技術投資のムダを避けることができた。

製品・顧客構造の拡大、三つの方向

製品構造、顧客構造、という言葉を使うとき、そこには「複数の製品」「複数の顧客層」の全体の構造、というニュアンスがある。その全体構造の設計が、重要なのである。

もちろん、大半の企業は、単一の製品、狭い顧客層、という出発点から創業するのであろう。しかし、成長とともに、二つの構造はともに拡大をしていくのが自然である。しかし、たんに自然の成り行きに任せるのではなく、立ち位置設計の一環として、製品・顧客構造の拡大の方向をきちんと設計する必要がある。

その拡大の方向には、典型的につぎの三つの方向がある。そのどれをめざすか、あるいはそのいくつかをどの順序でめざすか、は立ち位置設計の重要な部分である。

1. 顧客構造の拡大（同じ製品を、異なった顧客層に提供する）
2. 製品構造の拡大（同じ顧客層に、異なった製品を提供する）

3. 新規事業への拡大（異なった製品を、異なった顧客層に提供する）

この三つの拡大は、書いた順に難しくなると一般的に思われている。

顧客構造の拡大は、「製品のポテンシャルの深耕」といってもいい。すでに既存の顧客層で成功している製品について、新しい顧客層を開拓しようとするもので、製品そのものを開発・生産する能力を自分の組織がすでに持っているという前提だから、市場開拓だけならまだ難度は低い。

典型例は、既存製品の海外展開である。海外の市場に合わせた製品の改変や現地での流通チャネルの開拓などが必要にはなるだろうが、まったく新しい製品を開発するよりは難度が低いことが多いだろう。あるいは、既存製品の新しい用途開発による新しい顧客の開拓、などもこの例であろう。

製品構造の拡大は、「顧客層のポテンシャルの深耕」といってもいい。すでに既存の製品でつながりを持ち、評価を受けている顧客層に、彼らが持つ既存製品とはちがうニーズを満たすような新製品を提供することである。

テレビ事業で成功したソニーが、ＶＴＲを開発してビデオ録画機市場に参入する、というような新製品開発が典型例である。

このソニーの例は、テレビとそのビデオ信号の録画、という技術的関連性のある製品への拡大で、たんに顧客層からのブランドという財産だけでなく、テレビ事業で培った技術も活かせる新製品であった。新製品の成功に貢献する市場的財産と技術的財産の両方を持っていたという意味で、成功確率の高い製品構造の拡大といえる。

新規事業への拡大は、事業の多角化と表現されることが多い。既存の事業とは顧客も製品も異なる、いわば別の産業への参入なのである。もちろん、それでも市場的財産や技術的財産の面でかなりのつながりのある新規事業でなければ、成功確率は低くなってしまうだろう。

こうした構造拡大という立ち位置の拡大戦略が成功するかどうかの鍵は、三つの拡大の方向性のすべてに共通して、拡大した分野での成功に貢献できる「能力蓄積」が自分たちにあるか、ということである。たんに魅力的な市場があっても、自分たちにそこで競争できる能力基盤が過去からの蓄積として存在しなければ、拡大の試みは失敗する危険が高い。

既存の製品・顧客構造が環境のなかで受け入れられてきた（つまりある程度の成功をしてきた）ことの背後には、その構造を支える能力蓄積があるのがふつうである。その能力蓄積が、構造拡大後の新分野でもかなりの貢献をしてくれるか、が鍵なのである。

すでに先の説明でも、市場的財産や技術的財産という言葉で表現してきた「能力蓄積」である。グーグルの例でいえば、ウェブ検索サービスの充実のために培ってきたコンピュータサイエンスの先端技術蓄積、さらにはインターネットサービスであらゆる情報を多くの人々に届けるというビジョンが蓄積させてきた技術蓄積が、アンドロイド携帯ＯＳの開発に役に立つ能力蓄積となっている。

あるいは、既存製品の海外展開という顧客構造の拡大の例では、国内でその製品が成功してきた背後の製品技術や生産技術の高さが、海外へ展開される製品の生産にももちろん貢献するだろう。さらには海外生産を手がけるという海外展開の段階になれば、国内で蓄積した生産技術の海外移転をすることが、海外での生産をスムーズに開始できる大きな助けになるだろう。

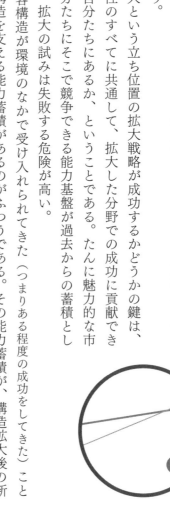

こうした能力蓄積には、工場の生産能力のような物理的な能力蓄積と先端技術蓄積のような情報的能力蓄積、その両方がある。企業が培ったブランドなども、顧客がその企業に持ってくれる「好感」というような情報的財産（つまり顧客説得能力の蓄積）の例である。

物理的な能力蓄積には、その蓄積の他分野転用には物理的限界がある。既存製品の生産設備を使っての海外展開の例を考えれば、既存設備の生産規模の限界に来たところで、新たな設備投資をしなければ、海外展開への能力基盤としてもう使えない。国内向けの生産に使っている生産設備の能力の部分は、同時には海外向け生産に転用するわけにはいかないからである。物理的能力は、ある分野で使っている分をそのまま同時に他の分野で使うわけにはいかない。

しかし、情報的能力蓄積（これを私は「見えざる資産」の蓄積、と表現している。拙著『経営戦略の論理』を参照）には、じつは物理的限界はないに等しい。グーグルがアンドロイドＯＳの開発にウェブ検索分野で蓄積してきた先端技術を使うからといって、ウェブ検索分野ではもうその技術を使えないということはない。同じ技術情報が複数の人間の頭のなかに同時に存在できるのだから、複数の分野で同時に使っても構わないのである、ただし、ウェブ検索の新規技術開発要員などのヒトという物理的資源であれば、それはアンドロイドＯＳ開発には同時には使えないだろうが。

したがって、三つの構造拡大のいずれでも、その拡大を成功させる際の鍵は、情報的能力蓄積になることがしばしばである。既存分野で蓄積した技術の他分野への転用などが、その典型例である。あるいは、ブランドなども複数の分野で同時に利用できるだろう。

こうした情報的能力蓄積は、「タダで使い回しができる」能力蓄積、といっていい。だから、その能力蓄積が本質的でかつ深いものであると、製品・顧客構造の拡大の原動力になるのである。

この能力蓄積については、次章でさらにくわしく触れることになるだろう。

訴求力構造の設計

訴求力とは、顧客にいかにアピールできるか、という力のことである。それは当然に、顧客が持っているニーズへ、きちんとアピールできることでなければならない。顧客が必要とも考えていないことにアピールしても、見向きもされないだろう。

そしてその訴求力は、競争相手よりも上回ってはじめて意味がある。自分では訴求しているつもりでも、競争相手がより強力な訴求力を持っていれば、顧客は振り向いてくれない。

したがって、訴求力構造設計の基本は、顧客のニーズに向けて、競争相手よりも上回るような訴求力を設計する、ということとなる。それは、顧客との間での自分の立ち位置、競争相手との間での自分の立ち位置、その二つの立ち位置設計なのである。

顧客のニーズへ向けて、という訴求力構造設計の基本部分で、明確に意識しなければならないことが二つある。

第一に、顧客のニーズはしばしば束のようになっていて、単一項目ででき上がっているわけではない、ということである。典型的には、顧客の多くが、製品がなんであれ、つぎの四項目になにがしかのニーズを感じるのがふつうである（その強弱は製品によってあるいは顧客によってもちろんちがうのだが）。

---

1. 製品そのもの（性能、品質、デザイン、付帯ソフトなど）
2. 価格

---

3. 補助的サービス（早い納品、アフターサービス、支払い条件、購入の容易さなど）
4. ブランド（製品や提供者のイメージ、社会的評価など）

これらの項目のどこか一点だけにアピールしても、ニーズの束全体での満足を顧客に与えられなければ、顧客の支持は最終的には得られない。だから、すべての項目で最低限のニーズは満たさなければならない。しかし、と同時に、この四項目のうちのどれかを重点項目（核）としないと、顧客へのアピールはぼやけたものになって、訴求力としては望ましくないであろう。

宅急便を例にとると、ニーズの束全体への手配りは、まず第一に製品そのもの（早い）で、そのうえに価格もかなり安く抑えられ、補助的サービスとしては荷物の梱包が簡単、取りに来てくれる、など宅急便サービスを購入しやすく設計している。さらに、荷物の配達履歴のチェックの容易さにもヤマトは手配りしたが、それも補助的サービスの一部としてのアフターサービスとして位置づけられるものであろう。

そしてヤマト運輸は製品の性能そのものを訴求の核としたと思われる。翌日配達というのは、その当時の常識では考えられないような早さで、だからこそみんなが驚いた。

顧客のニーズについての第二のポイントは、このニーズには三つのタイプがあるということである。

A. 顕在ニーズ（すでに供給もあり、顕在化しているニーズ）
B. 潜在ニーズ（顧客は感じているが、まだ誰も供給していないニーズ）
C. 未知のニーズ（顧客自身もまだ意識していないニーズ）

顕在ニーズは、顧客自身が意識していて、かつすでになんらかの形で満たされているニーズである。潜在ニーズは、顧客自身は意識しているが、まだ供給者が存在せず、結果として満たされていないニーズである。そして未知のニーズとは、顧客自身も気がついていないし、供給側も気がついていないニーズということになる。

ヤマト運輸の宅急便を例にとれば、潜在ニーズを狙った、というべきであろう。たしかに宅急便登場当時も郵便小包などの少し似たサービスは郵便局が提供していたが、宅急便が提供した配送の早さ（翌日配達）や荷物出しの便利さ（自宅に取りに来てくれる）などを考えると、「すでに供給があった顕在ニーズ」とはいいがたい。

したがって、訴求力構造の設計で明確に設計者が意識しなければならないのは、第一に、ニーズが束になっていることを明確に認識して、その束「全体」への適切な手を打つこと（重点を決め、かつすべての項目で最低限は満たす）である。そして第二に、三つのタイプのニーズのうちのどれを訴求の対象にするか、明確に意識して決めることである。

こうしたニーズの束全体への手配りが必要という訴求力構造設計の第一のポイントについては、先に（ ）のなかに書いておいたように、二つの重要な設計条件がある。

一つは、束全体のなかのどこに自分たちの訴求の「核」を置くか、という絞り込みである。まんべんなくニーズの束全体を満たそうという設計では、訴求力が不十分になりやすい。もう一つの設計条件は、ニーズの束のすべての項目において、顧客の最低要求水準を上回るような設計をすることである。すでに宅急便の例で説明した通りである。

訴求力構造の設計の第二のポイント（どのタイプのニーズを攻めるか）については、多くの企業が悩む。訴求するニーズのタイプが、顕在ニーズに偏りがちになるのである。

潜在ニーズを攻めようと決断することは、むつかしい。つい目の前にすでに見えている顕在ニーズの世界でなんとか訴求力をつくれないかと考えてしまうのである。

潜在ニーズを攻めるという決断がむつかしい理由の第一は、そもそも潜在ニーズの存在量が潜在的であるだけに事前には分かりにくいことである。その不確実性にひるむのは、自然な話でもある。

むつかしさの第二の理由は、潜在ニーズがかなり存在することは確信できたとしても、それを掘り起こすのに必要な「訴求力の大きさ」が分かりにくいことである。だから、自分たちにそれが可能かとひるんでしまう。

現実的には、顕在ニーズの世界で競争相手と小さな差別化（訴求力のちがい）を試みながら、ときに潜在ニーズに取り組む、という訴求力構造の設計しかできないことが多いだろう。ただその場合、顕在ニーズの世界での小さな差別化は競争相手にもすぐに追随されやすく、結局は大きな効果は生まれにくいことを覚悟すべきであろう。

そして、大きな訴求力を持つ構造設計に成功した企業は、潜在ニーズを対象にする努力をしながら、そのなかでときに未知の大きなニーズに「遭遇」する、という企業であることは、明確に認識しておいた方がいい。それが、めざすべき訴求力構造なのである。

宅急便の場合も、家庭の主婦の潜在ニーズの掘り起こしに成功した結果、その先に国全体の個人貨物輸送の社会的インフラの提供、という製品コンセプトを発見した、という事例なのである。つまり、その種の社会的インフラが必要だということは、宅急便導入当時のヤマト運輸にも家庭の主婦にも、思いもかけない「未知の」ニーズだったようだ。

さらに未知のニーズの例をあげれば、アップルの創業経営者スティーブ・ジョブズの言葉に、「顧客は自分がどんな製品を欲しているのか、思いもかけないユニークな新製品を手にしてはじめて自分でも分かるのだ」という言葉がある。つまり、未知のニーズを彼は攻めたのである。まさに、iPhoneなどはその例である。

あるいはグーグルの経営者も、つぎのようにいう。

「大切なのは顧客の要望に応えることより、顧客が思いつかないような、あるいは解決できないと思っていた問題へのソリューションを提供することだ」（シュミット、ローゼンバーグ『How Google Works』p.132）

これも、潜在ニーズからさらにその先を考えて、顧客自身も自覚していない「未知のニーズ」に応えようとする努力が大切、という意味の言葉である。その努力が結実する確率は高くはないかも知れないが、訴求力構造の設計の基本スタンスとしては、きわめて重要だと思われる。

供給力構造の設計

設計された訴求力を実現するためには、それを可能にするための自らの努力として、供給力構造を準備しなければならない。それが、供給力構造設計の基本的目的である。

たとえば、価格競争力を訴求力の核と位置づける訴求力構造を設計したら、競争相手よりも低いコストで供給できるような設備投資や仕事の仕組みの工夫が必要になるだろう。あるいは、画期的な新製品の機能を訴求力の核と意図するなら、製品開発に重点を置いた社内外の人材配置や仕事の仕組みを用意しなければならない。

あるいは、補助的サービスがもっとも有効な訴求力になることも多い。たとえば、工場の現場へさまざまな電子部品、センサー、機器などを提供しているキーエンスというとんでもない高収益企業がある。この企業が顧客のニーズの束のなかで訴求の重点ポイントとしているのは、補助的サービス、とくに提案力と製品納入のスピードである。

そうした訴求力構造を設計したら、それを実現できる営業担当者の育成と製品の生産者との分業関係の構築（キーエンスはファブレス企業で、自社工場はない）が供給力構造設計の鍵になるだろう。

供給力構造の設計の際には、二つの側面での設計が中心課題となるだろう。一つは、自社の供給力充実のための資源投入である。

先の例でいえば、工場への設備投資であったり、製品開発のための人材配置あるいは採用である。とくに人事が供給力構造の設計の重要な変数であることは、強調されるべきである。

もう一つの設計課題は、他者との分業構造の設計である。その設計は、経営戦略の世界ではビジネスシステムの設計と呼ばれることも多い。

それはふつう、つぎの二つの事柄についての設計である。

---

(1)どの仕事を自分が行うか、なにを他人に任せるか（他者との分業のあり方）

(2)他人に任せることを、どうコントロールするか（分業した仕事のコントロール）

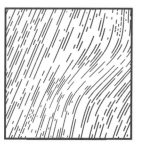

狭義の分業構造の設計は(1)だが、さらには他人に任せることにした業務をどうコントロールするか、も重要になる。任せっぱなしでは、その仕事の質の管理や分業せずに組織内にキープした仕事との調整などがむつかしくなるからである。

この分業構造の設計は、最終的に製品を顧客に届けるまでの長いサプライチェーンのなかで、自社で分担する部分をどこにするか、他人に任せた部分をどうコントロールするか、というサプライチェーン上の位置取りの設計である。

日本の自動車企業、とくにトヨタ自動車などの分業構造の大きな特徴は、部品のサプライヤーとの分業を系列企業との間で大規模に行っていることである。しかし、自動車の組み立て工程は分業しない。これは、部品の内製化も多く行っているアメリカの自動車企業の分業構造とはかなり異なる設計である。それでいて、トヨタ自動車はきびしく系列の管理も行っている。前述の(2)（分業して外に出した仕事のコントロール）をきちんと行っているということである。

資源投入の設計と分業構造の設計は、当然ながら密接に連動する。連動させなければならない。

グーグルの例でいえば、多くの基本ソフトを徹底的に社内開発するという分業構造の設計をするからこそ、「スマート・クリエイティブ」と彼らが呼ぶ人材の採用が、経営として「一番大切な仕事」となっているのである。それだけ幅広い仕事を社内でやることにすれば、人材投入の量と質が最重要となるという認識であろう。

あるいは、トヨタ自動車が系列との基幹部品での分業という構造を設計したのは、戦後の自動車産業の成長期に部品の生産まで自社内で行うだけの資源投入（ヒトとカネの投資）の余裕がなかったことが大きな理由だった。

しかし、同じ戦後の時期に、あえて自社の分業構造を拡大して、従来は自分でやっていなかった仕事を自社内に取り込み、そこに大型の投資を行った企業もあった。その例が、川崎製鉄（現JFEホールディングス）である。

川崎製鉄は戦前から戦争直後にかけて、平炉という、鋼板をくず鉄というスクラップあるいは外部から購入する銑鉄（これらを鉄源という）からつくる装置を持った、鋼板メーカーだった。つまり、鉄源の供給を他者から受けるという分業構造の企業だった。

当時の川鉄の場合、他社の高炉で生産された銑鉄をいったん冷やして、その塊を輸送し、それをふたたび自社でどろどろの銑鉄に溶かし直して、そこから平炉で製鋼していた。銑鉄を冷やし、また溶かし直すという作業では、熱エネルギーのムダ使いが生まれ、銑鉄から一貫して鋼板をつくる高炉メーカーと呼ばれる大製鉄企業とは物理学的なコスト不利が生まれる。

だから、高炉を自前で持つ（銑鉄生産を分業しない）という分業構造を川鉄は持ちたかった。しかし、高炉という大型設備は、巨大な設備投資とそれを動かす多数の技術者や現場作業者の高い技量が必要となる。高炉を自前で持つためには、カネとヒトの両面で巨大な投資が必要になる。

その投資をあえて断行したのが、当時の川鉄の経営者、西山彌太郎だった。資本金の三三倍になる大投資を決断し、首都圏の千葉海岸に世界初の大型臨海製鉄所を建設したのである。

海外の安い産地から鉄鉱石も石炭も輸入するから、臨海製鉄所はかなり安価に原料を調達できる。そのうえ、製鋼工程と銑鉄工程を一貫して、最新技術で操業する。鋼板になった際のコスト競争力は、他社との比較で三〇％割安になる、という想定だった。

この低コストを価格競争力の源泉にした訴求力構造の設計だったのである。この大投資はみごとに成功し、この成功をみて日本の他の製鉄メーカーがぞくぞくと臨海大型製鉄所の建設に乗り出す。そうした設備投資の連鎖が、日本の鉄鋼産業全体を大きく飛躍させた。

ただ、分業構造の設計には簡単な正解はなさそうで、だからこそ組織の立ち位置設計として深く考える必要があるのである。

グーグルとアップルの、アンドロイド携帯とiPhone携帯を例にとれば、彼らのOS開発とそれぞれのOSの上で動く多種多様なアプリの開発での分業構造は、微妙に類似し、しかし異なっている。

携帯のOS開発については、両者とも基本は自前の「分業なし」という立ち位置設計である。しかし、グーグルは携帯用アプリの開発については、オープンシステムにしている。つまり、他人が自由にアプリを開発することを許すのである。ほぼ完全な分業、といえる。

しかし逆にアップルのiPhoneでは、アプリ開発についてはアップルの決める開発標準があり、最終的にiPhoneで利用できるアプリとして開発者が販売するためにはアップルの許可がいる。つまり部分的分業構造（任せる部分と任せない部分を持つ）なのである。

さらにハードであるスマートフォンそのものの開発・販売については、アップルは分業せずに社内で行っているが、部品の生産やスマートフォンの組み立て作業は、他者に任せている。一方、グーグルは携帯電話メーカーにアンドロイドOSを提供し、ハードである電話機そのものについては、彼らにすべてを任せるという分業構造をとった（最近は、自社製品を出してはいるが）。

ただしアップルの場合、iPhoneなどの製品で使う部品の生産と製品の組み立ては外部に任せるが、製品のデザインとソフトの開発は基本的に自社で行うし、他社に任せた部品の生産や本体の組み立て工程についても、自社のきびしいコントロールのもとに置く、という分業構造を選択している。

アップルは自社製品の訴求力の源泉がハードとソフトが一体化されてじつに使いやすく、すばらしいデザインの製品にあることをよく知っており、またソフトの使いやすさと多様さが自社の強みであることを知っている。だから、そうした訴求力の核を実際に実現するための仕事は他社に分業することはせず、他方、自社の訴求力の核ではない部品の生産開発や製品組み立ては外部に任せる、という供給力構造をつくっているのである。

こうして、分業構造の設計は、分業する境界をどこに置くかについて、細部まできちんと考えた設計が重要なのである。

供給力構造が、カネと情報の蓄積を決める

顧客への訴求力の実現という観点から供給力構造の設計のあり方を考えるとき、決して「現在の」訴求力の実現「だけ」を考えてはならない。「将来の」訴求力のための能力蓄積を設計された供給力構造が可能にするかどうかも、深く考慮されなければならない。「現在の」供給力構造のあり方は、「現在の」訴求力を左右するばかりでなく、「将来の」訴求力の源泉にも影響を与えるからである。

なぜ、将来の訴求力の源泉が、現在の供給力構造の設計から大きな影響をうけるのか。

それは、ある仕事を自分で行う（つまり分業しない）かどうかが、仕事から生まれるカネの流れと情報の流れ（学習）の両方にインパクトを与えるからである。

ある仕事を自分がすれば（川鉄が銑鉄をつくる、グーグルが広範なソフト開発を行う）、その仕事が生み出す付加価値というカネが自分の手元に残る。他人にその仕事を任せれば、その仕事の付加価値は自分の手には入らない。そしてそのカネの蓄積が大きくなれば、それは将来の供給力構造のあり方が必

要とする投資資金の源泉になる可能性がある。そういう意味で、現在の分業構造が将来の供給構造の可能性を、部分的にせよ決めている。

しかも、仕事の現場で動いているのは、カネだけではない。カネと同時に、情報も動いている、流れている。どんな仕事にせよ、人間が一つの仕事をすれば、その人は仕事に関するさまざまな事柄を「ついでに」学んでいるからである。その学びの材料の情報が現場では流れている、と考えてもいい。人間がきわめて高度な観察能力と学習能力を持っているからである。

たとえば、高炉の運転を自社でやれば、コークスや鉄鉱石の高炉への投入の仕方によって、高炉内の温度変化や流れ出す銑鉄の質がどう変わるか、実地に体験することになる。その情報が現場の経験という形で自社の人間に流れ、そこから学習が生まれ、現場のノウハウとして蓄積される。

だから、自分がある仕事をすれば、その仕事にかかわる学習を自分がすることになる。他人にその仕事を任せれば、他人が学習する。なぜなら、「仕事をすることは学習すること」だからである。

その学習の成果は、組織としての能力蓄積を大きくしていくことになる。その蓄積拡大は、将来に設計される供給力構造の実行可能性を左右する基礎条件の一つになるだろう。その蓄積が、将来の供給力の源泉を生み出しうる。

つまり、カネの蓄積から生まれる投資余力だけでなく、学習と情報の蓄積から生まれる能力基盤の拡大が、将来の供給力構造設計の可能性を大きく広げるというインパクトを持つのである。

したがって、蓄積される価値のある情報の流れには、自ら接する必要がある。そして、豊かな情報が流れる現場は、自分たちで持つ必要があることが多い。その現場が生み出す付加価値の量とは別に、蓄積できる情報の量と質が高ければ、自社内でやるべきなのである。

グーグルがほとんどの基本開発を自社内で行うという分業構造を持ち、その仕事を行うためにきわめて高い質の人材を投入するという資源投入パターンを維持してきている基本的理由は、この一点にありそうだ。すぐれた人材は、付加価値の高いソフトをいま生み出してくれるばかりでなく、現場での学習成果も大きくしてくれるであろう。

つまり、この項の見出しにあるように、供給力構造が、カネと情報の他者と自分との間の分配を決め、それが自分たちの蓄積の大きさを左右している。分業構造に従って、カネも情報も、自分でやれば自分の手元に残り、他人に任せればその他人の手に入ってしまうのである。

ただし、カネや情報の流れを自分の手元に残すために、自分の組織の製品を提供するためのすべての仕事を自分でやるべき（つまり、まったく分業しない）、という結論にはならない。他人に任せた方がカネの面で効率的なことが多いからである。つまり、分業する方が、カネの分配で有利になるというケースが多いのである。それには、組織内でその仕事を自分でするために必要となる能力基盤と資源投入の大きさが関連してくる。

家電製品の部品生産を例にとってみよう。自社で部品生産を行う（つまり分業しない）とすれば、その部品生産に要する能力を持つ必要があり、投資負担をする必要がある。その投資に見合うだけのコストの安さが得られるかどうかは、しばしば、分業相手の専門知識の豊かさ、人件費の低さ、さらには生産規模の大きさに依存する。専門知識が高かったり人件費が安かったりすれば、分業した方がコスト安になるだろう。また、生産規模によっては規模の経済（大量生産によってコストが下がる）がきくことが多いから、専門業者が有利になることが多い。

そして、自社生産の場合の生産規模は、自社の最終製品の生産量に必要な分だけ、と規模が限定される。しかし、部品生産に特化した専門企業に任せれば（つまり分業する）、彼らが規模の経済を活かして、そして専門知識の集積を活かして、きわめて安い価格で供給してくれる可能性がある。

そこで、一九九〇年代から多くの日本の家電メーカーが経験したように、部品のアウトソースや最終製品の組み立てを台湾や中国のメーカーに委託する方がカネの面で得である、という現象がおきる。日本の家電メーカーの企業数が多すぎて、一社あたり家電製品の生産規模が小さくなってしまっていたことも原因の一つだったし、そしてそのうえ、この地域の人件費が当時は日本よりも安かった。

したがって、少なくとも短期的にカネの面だけで考えれば、アウトソースをした方が有利、という結論になって、水平分業（台湾や中国のメーカーへの生産委託）が業界のトレンドになった。

だが、部品生産のアウトソースだけで話は終わらない。次第に、部品開発や最終製品の組み立ても分業してしまう企業が多くなり、最後には製品開発のかなりの部分をアウトソースする企業が出てくる。

そうなると、家電製品の開発・生産に必要なコア技術の蓄積が自社内から枯渇してくる危険がある。自分でやらないのだから内部の人材投資も減っていき、また現場での情報の流れからの学習も少なくなっていく。こうして、ジワジワと家電事業の能力基盤が、テレビなどの製品分野で小さくなっていってしまった。

供給力構造の変更（アウトソースの場合、分業の促進）が、その構造が必要とする人材投入と現場での仕事から生まれる学習成果、その両方で将来の能力基盤に大きなマイナスをもたらした、という例である。短期的なコスト削減では有利に見えるような供給構造の設計変更であるだけに、頭の痛い問題ではある。

しかしそれでも教訓とすべきは、「人材投入は学習の源泉。そして自分で仕事をすれば、自分が学習する。他人に任せれば、他人が学習する」という簡明な真理がもたらす、見えにくい能力基盤へのインパクトの大きさであろう。

立ち位置設計の三つの判断基準

どのような立ち位置設計が望ましいか、という判断基準については、ここまでかなり述べてきた。ここでは最後にまとめとして、三つの基本的な判断基準について説明しておこう。いずれも、いわれてみれば当たり前、という判断基準だが、現実の世界でのかなり混乱した情報のなかで、この「当たり前の判断基準」をきちんと適用して考えることが意外にむつかしい。だからこそ、明確に意識することが大切である。

第一の判断基準は、三つの構造設計が相互につじつまが合っていること、である。製品・顧客構造の設計、訴求力構造の設計、供給力構造の設計は、それぞれが相互に整合的でなければならない。この訴求力構造設計は、本当にメインの顧客にアピールできるものか、そしてメインの顧客の真のニーズに応えるものになっているのか。その訴求力構造を実現できるような供給力構造の設計になっているのか。そもそも設定された製品のコンセプトは、自分たちの供給力構造で実現可能なものなのか。

もっともつじつまが合わないことがおきがちなのは、訴求力構造と供給力構造の間であろう。立ち位置設計が意図している顧客への訴求力が十分に実現できるような資源投入や分業構造になっているか、という問題である。

組織内部の事情で、十分な資源投入が行われない、とか、訴求するポイントになる作業を外部任せの分業にしてしまっている、とかのミスマッチは、しばしばおきがちである。組織の側が、「これだけやっておけば大丈夫だろう」と自分勝手に考えがちなのである。しかし、競争も顧客もきびしい。訴求力が徹底して実現されなければ、実際に顧客の満足を勝ちとることはむつかしいのである。

立ち位置設計の第二の判断基準は、環境からのニーズ（顧客のニーズや社会的要請）や環境からの制約（政府の規制や社会的制約など）とのマッチングがとれているか、ということである。いわば、第一の基準が立ち位置設計の内部での整合性であったのに対して、第二の判断基準は外部（環境）との整合性の問題である。

たとえば、設定された製品のコンセプトが、本当に顧客のニーズに応えるものなのか、少しずれていないか。顧客の量は設計時の想定通りに存在するのか。あるいは、供給力構造設計で意図する具体的な業務活動が、公的な規制や社会的な要請とずれていて、コンプライアンス問題をおこさないか。

この外部（環境）との整合性の問題は、環境のニーズや制約はなにかを事前にすべて正確に把握することがむつかしいことも多く、「実行後にはじめて分かる」ということも多そうだ。だから、この判断基準を第二の優先順位に置いているのだが、最終的にはもっとも設計の成果を決める要因になるだろう。

しかし、第一の「内部整合性」は、事前に自分たちでチェックできるものである。したがって、言い訳はできない。この内部整合性は「まず」チェックしてほしいというものである。だから、内部整合性があるから設計が効果的になる、ということではなく、内部整合性がなければそもそも自己矛盾で機能不全をおこす、という意味で第一の判断基準にしているのである。

立ち位置設計の第三の判断基準は、組織の能力基盤の支えがあるか、である。つまり、設計図を現実のものとできるような能力基盤を自分たちは持っているのかという、ある意味で深刻な問いである。

その能力基盤とは、カネの基盤だけでなく、人材の基盤、技術の基盤、顧客の信用の基盤、分業相手との協力関係の基盤、などさまざまである。能力とは、「やりたいと思うことをできるための力」であって、立ち位置設計の判断の際には多様な能力基盤を考える必要がある。

もちろん、能力基盤を無視して立ち位置設計をする人はいないだろう。しかし、未来への設計図としての立ち位置設計をする際には、ついつい希望的観測が入りがちになるものである。もちろんあえて悲観的に考える必要はないのだが、冷静に観察する必要がある。そして、自分の能力基盤を正確に把握するのは、むつかしいのである。

『孫子』に、「敵を知り、己を知らば、百戦殆うからず」という有名な言葉がある。それは、敵を知ることのむつかしさを語る言葉というより、自分を正確に知ることのむつかしさ、とくに自分の能力基盤の整備の程度を正確に観察することのむつかしさを語ったものと考えるべきだろう。

能力基盤と立ち位置設計の関係については、次章の「未来をめざす流れを設計する」で、さらに触れることになるだろう。

人事部長としての、自分の立ち位置設計

以上の立ち位置設計のあり方の説明を、私は企業という組織全体を率いる経営者をイメージして基本的には書いてきた。それが、企業経営の立ち位置設計としての経営戦略論で通常の視点だからである。しかし、読者に中心的な概念を説明する際に、企業の事例なら分かりやすいだろうと思ったからである。

しかし、この本全体の視点としては、組織のリーダーの視点が基本の視点で、そのリーダーの経営行動の姿を考えるのが、この本のコンセプトである。もちろん、企業全体の経営者もリーダーだが、企業などの大きな組織のなかの下部組織のリーダーも、この本の基本視点の「組織のリーダー」として、自分の「経営行動」を考えるべき存在なのである。

したがって、企業の下部組織のリーダーをとくに意識して、先に書いてきたことをどう読み替えられるか、章を終わるにあたって読者とともに考えておこう。

工場長の例はすでに使っているので、ここでは本社の部長、たとえば人事部長、をイメージしてみよう。人事部の立ち位置設計とは、なにを考えることなのか。

過去からの社内の権限規定や慣習の積み重なりのなかで、人事部の立ち位置設計など考える余地がないほどガチガチに決まっている、と考える必要はない。たしかに、頭のなかで考える立ち位置設計が、前項の言葉をつかえば、全社の権限規定という「環境からの制約」で縛られていて、設計の自由度はあまりない、ということもあるかも知れない。しかし、本当にそうか。

人事部にとって、会社が置かれた外部環境と社内組織での他の部署あるいは上部組織など、が人事部にとっての「環境」である。その環境のなかで、他者（つまり、本社他部門、現業のオペレーション実

行部門、外部の人事コンサルティング会社、あるいは社長などの役員層、などなど）との立ち位置をどう設計するのがいいのか。

その設計のためには、人事部の「製品」とはなにか、それを誰に提供しているのか（つまり顧客は誰か）、その提供はなんの目的で行うべきか、を考えるべきだろう。それが、製品・顧客構造の設計である。グーグルのように顧客が二重にいるかも知れない。製品も単一ではないかも知れない。

そうした製品と顧客の構造が決まったとして、その顧客になにを訴求するのか、その訴求力の源泉をなにに置くのだろうか。人事評価の納得性か、それとも採用人事の有効性か、あるいは社内での抜擢人事のための的確な情報の提供か。

そして、顧客の満足を勝ちとるプロセスでの競争相手は誰かを明確にイメージしなければならない。しばしばそれは、役員層が最近珍重する社外の人事コンサルティング会社であったりする。彼らは、人事部にサービスを売るだけでなく、人事部の社内サービスに取って代わる存在になるかも知れない。

自分たちの訴求力は、単一の項目でなく、束として決める必要があるだろう。顧客は「ニーズの束」を持っているのである。しかし、その束のなかの訴求の核をなににするか。

そして束全体への目配せと束のなかの核、その訴求力の二つのポイントの両方を実現するために、どんな供給構造を人事部はそろえなければならないか。ここでは、人事部へ配置すべき人材（つまり資源投入）と社内外の他組織との分業構造が中心的に考えるべき問題となるだろう。

人事部の分業構造としては、人事評価での現場の管理者と人事部との役割分担、人事制度改革などでの外部コンサルタントとの役割分担、などが典型的な例であろう。そして外部と分業する際には、分業後のコントロールも忘れてはならない。外部に丸投げ的な分業構造をついとってしまうことも多いのではないか。

　こうして人事部をイメージして考えてみても、この章で書いてきた三つの構造設計がかなり当てはまることが理解してもらえるだろう。そして、構造設計に選択の幅がありうること、しかしそれにもかかわらず多くの現場では意図的な設計の努力があまりないままに慣性で動いてしまっていること、それを読者も感じられるのではないか。とくに第一の構造設計、なにを製品として誰に提供するのか、というのは、人事部の肝を決める本質的な設計であろう。

　こうして三つの構造設計問題が下部組織のリーダーにも当てはまるといっても、企業全体の経営者と同じような設計の自由度が彼らにあるというわけではない。

　下部組織のリーダーにとっては、全体組織の構造という「上から決められた」もので自分の下部組織の他者との関係の多くの部分が決まっているだろう。また、自分が意図的に設計を考えたとしても、その実行のためにかなりの社内説得作業が必要なことも多いだろう。

　そうした制約はあるものの、他の下部組織単位との関係の具体的な内容などは、現場の裁量にまかされている部分もあるだろうし、全体組織の構造や権限関係でも、その改革の要請を出すことも可能なことがあるのではないか。

　大切なのは、経営行動の原理の第一として、未来への設計図を描く、組織の立ち位置を決める設計をする、という選択の余地があることを認識することである。

　つまり、環境のなかの他者との位置・関係の基本設計図、つまり立ち位置の設計図は、下部組織のリーダーにとっても重要な設計変数なのである。自分たちの立ち位置を決めるという発想でものを考える、あるいはそういう思考実験をしてみると、そこから見えてくることも多いはずである。

経営者コラム

西山彌太郎

Management Column — Yataro Nishiyama

この章で紹介した川崎製鉄の千葉製鉄所建設、銑鉄生産への進出、という決断をした西山彌太郎は、川崎製鉄の初代社長だが、じつはサラリーマン経営者である。川崎製鉄という会社が一九五〇年に川崎重工業から分離独立した際に、川崎重工業の製鉄部門の責任者だった西山が社長になったのである。当時すでに五七歳で、ふつうの定年の年を越えていた。そこから彼の、「一度決めたらまっしぐら」の経営者人生がはじまった。

西山は東京帝国大学を出た冶金の技術者だった。大学を出てすぐに川崎造船所（川崎重工業の前身）に就職し、平炉の技術者として名を馳せた。そんな彼は、戦前から銑鋼一貫、高炉を持った製鉄メーカーへの変身を夢みて、愛知県・知多にあった川崎造船所の工場で高炉建設の設計図を描かせたりしていた。

川崎造船所は神戸に主力工場のある関西の企業であった。その会社が、首都圏の千葉海岸に大型臨海銑鋼一貫製鉄所を建設する。川鉄の社運を賭けた決断であった。資本金の三三倍という大投資で、資金調達には長い間苦しんだ。

しかし最後には、第一銀行というメインバンクの支援を受け、また世界銀行からの大型借款をほとんど日本企業の先頭を切って、成功させた。彼の描いた千葉製鉄所のビジョンの持つ技術合理性と日本の戦後の鉄鋼需要とのマッチという市場合理性が、慎重な一部の金融筋は別にして、通産省の若手官僚や日本開発銀行の幹部たちなどから多くの支持を結局は集めたのである。

その市場合理性の背後には、戦後日本の復興に向けた鉄道などのインフラ建設の需要、そして国内産業全体が貿易立国を果たすために、重機械工業へ安くて品質のいい鉄鋼を供給する、という彼が描いたビジョンがあった。

そんな大きな決断を結実させた西山は、決して少年時代から目立った人間ではなかった。彼の座右の銘は、「勤むるを以て拙を補う」。そんな努力の人であった。彼の一高時代の寮の同室生であった谷川徹三（哲学者）は、寮で目立たなかった西山を「石のような重さを感じる存在」と評している。

西山は、現場を心から愛した。つねに現場を歩き、千葉製鉄所の設計図作製にも現場で参加した。そんな彼を、現場の従業員たちは「俺たちのオヤジ」と慕った。千葉製鉄所の建設計画発表の際に、千葉県庁に川鉄の労働組合が協力要請の嘆願書を出したほどであった。神戸に住んでいた従業員たちの多くは、千葉に転勤せざるを得ない人たちが多かったのだが、それでも西山のビジョンに賛成し、最大限の協力を惜しまなかったのである。

ビジョン、すなわち自分たちの立ち位置設計である。それを戦後日本の大きな市場状況と技術の合理性の二つの要因を両にらみにして見事に描いた西山の決断は、その合理性ゆえに、現場の支持、そして外部有力者（世界銀行や通産省など）の支持を得ることができたのである。

もちろん、西山の立ち位置設計の決断だけが、千葉製鉄所を成功させた要因ではない。決断した後に、西山には「一度決めたらまっしぐらに走りつづける」という精神があった。本人の言葉を借りれば、「誠実と敢闘の精神」である。

その敢闘の精神をあらわす、西山自身のある訓示の言葉が、とてもいい。

「いかなる事業と雖も長い年月には一起一伏は免れない。事業に当たる者は目先の現象にとらわれて一喜一憂するようではならない。良い時には悪い時を思い出す。悪い時には良い時の用意をする。およそ物事はどうにもならぬお先真暗な時こそ陰の極で、明るみへの転機にあることを知るべきだ。人間は常に信念を持って目的に邁進するのでなければ駄目だ」（拙著『高度成長を引きずり出した男』p268）

この言葉は、千葉計画への政府の認可を待っていた「まだ暗闇の中」の頃のものだが、なんと社内の野球大会の開会式のあいさつである。「彌太郎さん、こんなときに勘弁してよ」というグラウンドの声が聞こえてくるようだ。

第２章 未来をめざす流れを設計する

未来への設計図を描く②

未来をめざす、三つの流れ

未来への設計図を描く、という経営行動の原理の第二は、「未来をめざす流れ」を設計する際の原理である。

前章では、現在の（そして当面の間の）組織の立ち位置の設計を考えたが、この章では現在の立ち位置からどのような流れで未来をめざすか、という未来への「動き自体」の設計を考えよう。それは時間的に段階を追って、どのような順序でどんな行動をとろうと計画するか、という流れの設計である。

その設計の対象として、つぎの三つの流れが一般的に重要であろう。

1. 未来の立ち位置への大きな流れ
2. 能力蓄積の流れ
3. イノベーションへの流れ

未来の立ち位置への大きな流れとは、企業全体を例にとれば、国内中心の事業活動の企業が世界企業をめざす、あるいは洗剤などの限定された化学品の企業がより総合的な化学メーカーをめざす、などである。

前章でも取り上げたグーグルの例でいえば、ウェブ検索エンジンを中心として事業を展開していた創業当時の立ち位置から、インターネットを通じて多くの人に必要な情報を瞬時に提供できるような企業という立ち位置へと、早い段階で二人の創業者は未来の立ち位置への大きな流れを決めていた。

あるいは、ヤマト運輸の場合、首都圏を中心に宅急便サービスを展開している状態から、ダントツ計画と彼らが呼んだ計画をつくって、全国サービスの企業へと転進をはかった。これも未来の立ち位置への大きな流れの例である。

この大きな流れの設計は、大きな将来ビジョンを自らの立ち位置について描いた後で、それを実現するための大きな布石を設計する、ということになるだろう。逆にいえば、未来への立ち位置へ現在の立ち位置から進化していくために設計できるのは、大きな布石だけであろう、ということでもある。その大きな流れのなかで、小さなステップは未来の環境変化とともに、柔軟に変える必要があるだろうから、細かな展開シナリオなどを要求するのは、必ずしも現実的ではない。

もちろん、その大きな布石の設計図に従って未来の立ち位置へと組織が進化していけるためには、その展開を可能とする基盤をきちんとつくる必要がある。それが、第二、第三の未来への流れの設計である。その二つの設計が、未来をめざす流れの設計の具体的中核となる。

とくに能力蓄積の流れは、未来の立ち位置を実現するために必須の基盤となるだろう。どんなにすばらしく見える未来の立ち位置をビジョンとして描いたとしても、それを実現するだけの能力蓄積を将来時点までに整えられなければ、ビジョンは絵に描いた餅に終わってしまう。だから、その将来の能力蓄積レベルにまでどのように能力を積み上げていくか、磨いていくか、そのための流れをきちんと設計することが重要なのである。

その重要性を私が強調する背後には、「本質的な能力の深い蓄積こそが、じつは不確実な未来に向けての準備として最大の設計項目だ」と思うからである。将来の環境がかなり不確実な変化を見せても、そこで生き残れるための能力基盤を蓄積しておくという姿勢が大切だ、と言い換えてもいい。

そのいい例が、グーグルだといえそうだ。彼らの将来ビジョンはじつに雄大で（デジタル情報を誰にでも届ける）、とくに詳細な立ち位置進化のための設計をしているのではなさそうだが、スマート・クリエイティブという人材を豊富に持つ、彼らをどんどん採用する、というある意味で単純な、しかしきわめて明確な能力蓄積の流れを描いている。

そうした人材群が具体的にどのような製品やソフトを生み出してくれるか、という詳細な設計をするよりも、彼らがもたらしてくれる組織としての能力基盤の大きさと深さがあれば、そこからグーグルが大切と考える分野でいずれいい製品が生まれてくる可能性は高い、という哲学がグーグルにはあるのだろう。

これは、立ち位置設計が先か、能力蓄積が先か、という案外と大切な問題である。

もちろん、大きな立ち位置進化への流れの基本設計はまず必要だろうが、その大きな流れを実現可能とするような能力蓄積が先、未来の細かな立ち位置設計は後、と考えるのが、不確実な将来に対する基本的姿勢としてよりよく機能すると思われる。

その理由は、具体的な未来の立ち位置設計をいくら綿密に考えようとしても、その具体的設計が将来の環境条件のもとでベストになるという保証はどこにもないからである。そうならば、未来に向けて「ある範囲の」さまざまな立ち位置設計を実行可能にするような能力を組織として蓄積することの方が、不確実性にきちんと立ち向かう有効な経営行動なのである。

未来をめざす流れの設計の第三は、イノベーションへの流れの設計である。第二の設計である能力蓄積の流れを決めることに加えて、その能力蓄積をベースにどのようなイノベーションをおこすか、そのイノベーションを生み出すための設計が必要なのである。

イノベーションという言葉はしばしば技術革新と訳されるが、新技術開発だけではイノベーションにはならない。技術開発の結果として生まれる新しい製品やサービスが市場で実際に大きな規模で需要され、それが人々の生活を変えるところまで結実してこそ、本当のイノベーションである。つまりイノベーションの定義は、

「**技術革新の結果として、新しい製品やサービスをつくりだすことによって人間の社会生活を大きく改変すること**」

ということになる。

そして、多くのイノベーションが生まれるまでのプロセス（イノベーションプロセス）では、つぎの三つのステップが段階を追って積み重なっている。

---

1. 筋のいい技術を育てる
2. 市場への出口をつくる
3. 社会を動かす

社会を動かすとは、市場への出口から大きく需要が広がるプロセスで、イノベーションの内容への感動のようなものが波紋をもたらして、大きく社会のなかに広がっていく、ということである。ここまでいってはじめて、イノベーションが人間の社会生活を変える、といっていいだろう。

そして、この「社会生活」という言葉には、個人の消費生活だけでなく、事務所での作業や工場での生産プロセスでの人々の活動なども含めるべきであろう。たとえば、デジタルトランスフォーメーションは、人々の働き方の変革をもたらすものだが、これも技術が人々の社会生活を仕事の面で変えている例なのである。

この三つのステップが、きちんと段階を追って成功するような組織活動の設計、それがイノベーションへの流れの設計である。その詳細については、この章の後半で議論しよう。

イノベーションへの流れの設計が成果をもたらすと、その未来の時点で組織はそれまでとは不連続な発展をする可能性が高い。イノベーションが大きく組織の活動内容を変えるからである。

それに対して、能力蓄積の流れの設計が成功する場合は、組織のより連続的な発展がもたらされるであろう。既存の組織活動分野から少しずつ拡大していくための能力基盤を、能力蓄積の流れはもたらしやすいと思われるからである。

以上のような概要からなる「未来への流れの設計」を、この章ではつぎのような順序で解説していこう。

PREVIEW

- 大きな立ち位置進化の三つの方向性（拡幅、深化、転進）
- 能力蓄積への流れ
- 能力基盤拡大プロセスの構造設計
- 情報蓄積を加速する「仕事」の構造設計
- イノベーションプロセスの構造設計
- 筋のいい技術を育てるための構造設計
- 需要を大きく育てるための構造設計

大きな立ち位置進化の三つの方向性

未来への立ち位置の大きな流れを組織のリーダーがつくりだすことを「立ち位置の進化への動き」を呼ぶとすれば、その進化への設計の核となるのはしばしば、製品・顧客構造での大きな変化をめざすことであろう。とくに、社会に自分たちはなにを提供するのか、という「製品構造」がもっとも基本的であろうが、しばしば供給力構造での進化をめざす組織もある。

その進化の方向性には、一般的につぎの三つの方向性がありうる。

- 拡幅
- 深化
- 転進

拡幅とは、文字通り「幅を拡げる」ことである。グーグルがいい例で、ウェブ検索エンジンが主力の製品であった創業直後の頃から、「すべての情報をデジタルで誰にでも届ける」ことをめざしていた。つまり、製品としてきわめて広い拡幅の方向性を明確にしていた。そして具体的に大きな例だけをあげれば、拡幅としてアンドロイド携帯ＯＳへと拡がり、さらには自動車の自動運転システムにまで拡がろうとしている。

深化とは、既存の分野を掘り下げて、そこでの顧客拡大や技術蓄積などをめざす進化の方向性である。たとえば、現在はすでに広範な家庭製品を化学技術をベースに供給する企業になっている花王は、もとは石鹸のメーカーだった。この花王の中興の祖といわれる丸田芳郎は「石鹸屋だけでは終わりたくない」と石鹸の背後にある界面活性剤の技術を中心に化学技術を深掘りする進化を設計した。その比較的狭い製品構造をまずは深化させたのである。そしてその後に、拡幅へと進化の設計の重点を移していった。

転進のよい例は、この本でもすでに取り上げているヤマト運輸であろう。商業貨物の運輸業では自社の未来はないと見切りをつけ、個人の小型荷物の集配送業へと転進したのである。前章で取り上げた宅急便への実際の事業展開開始（一九七五年）の五年以上前から、小倉は宅急便がビジネスとして成立するための仕組みを考えはじめている。つまり、立ち位置進化の設計が、その頃から始まっていたのである。

あるいは、製品構造の拡幅ではないが、前章の経営者コラムで紹介した川鉄の西山彌太郎の場合、社会に提供する製品は「鋼板・鋼製品」としたままで、その生産工程で銑鉄生産に乗り出すという

「供給構造の拡幅」をしている。供給の流れのなかでより上流へと拡幅する、垂直的統合である。その拡幅への構想を西山がつくりはじめたのは、千葉製鉄所投資計画発表の一九五〇年をさかのぼること一〇年ちかく前の戦前のことであった。

つまり、大きな立ち位置進化の設計開始から実際に組織活動の前面にその進化設計の結果が登場できるようになるまでに、五年や一〇年の歳月が必要になることが多いのである。

それだけ先を見越して、自分の組織の供給力構造あるいは能力蓄積の布石を設計するのが、立ち位置進化の設計の内容の核心である。グーグルの場合は徹底的な能力蓄積、花王の場合は研究開発体制の充実、ヤマトの場合はビジネスシステムの開発、などが背後にあった。

拡幅、深化、転進、それらのどの方向性を自分の組織が選ぶべきかは、環境の動向と現在の組織の環境のなかの立ち位置に依存するので、一般論としての解はない。基本的には、環境の大きな変化を見通して行うことが必要となる。

そのような五年や一〇年先という遠い未来の環境の見通しをつけて、そこから進化の設計をはじめる。その設計の実行は相当先になることを覚悟のうえの、設計開始である。進化の設計図を描いたとしても、簡単にすぐに実現できると思ってはならない。

そして、それだけ長い未来のことをきちんと考えるためには、歴史の流れを考える、大きな地図のなかでしっかりと自分の組織の位置づけを考える、という大きな視野での思考が大切になるだろう。逆にいえば、現状が見せるさまざまなミクロの課題に埋没しないことが鍵になる、といえそうだ。

しかし、それがむつかしい。

組織のリーダー自身が、歴史の流れと大きな地図のなかで考えることがもちろん必要なのだが、ただ考えれば済むわけではない。進化設計の大きな課題は、組織の人々にしばしば発生する「現状維持の慣性」を克服し、彼らを引っ張っていくことである。

現状維持の慣性とは、多くの人間が持つ「現状を変えることへの不安や躊躇」から生まれる慣性である。進化そのものへの不寛容、といってもいい。それがひどくなると、組織内に抵抗勢力が生まれたりする（とくに転進という大きな変化の場合）。

そんな組織の慣性を考えながら、進化のための設計を開始し、最後に設計図実行の決断をするのが、リーダーの仕事である。目の前のミクロの事情につい引きずられ、大きな流れを考えられない多くの人々の共通の悪癖を、リーダーは飛び越えなければならない。

能力蓄積への流れ

こうした立ち位置進化の設計を組織として実行可能と判断できるようになるためには、立ち位置設計の実行までにきちんとした能力蓄積（つまり、進化設計の実行を可能とするような能力蓄積）を組織して行っておく必要がある。それが、能力蓄積への流れをつくりだす、ということである。

より具体的に能力蓄積への流れとは、つぎの三つの能力基盤のいずれかあるいはすべての拡大、と捉えればいいだろう。

- 物理的能力
- 情報システム能力
- ヒトによる情報蓄積

物理的能力の典型例は、生産設備の物理的能力、そして人材量である。ヤマト運輸の例でいえば、荷物を運ぶためのトラックの量、現場の配送人員の量などである。あるいは、携帯電話会社の通信網などもこの例である。この能力基盤拡大の典型的な手段が、設備投資とその設備を動かす人員の確保である。

情報システム能力とは、デジタル時代になって多くの組織にとってますます重要な能力基盤となってきているもので、データ処理能力とシステムでの情報蓄積能力、その両面がともに重要である。

データ処理とは、たとえば取引情報の迅速処理のように、データがシステムを通過して、きちんと処理されることである。一方、情報蓄積能力とは、そのデータがたんにシステムを通過するだけでなく、そこから処理された「まとめデータ」のようなものが、あるいはときには生のデータが、情報システムに蓄積されて、それが意味を持つものである。

たとえば、グーグルのウェブ検索エンジンの高い精度とスピードを可能にしたのは、グーグルが世界中のウェブサイトの情報を迅速にサーチする仕組みをつくり、なおかつそのサーチ結果を蓄積する巨大なサーバーシステムを自社に設置して、そのサーバーを素早く機能させてユーザーの検索にスピーディにつなげていたからである。そのサーバーシステムへの投資は、典型的な情報システム投資で、ばかにならない投資である。

ヒトによる情報蓄積とは、現場の作業者がノウハウを蓄積していること、あるいは営業担当者が顧

客情報をさまざまに蓄積していること、さらには技術者が研究開発のプロセスで学習してさまざまな技術能力が高くなっていること、などをイメージすればいい。現場で情報の獲得とそこからの学習がおきて、結果として人々が情報を蓄積している、ということである。

ヒトという資源は、物理的能力の人材量のところでも登場したし、情報蓄積の媒体としての意義という意味でここでも登場している。いってみれば、作業するヒトと学習するヒト、その二つの役割を同じヒトが持つのである。

また、情報蓄積という言葉が以上の説明で二カ所に登場した。コンピュータシステムによる情報蓄積とヒトによる情報蓄積である。情報が蓄積されている「場所」が、一方はコンピュータで他方がヒトの頭脳、というちがいはあるが、ともに蓄積されている情報が大きな価値を持つことが大切なのである。そして、その二カ所の情報蓄積がいずれも大切である。

こうした二つのタイプの情報蓄積はともに、物理的能力とは異なる性質を持っている。一つは、その能力基盤が組織にとって「多様な使いまわし」がきく、ということである。二つの部署で、あるいは二つの活動で同じ情報蓄積を使うことが可能なのである。情報が「使いべりがする」ものではないからである。

しかし物理的能力（設備能力であれ、人材量であれ）は使いまわしがきかない。「空いている設備や人材」を他の活動で使うことは可能でも、現になんらかの活動に使用中の設備や人材は、他の活動で「まったく同時に」使うことはできない。占有性があるのである。

二つの情報蓄積に共通するもう一つの性質は、その情報蓄積が大きくなるにしたがって、かけ算的に価値が上がる可能性があることである。Aという情報蓄積（たとえばある技術あるいはあるデータ）

に新たにBという情報蓄積が加わると、その二つからこれまではなかった新しい意味（たとえば、まったく新しい技術の開発）を引き出せる可能性があるのである。

だから、情報蓄積は、その有効利用の工夫をすることの意義が物理的能力の場合よりも大きい。それゆえに、情報蓄積という能力基盤の拡大のための設計に知恵を絞ることがとくに重要となる。

こうした三種類の能力基盤（物理的能力、情報システム能力、ヒトの情報蓄積）の拡大のための能力蓄積ルートとして、ふつうはつぎの二つのタイプがある。

・直接ルート（能力基盤拡大を直接目的とする資源投入による基盤拡大）
・間接ルート（日常の仕事の実行プロセスがもたらす能力基盤拡大）

直接ルートの典型例は、設備投資（物理的能力拡大）や情報システム投資あるいは研究開発投資による技術蓄積、などである。あるいは、外部からの能力基盤の直接導入の手段としての人材採用や企業買収なども直接ルートの例である。

間接ルートとは、既存の組織の活動を日常的に行っているプロセスを工夫すると、その日常的な仕事の副次効果として能力基盤の拡大がもたらされる、というものである。

たとえば、現場で設備の使い方の工夫を日常的に積み重ねていくと、同じ設備でも生産能力が上がっていくことがある。あるいは、取引情報システムの運用を工夫すると、その情報処理から生まれる情報蓄積（たとえばビッグデータ）が価値をもたらすことがある。つまり、情報蓄積が日常の仕事の副次効果として拡大するのである。

さらには、工場の技術者たちや作業者たちが生産プロセスの改良を日常的につづけることによって、新しい生産プロセスへのノウハウの蓄積がなされる。営業担当者が日常的に頻繁に顧客と接触して得てくる情報を工夫すると、顧客の困りごとの情報蓄積が増えていく。これらは、ヒトの情報蓄積が日常業務の副次効果として増える、という例である。

直接ルートによる能力蓄積は、そもそも直接ルートが能力基盤の拡大を直接的な目的とするものであるのだから、分かりやすい。しかし、間接ルートは、能力蓄積が直接目的ではない日常業務、とにかく行わなければならない仕事の積み重ねから生まれるものだから、分かりにくいかも知れない。

しかし、それがじつは大切なのである。この間接ルートの大切さを理解している人間には、このルートを通しての能力蓄積の流れの設計が可能だが、このルートがありうることを意識していない人間にとっては、使いようがなく、それだけもったいないことがおきる危険がある。

この間接ルートの本質は、仕事をすれば「自然にたまる」、自然に学習がおきうる、ということである。learning by doing（仕事からの学習）という学習効果による情報蓄積の拡大、といっていい。

こうした能力蓄積の二つのルートには、長所と短所がある。

直接ルートは、蓄積のスピードは速いことが多いが、蓄積される能力基盤の堅固さに問題が生まれることもある。直接目的の想定通りの蓄積にならないことも多いので、堅固でないのである。たとえば、企業買収による能力蓄積拡大は、しばしば事前の見込み通りにいかないことが多いようだ。

間接ルートの蓄積は、仕事の現場で仕事を行うなかから生まれるものだけに、蓄積される能力は堅固であることが多いが、蓄積のスピードは遅いことがしばしばだろう。日常業務の副次効果ゆえに、能力蓄積そのものを第一次的な目的とはしないから、蓄積スピードはつい遅くなりがちなのである。

したがって、能力蓄積プロセスの設計の際には、それぞれの長所が生きるように二つのルートを組み合わせる必要があるだろう。

以上の議論を総合すると、能力蓄積の流れの設計のコンセプト設計に当たる部分として、つぎの二つのコンセプト設計が中心となることが理解できるだろう。

1. 自分の組織の能力基盤ポートフォリオの特徴をどこに置くか
2. 能力基盤拡大のための蓄積ルートを、どのように組み合わせるか

つまり、どんな能力基盤に秀でた組織になりたいか、三つの基盤（物理的能力、情報システム能力、ヒトによる情報蓄積）のどれを中核とするか。あるいは、どんなやり方で能力基盤拡大を行いたいか。外からの資源導入（投資もこれの一つ）という直接ルート中心でいくか、あるいは間接ルートにどの程度の重要性を置くか。

三つの能力基盤はすべて必要であろう。また蓄積ルートとしても、二つのルートはともに重要である。その認識のうえで、それらの組み合わせ方のコンセプトをつくるのが、能力蓄積プロセスの設計でのコンセプト設計といっていい。

能力基盤拡大プロセスの構造設計

未来への能力蓄積の流れの設計の中心的課題となるのは、能力蓄積プロセスの構造設計である。ここでは前項で述べた直接・間接の二つの蓄積ルートの構造設計の問題として整理して解説してみよう。

直接ルートの構造設計とは、三つの能力基盤の拡大を直接的な目的とする資源投入のやり方の設計ともいえる。その資源投入の仕方によって、能力基盤の拡大のあり方が決まってくる。

それを考える好事例が、これまでも取り上げてきたヤマト運輸にある。宅急便を一九七五年に開始して、それが社会に受け入れられはじめた頃、ヤマト運輸の小倉昌男は当時現れはじめていた数多くの競争相手に抜きんでるために、そして宅急便を全国規模のきちんとしたシステムにするために、八一年からダントツ計画と彼らが呼ぶ三年計画を三回繰り返した。それは、九年間にわたる、当時の運輸業界にはまったくなかった能力基盤拡大プロセスの構造設計とその実行であった。

そのダントツ計画の基本理念を小倉は、「ハードウェア、ソフトウェアとヒューマンウェアの三つを総合して、新しいシステムを作り上げることを目指す」（小倉『小倉昌男　経営学』p.217）と表現している。

その内容は、物理的能力としては配送用のトラック部隊の整備はもちろんのこと、全国各地のデポ・センター・ベースという輸送網・営業網の整備もあった。さらには、ドライバーが荷扱いしやすいような専用車両の開発をトヨタ自動車と共同で行った。

情報システムの投資としても、荷物の受け取り時の入力から始まり、荷物の仕分けや配送ルートへの処理を一貫して行う情報システムを開発した。

そしてヒトに関しては、作業者としてのドライバーを非常に重んじ、彼らをたんなる配送作業者として扱わず、顧客との接点でサービスする存在、顧客のニーズを感知する存在として「セールス・ドライバー」という名称で彼らの意識改革を促した。

つまり、小倉は八〇年代という早い時期から、情報システムも含めた、ヒトの情報蓄積も考えた、三つの能力基盤の総合的拡大をきちんと意識していたのである。

このダントツ計画はじつは、直接ルートの能力基盤拡大プロセスの構造設計の三つのポイントとして一般的に大切、と私が考えるものを備えている。

1．三つの能力基盤のミックスの整合性をきちんとつくる
2．そのミックスのなかのヒトの比重を重視する
3．直接ルート構造設計の実行プロセスでの、学習効果を意識する

物理的能力、情報システム能力、ヒトの情報蓄積、という三つの能力基盤を、小倉は「ハードウェア、ソフトウェア、ヒューマンウェアの三つを総合して」と表現している。まさに、この三つのきちんとしたミックス、とくに三つの間の整合性（たとえば、設備を動かすヒトが過剰でもなく、過小でもなく）を考えているのである。

この整合性を欠くような構造設計を明確な意思を持って行ってしまう設計者はいないだろうが、しばしば情報システム能力とヒトの配分のかみ合わせ方は案外とむつかしい。情報システムが行うべきことのある部分は、それまでヒトがやっていたもの（たとえば、センターでの行き先別の荷物の仕分け）であるので、情報システムを過大につくってヒトを軽視するまちがいは、案外とおきやすい。

実際ヤマトの場合、センサーなどを多用した情報システム強化の荷物仕分けシステムを試みたが、人手作戦の方が仕分けのスピードは速かったという。ただこれは八〇年代の話で、デジタル時代にな

った今では人手作戦の意味は小さくなっている可能性も高い。しかし、ヒトのアナログ的能力の軽視が全体としての組織のパフォーマンスにマイナスになることが多いことは、デジタル時代でも十分ありうることである。

ヒトのアナログ的能力の大切さが、じつは第二のポイント（ヒトの比重の重視）につながる。しかもヒトは、物理的能力の一部としての人材投入量としてだけでなく、情報蓄積の媒体としても大切なのである。つまり、ヒトは二重の意味で大切で、だからヒトの比重は少し過大気味と思えるほどに重視するのが、一般的には正解になりそうだ。ヤマトが現場のドライバーをきわめて重視したことは、先に述べた通りである。

グーグルでも、すでに紹介したように、スマート・クリエイティブの人材採用が経営の最重要事項と経営者が語っている。ヒトの比重の重視の例である。また、川鉄の千葉製鉄所建設の成功の背後には、終戦前に満州の大型製鉄所に勤めていて戦争終了とともに日本に帰ってきた大量の高炉技術者たちがいた。西山は彼らの集団を、製鉄所計画発表のはるか前からまとめて採用していたのである。

彼らがもたらした技術蓄積があったからこそ、川鉄としては初の高炉建設とその操業が成功したのである。たしかに計画全体の投資資金の確保が最大の難関ではあったが、成功の陰にはヒトの比重の重視もきちんとあったのである。

第三のポイント（資源投入実行プロセスでの学習効果の意識）のヤマトでの例は、まったく新しい情報システム構築のためのシステム設計を社内中心の開発体制で行ったことである。小倉自身が、「自分でつくるのが基本」といっている。もちろん外部の情報システム会社の大きな援助を受けただろうが、丸投げのようなことはせず、自分たちが主体になってやろうとするのである。

その実行プロセスでの作業自体が、ヤマトの人々の学習プロセスになる。情報システム構築能力の学習である。それが意味があるからこそ、三回にわたったダントツ計画で、つぎつぎと新しい情報システム構築がきちんと企画・実行されていくのである。能力基盤整備の実行プロセス自体が、能力基盤の一部である「ヒトの情報蓄積」を拡大させてくれるプラス。それをきちんと考える、というのが、この第三のポイントのミソである。

情報蓄積を加速する「仕事」の構造設計

つぎに、間接ルート（日常の仕事の実行プロセスがもたらす能力基盤拡大）の構造設計に議論を移そう。この構造設計の中心課題は、情報蓄積を加速する「仕事」の構造設計である。

三つの能力基盤のうち、ヒトの情報蓄積というもっともソフトでアナログな基盤、さらには情報システムでの情報蓄積という基盤、その二つの情報蓄積が生まれてくるのは、日常の仕事のなかで流れる情報の数々がヒトとシステムに貯まっていくからである。

その情報蓄積を加速するために、情報の流れが豊かにおきるような仕事の選択とやり方の工夫、そしてその流れた情報をきちんと蓄積する仕組みの工夫、その両方の工夫をする必要がある。それが、「情報蓄積を加速する仕事の構造設計」である。

この構造設計のポイントは、つぎの三つになるだろう。

---

1. 豊かな情報の流れる仕事に焦点を当て、その仕事を自分で行う
2. 流れる情報をきちんと貯めるような仕組みをつくる

3．既存の組織活動に近接している業務へ「しみ出し」や「斜め飛び」をして、仕事の幅を拡げる

この第三のポイントは、自分たちにとって豊かな情報が流れる仕事の典型例をあげたもので、いわば第一のポイントからの派生ポイントである。「しみ出し」とは、これまでの自分たちの分野（たとえば事業分野）のすぐ隣の、土地勘が多少はあるところの仕事をすること。「斜め飛び」とは、そのしみ出した分野からさらに少しだけ飛ぶと、それまでの組織の中心的な仕事からは多少は斜めに飛んだようになること、である。

第一と第二のポイントの分かりやすい例が、台湾発祥のエレクトロニクス分野の製造受託企業として巨大な発展をとげた鴻海精密工業（ホンハイ）にある。日本の家電メーカーなどから大量の受注をし、またアップル製品の多くを実際に生産している企業である。日本のシャープを傘下に収め、その経営立て直しに成功したことでも知られている。

ホンハイは電子部品の生産受託から始まり、電子機器の最終製品の生産受託へと事業を拡げて、またたくまに成長していった。その背後にあった成功要因の一つが、部品や機器の生産に必要な金型の内製化であった。そのうえで、委託企業から受けとる金型の設計図（あるいは受注後に自分が設計する金型設計図）のデータベースを巨大な規模でつくった。その結果、通常は時間もコストもかかる金型製作のスピードアップとコストダウンに成功した。だから、委託企業はますますホンハイに発注するようになるのである。

つまりホンハイにとって、金型製作という仕事は豊かな情報の流れる仕事だった。そこに部品や最

終機器の技術やノウハウが詰まっているからである。その技術やノウハウ情報を、委託企業からホンハイはもらっているようなものだった。だから、金型内製によってホンハイは、その豊かな情報の流れを手に入れ、自分自身が電子部品や最終機器を設計するときのための情報蓄積を増やしていることになる。その情報蓄積が、さらなるさまざまな形の受託を可能にする能力基盤になっていく。

しかもホンハイは、そうした金型の設計図をデータベース化することに全力で取り組んだ。データベース化すれば、新しい委託生産で新しい金型が必要になっても、そのデータベースから新しい金型の特徴に類似した過去の設計図を引っぱり出すことができて、それに修正を加える形で新しい金型設計ができてしまうことも多いだろう。データベース化によって、金型製作のスピードもコスト（コストのかなりの部分は設計コスト）下げられるのである。

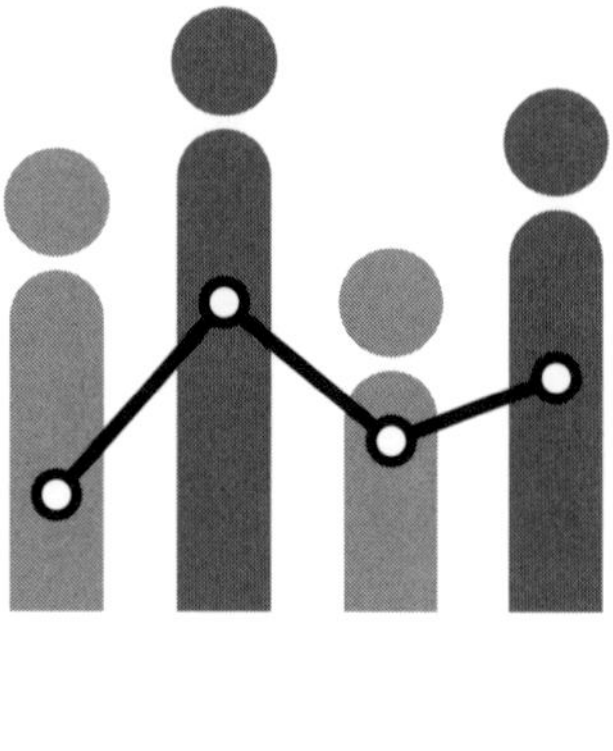

先にあげた第一と第二の構造設計ポイントに照らしてみると、金型製作という仕事が「豊かな情報の流れる仕事」であり、その設計図のデータベース化が「流れる情報をきちんと貯める仕組み」になっているのである。

さらにホンハイは、精力的に委託元企業（自社に仕事を委託する企業）の数を増やしていった。それは、豊かな情報が流れる仕事の量をさらに大きくすることであり、また流れる情報の種類も委託元企業ごとに微妙にちがうだろうから、それもまたより豊かな情報の流れにつながった。受注を増やすことが売上の増加につながるという金銭面のメリットもさることながら、情報蓄積を加速的に拡大するという「能力基盤拡大」のメリットも、取引の急速な拡大はもたらしただろう。

前章で供給力構造のなかの分業の仕方を論じた際に、日本の家電メーカーが安易なアウトソース（分業）で自社の能力基盤を自ら崩してしまったという事例を紹介したが、そのアウトソース先の最大の例がホンハイだったのである。そこには、情報蓄積を中心とする能力基盤を蓄積する間接ルートの学習効果を十分に意識せずに手放した日本企業、間接ルートの学習効果を有効に利用したホンハイ、という対照的な図柄がある。

第三のポイント（しみ出しや斜め飛び）も、豊かな情報の流れの誘発と加速が背後にあるポイントである。だから、第一のポイントの派生ポイントなのである。

しみ出しや斜め飛びという言葉は、日本を代表する電子部品メーカー・村田製作所で使われている言葉だが、ここではYouTubeのグーグルによる買収とその後のめざましい成長の事例で説明してみよう。

グーグルはデジタル情報のネット配信事業の一つとして、映画会社やテレビ会社が持っている映画やドラマのビデオ情報配信サービス事業に参入した（グーグルビデオ、２００５年）。その直後、YouTubeという企業を創業した人がいた。個人が自分で動画をアップロードして他人に見せる（動画投稿）というサービスを開始したのである。その投稿動画のなかには、テレビ番組の録画や映画の録画などが、著作権を無視した形で個人によってアップロードされていたようである。

しかも、グーグルビデオはあまり振るわなかったのだが、そのなかでも少しヒットしたのは、アマチュアの個人によってアップされた、あるプロの音楽グループのパロディ動画であった。このヒットをきっかけに、既存作品の配信プラットフォームよりはユーザーの投稿プラットフォーム（これが現在の形）の方がはるかに市場の拡がりがあることに、グーグルは気づくことになる。

そこでグーグルは、違法アップロードも多かったYouTubeを２００７年に買収し、そこにグーグルのさまざまな配信ノウハウ（著作権法違反対策など）と動画投稿者が広告収入を共有できる技術などを投入して、YouTubeは大成功を収めることになる。

この例では、グーグルにとっての「しみ出し」は最初のビデオ作品配信サービスである。自分たちのさまざまな配信事業のすぐ隣の事業である。しかし、個人の動画投稿プラットフォームはやや異なる。斜め飛びというべきだろう。ただ、その斜め飛びの価値の大きさにグーグルが気がついたのは、しみ出したビデオ配信事業をやっていてそれが成長しないことに困っていたからであった。そしてパロディ投稿のヒットのおかげで、ユーザーのニーズが自らの投稿という能動的なものにあることに気がついたのである。

しみ出しから斜め飛びへ、という動きは、豊かな情報の流れの誘発と加速という点で表現すると、つぎのような特徴があるといえるだろう。

まず、しみ出しは「地続き」の仕事だから、従来の情報蓄積が使いやすい。そのうえに、しみ出した仕事のさらに隣の仕事に豊かな情報が流れていることに、地続きだからこそ気がつきやすい。また、もともとの仕事の情報蓄積（たとえば広告収入共有技術）をその斜め飛びのところへ投入することによって、斜め飛びした仕事での情報蓄積も加速できやすいであろう。

以上が、間接ルートにおける情報蓄積の構造設計のポイント三つの説明だが、最後に強調すべきは、デジタル時代になってますます間接ルートが大切になっている、ということである。

ホンハイの例が示すように、取引の結果データ（金型設計図）のデータベース化はまさに間接ルートのいい例で、かつデジタル技術だからこそ検索が容易になっている。YouTubeの投稿動画データも、それが集積されることで、そこからの検索や組み合わせによって、また新たな価値が生まれるだろう。あるいは最近よく話題になるビッグデータの利用も、取引の結果がついでにデジタルデータとして集積されていることのメリットを活かしている。

いずれも、デジタル時代の取引が副次的に情報システムでの情報蓄積を大きくすることによって巨大なデータベースが価値を持ちはじめた、という例である。

イノベーションプロセスの構造設計

前項で議論した能力蓄積の流れの設計は、組織の現在の立ち位置からかなり連続性の高い分野で発展するための能力基盤づくりがメインの目的といっていい。だからこそ、現在の活動での日常的な仕事から生まれる情報蓄積が意味を持つのである。

しかし、さらに遠い未来を見渡すと、遠い未来での立ち位置をその時点の環境のなかで夢のあるものにするために、イノベーションを仕掛ける必要がある。イノベーションによってまったく新しいことを引きおこし、不連続な発展をめざすのである。

ヤマトの例でいえば、個人の小荷物の集配送事業をイノベーションによって成立させることによって、商業貨物という事業とは性格が大きく異なる事業への不連続な発展が意図されている。

この章の冒頭で、一つのイノベーションプロセスのなかで現れる三段階をつぎのように表現した。

――・筋のいい技術を育てる――

―――
・市場への出口をつくる
・社会を動かす
―――

技術という言葉は、ヤマトには似つかわしくないと感じる読者もおられるかも知れない。しかし、技術を「製品・サービスをきちんと提供できるシステムのための知識・知恵の集合体」と解釈すれば、小型荷物の個人からの集配送の仕組みを考案することは、「新しい技術を育てる」と表現してもいいことだったのである。この「技術」という言葉の解釈は、サービス産業での多くのイノベーションに使えるもので、グーグルにも当てはまるだろう。

さて、**この三つの段階からなるイノベーションプロセスの構造設計**を考えるにあたって意識すべきは、三つの段階はいずれもすべて（技術を育てる段階すらも）、人間臭い、ということである。筋のいい技術を育てるのも人間。市場への出口づくりでは、出口を開けようと努力する組織の人間とその出口づくりに顧客としてレスポンスする人間。社会を動かす段階では、イノベーションの成果に興奮して需要しはじめる大勢の人間。

すべて人間の判断や思惑が絡み合って、イノベーションプロセスは進んでいく。人間臭い、人間社会のプロセスなのである。それを明確に意識して、イノベーションプロセスを設計する必要がある。

では、この三つの段階のそれぞれの具体的内容はどのようなものか。それを解説しよう。

まず、筋のいい技術を育てる、という段階で登場する「筋のいい」とは、主に二つの意味がある。

―
・その技術が、科学の原理に照らして、原理的深さを持つ
―

――・その技術が、社会のニーズの流れに照らして、人間の本質的ニーズにせまっている――

科学の原理に照らして原理的深さがあるような技術を育てることをめざすと、まず第一にそのテーマの実現可能性が高くなるであろう。科学の原理が助けてくれるのである。そして第二に、深い原理につながる技術ならば、その先の展開のポテンシャルも大きいだろう。たとえば、その原理の横展開でその先のさらなる技術的発展性があるのである。

社会のニーズにつながる技術的テーマとは、人間の本質的な欲求にきちんと応えるようなニーズといっていいだろう。人間の本質的な欲求に応えるものならば、社会の需要は長つづきしやすいし、広がりやすい。だから、筋がいい。

ただし、ヤマトの例ですでに例示したように、筋のいい技術を科学技術だけに限る必要はない。サービスの仕組みの巧妙な組み合わせを工夫すること、あるいは細かなおもてなしのノウハウも、じつは筋のいい技術の例である。人間の心理のひだに迫るという意味で、原理的深さがあり、人間の本質的ニーズに合っているからである。

つぎに、市場への出口をつくるということは、そのイノベーションの成果としての製品が顧客から需要されるように、小さくてもいいから市場に穴を開けることである。その最初の穴から需要が育っていくことを期待して、ともかく最初の穴を開けることが、イノベーションの第二段階として必要である。

穴を開ける第一の目的は、顧客からのレスポンス、つまりイノベーションの成果への顧客の「回答」を得ることである。顧客の回答がイエスなら、そこから顧客のレスポンスをさらに得て、学習を積み重ねていけばいい。その結果、穴を大きくしていくことができる。簡単な努力ではないことがしばしばだが、この「顧客からの学習」という段階を通らなければ、市場に受け入れられるプロセス全体がそもそも動き出さない。

ヤマトの例でいえば、家庭の主婦をターゲットに、彼女たちが最初の需要を出しやすい料金設定（一個一五〇〇円）や集配の仕組み（たとえば酒屋、米屋を取次店に）で穴を開けようとした。そして、最初の集配は東京都の都心二三区に地域を限定して、小さくはじめたのである。まさに、まず穴を開け、そこから市場への出口をこじ開けるようにしてつくったのである。

社会を動かす、あるいは社会が動くというイノベーションの第三段階は、いわばドミノ効果という連鎖反応が社会のなかでおきていくことである。第二段階でこじ開けられた市場の出口から、そのイノベーションのすばらしさについての多くの社会的コミュニケーションプロセスが生まれ、あるいはときには意図的につくりだされ、結果として人々がドミノのようにつぎからつぎへと需要を出すことになる。

ヤマトの場合、翌日配達でしかも一個の運賃が一五〇〇円というサービスが、信じられないほどのイノベーションで、それで巨大な口コミが生まれ、たちまちにして普及していく。あるいはグーグルのウェブ検索サービスは利用者にはすべて無料でしかも検索性能がきわめていいから、多くの人がグーグルを使いたがる、グーグルのことを話したがる。ともに、評判が評判を呼んで、社会が動いたのである。

価格、イノベーションが提供する新機能の理解、口コミ、企業側のＰＲ努力、提供される新サービスの社会インフラ的な性格、など、ヤマトでもグーグルでもさまざまな要件がそろって、社会は動いた。それがイノベーション成立の最後の決め手であることを、忘れてはならない。

こうした三段階からなるイノベーションプロセスをどう動かしていくか、がイノベーションプロセスの構造設計の課題だが、その構造設計に入る前に、そもそものイノベーションのコンセプトについてのコンセプト設計が必要である。それは、これまでは実現されていなかったどんなことを可能にして自分たちは社会に貢献したいか、というコンセプトづくりである。

そのコンセプトは、組織のなかでイノベーションに努力する人々にも、また市場のなかで需要を出してくれる顧客という人々にも、共感を呼ぶようなものである必要がある。その共感がベースになければ、人間臭くてしかし苦しいことも多いイノベーションプロセスは、本格的には動いてくれないだろう。

グーグルのウェブ検索イノベーションは、世界中のウェブサイトをサーチして、人々が必要と思う情報を瞬時に集めることを可能にしたい、というのがコンセプトであった。ヤマトの場合、個人が自由に荷物を一個から簡単に安価にしかもスピーディに送ることができること、というのがコンセプトであった。

同じ産業で既存事業の立ち位置は類似している企業でも、イノベーションのコンセプトの選択の幅はかなり大きい。イノベーションをおこそうとする分野は選べるのである。その選択が最後は社会を動かすところまでつなげられるものか。それがイノベーションのコンセプト設計の最大の課題であろう。

そして、その課題を解く鍵は、すでに述べたように、「共感」あるい

は「感動」という言葉にある。イノベーションのコンセプト設計が備えるべき要件は、少なくとも二つありそうだ。一つは、コンセプトが多くの人に分かりやすく、共感を得やすいこと。そして第二に、コンセプト実現が多くの人に感動をもたらすようなものであること。

科学技術の分野のイノベーションの例だが、JAXAがはやぶさプロジェクトで狙ったコンセプトは、小惑星サンプルリターン（小惑星からその星の一部のサンプルを地球に持ち帰る）であった。世界で誰もまだ試みすらしておらず、しかもそのサンプルが地球の誕生の秘密を解き明かすことに貢献する、という大きなコンセプトだった。そのうえ、宇宙空間の巨大な距離を小さなサンプル収納容器が何年もの長い「地球との往復」の旅をする、という夢もある。だからこそ、成功してほしいな、という共感や感動が組織内にも社会にも生まれるのである。

だからこそ、組織の内外の多くの人が「いいね」と思う。ヤマトにも、グーグルにも、そしてJAXAにも、この二つの要件はそろっていた。

筋のいい技術を育てるための構造設計

この章で書いてきたイノベーションがおきるまでの三つの段階をつぎの二つのステップにまとめて、それぞれの設計上のポイントを考えてみよう。

・筋のいい技術を育てるための構造設計
・需要を大きく育てるための構造設計

この第二のステップは、「市場への出口づくり」と「社会を動かす」という二つの段階を「需要が生まれ、そして大きく育つプロセス」、という形にまとめたものである。

まず、筋のいい技術を育てるためのプロセス構造設計として、つぎの三つのポイントが大切となることが多いだろう。

1. イノベーションの原始スープが現場で生まれる土壌をつくる
2. 筋のよさを嗅ぎ分けられる指導者的人材の配置
3. 偶然から学べる土壌をつくる

第一のポイントは、イノベーションの芽ともいうべき最初の「面白い」アイデアがしばしば組織のなかで生まれてくることを狙う、というポイントである。そのアイデアの多くは結果としては成功しないだろう。しかしそのアイデアが多く生まれなければ、そもそもイノベーションプロセスが走り出さない。試行錯誤を覚悟のうえで、組織の人々がそんなアイデアを試みようとする土壌をつくることが、設計の具体的眼目である。

「イノベーションの原始スープ」という言葉は、技術的、機能的アイデアが数多くスープのように混じり合っている状態を示すために、グーグルでつかわれている表現である。原始という「あら削り」のイメージがイノベーションのネタになるアイデアの表現としてピッタリだし、それらがスープのようにたっぷりとかつ混然と生まれくる、というのも適切な表現である。

この第一のポイントの具体的設計としてのグーグルの例は、個々のエンジニアに発想のスケールの大きさを促し、それを試す自由を与える、という組織文化である。その文化を象徴するルールの一例として、グーグルには二〇%ルールというものがある。誰でも自分の好きなことに自分の時間の二〇%を使うことを許す、奨励する、というルールである。

ただ、こうした土壌づくりが遅れている組織では、しばしばリーダー自身が個人としてイノベーションの原始スープを現場でつくりつづけることを心がける、という形のやや奇妙な「土壌づくり」があってもいいだろう。実際、ヤマトでおきたのはそうした「構造設計」で、経営者の小倉自身が宅急便の原始アイデアを実行可能なアイデアに育てるプロセスのほとんど全部を自ら担ったのである。

そうした原始スープは、イノベーションの最初のとっかかりとして不可欠だが、そのスープのなかから組織としての活動のターゲットにすべきアイデアを選別し、他は当面は捨てる、ということをしないと、いくら資源があっても足らないだろう。だから、そのターゲットとすべき有望な技術的アイデアをスープのなかから選別するプロセスの構造設計が、必要となる。

それが、先の第二のポイント、筋のよさを嗅ぎ分けられる指導者的人材の配置、である。一人でなくてもいいし、固定した個人でなくてもいいのかも知れない。しかし、そうした役割が必要だ、ということである。

ここで筋のよさを「嗅ぎ分ける」という表現をわざわざ使ったのは、直感的な判断、証拠データが完全にはない状況での判断、というものが、この段階では必要だからである。そんな嗅ぎ分けられる技術的人材を、技術の目利きといったりする。

それは、データもディテールもほどほどにして、原理の高みにのぼって技術の俯瞰図を描ける人であり、その俯瞰図のなかで原理の助けのありそうな部分を探し出す人である。そしてさらに、そのアイデアが人間の本質的な欲求に合うのか、というニーズ面での筋のよさの判断も必要である。こうした総合判断の表現としては、「嗅ぎ分ける」というような動物的な言葉こそがぴったりであろう。

しかし、かりに筋のいい技術を的確に嗅ぎ分けられたとしても、それは技術が市場の出口に到達するまでの技術開発プロセスの、きちんとした出発点に立った、ということにすぎない。そこから市場の出口に到達するためには、さまざまな技術的困難を乗り越える必要があるのが、ふつうである。

その長い技術開発の道のりでは、しばしば偶然のできごとがおきる。事前に想定もしなかったことがおきる。ときには自分たちのミスから、変なことがおきる。そうした「異常な出来事」から学び、それを乗り越えられる集団だけが、市場への出口で供給開始可能な製品にたどりつける。

その市場への出口までのプロセスの構造設計のポイントとして大切となるのが、先にあげた第三のポイント、「偶然から学べる土壌をつくる」である。

たとえば、二〇〇二年のノーベル化学賞を受賞した田中耕一さん（島津製作所のエンジニア）は、生体高分子（たとえばたんぱく質）の質量分析装置の開発の途上で、レーザー照射をする試料を試していた際に、コバルトの粉末とまぜるべき試料としてアセトンを使うつもりだったのが、自分のミスでグリセリンをまぜてしまった。

自分のミスには気がついたが、もったいないと思った田中さんは、その試料にレーザー照射をしてみた。すると、かえってグリセリンをまぜたことが奏功して、驚くべき結果（当初は奇妙と思われた結果）が計測された。そこを出発点に、「なぜ」をつき詰めていった。その結果、まったく新しい方式の質量分析装置の開発に成功したのである。それが、ノーベル賞となった。つまり、偶然のミスが生んだノーベル賞だった。

このように偶然がしばしば技術を育てることは、案外とよく見られる現象である。開発者の前に広がる未知の自然（あるいはコンピュータがもたらす人工自然も自然の一部に入れていい）のポテンシャルの大きさは膨大であり、人智の及ばざる所が多い。そこに分け入って、実験（思考実験も含む）を行い、その結果を総合して人間のわずかな認識能力のなかに体系的な知識として蓄積していく作業が、技術開発である。そのとき、偶然に自然が見せる現象からいかに学ぶか、それが大切となる。自然は原理通りに動いている。つまり自然にとっては必然の現象がおきているだけなのだが、人間にとっては偶然に見えるのである。

有名な細菌学者パスツールの言葉にこういうものがある。

「偶然は準備のある心の持ち主に微笑む」（Fortune favors the prepared mind）

だから、偶然から学ぶための土壌づくりの構造設計としては、基礎準備を深くしておくこと、そしていざ偶然がおきたときに柔軟な対応がとれるようにしておくこと、この二つが鍵になるだろう。つまり、基礎準備として、偶然になるべく多く遭遇するようにし、かつそれから学ぼうとする姿勢を持つようにする。そのうえで、偶然の結果を追求できる追加的資源投入などが可能となる柔軟な体制・風土を持つようにするのである。

需要を大きく育てるための構造設計

さて、イノベーションプロセスの構造設計の二つ目として、需要を大きく育てるための構造設計の問題に移ろう。ここでは、つぎの三つのポイントが一般的には大切である。

1. 市場への出口をつくるために、自らの主張を持ち、潜在ニーズや未知のニーズを掘り当てるというスタンス
2. 市場拡大のための、市場の説得プロセスの工夫
3. 社会が動くための、社会的ドミノ効果の発信起点の工夫

市場の出口をつくるということは、一点突破の発想である。そこに穴を開けて、そこからまだ見えていない市場へと躍り出るのである。その際の基本的な設計スタンスは、すでに顕在化しているニーズをとろうという発想ではなく、前章で説明した三つのニーズのうち、潜在ニーズ、さらには未知のニーズを掘り当てようとする発想であろう。

そのために、まずは製品を提供してみる。その後で、世の中に出してから顧客の反応を見て、手直しをすればいい（これがじつはグーグルのスタンス）。だから、出口にとりかかるタイミングは、早い方がいい。

しばしばよくない発想といわれそうな、「プロダクト・アウト」の一種ではある。ただ、「自分がつくりやすいものを提供する」という悪いプロダクト・アウトではなく、供給が需要を生む、供給があってはじめて顧客はそれが本当に自分のニーズに合っているかどうかを具体的直接的に判断できる、ということである。そこから、潜在ニーズや未知のニーズが需要として顕在化してくるのである。その種の需要を、イノベーションは狙う。

つぎに、市場の小さな出口からさらに社会へと大きく拡がっていくためには、市場の説得が必要となる。出口ができただけでは、市場あるいは社会は説得できない。需要が拡がりはじめないとだめなのである。そのためには、イノベーション製品をとにかく広く使ってもらうことである。いわば、顧客による learning by using を加速する、と言い換えてもいい。その「試し需要」が拡大すれば、当初は製品の機能に不安を持っていた顧客も、説得されるのである。

こうした市場の説得の成功例に共通する要因は、顧客の経済的あるいはその他の負担を大幅に減らしていることである。顧客側の実験費用を小さくする、と表現してもいい。それではじめて、市場は説得される道を走りはじめてくれるのである。

グーグルが検索エンジン使用料をゼロとしたこと、ヤマトが一個あたり一五〇〇円という驚異的な低価格としたこと、などがその例である。さらにヤマトの例では、早めに大きめの供給力（つまり集配送システム）を整備して、顧客にとって使いやすいサービスにしたのである。これも、顧客の集配での負担を小さくすることによる市場説得の工夫の一つである。小倉さんは、「サービスが先、利益は後」といっていた。

需要を大きく育てるための構造設計の第三のポイントは、社会的ドミノ効果の発信起点の工夫である。社会全体は、ドミノ効果ではじめて全体として動くことになる。だから、ドミノの起点を工夫する必要があるのである。グーグルの製品にもヤマトの宅急便にも、そうしたドミノ効果があった。

ドミノの起点になる人々は、最近のネット時代ではインフルエンサーと呼ばれる人たちと同じである。彼らがどのような人々かを、自分たちのイノベーションのコンセプトに合わせて設定し、つくりだし、彼らが発信したくなるような工夫をするのである。

このドミノの典型例が、口コミ効果である。初期の需要者たちが、勝手に広告塔になってくれる。彼らが、「いいね」と他人に伝えてくれるのである。

その「いいね」を得るためにしばしば効果的なのが、イノベーション製品が持っている感性価値の大きさであり、それを強調することである。製品に感性に訴える機能をしかける、デザインとして感性価値に訴えるように工夫する、などさまざまにありうる。感性価値を感じると、多くの人が他人に伝えたくなるのである。

アップルのiPhoneは、製品の持っている機械としての機能の高さに加えて、デザインとして感性に訴える、インタフェースの便利さとして感性に訴える、そうした感性価値を高く持つイノベーション製品の典型例であろう。

営業部長としての、未来をめざす流れの設計

この章での「未来をめざす流れの設計」の説明を、前章と同じように私は経営者をイメージして基本的に書いてきた。しかし、書いた設計のポイントの大半は、少し言葉を読み替えるだけで企業の下部組織のリーダーにも当てはまる。

すでに工場長と人事部長の例を前章で使っているので、ここでは本社の営業部長をイメージして、未来をめざす流れの設計の論理がきちんと当てはまることを解説しよう。

まず、未来をめざす三つの流れについて。

営業部長として営業部の未来の立ち位置進化を深く考えなければならない状況は、それほど頻繁には経験しないかも知れない。しかし、企業としての市場接触の最前線の責任者として、顧客との関係

を未来志向でどう築いていくか、どんな製品を将来は提供すべきか、など、最前線としての立ち位置進化の設計の構想は持つべきだろう。

社内の他部署との関係についても、立ち位置進化の構想はさまざまにありうる。たとえば、工場の生産計画に従ってただ販売活動をする部署として営業部を位置づけるのではなく、逆に工場を自分の生産システムとして考え、営業部が主体的に顧客志向の戦略を考える。そんな営業部の立ち位置も十分に発想可能なはずである。そんな立ち位置進化をめざして、どんな布石を今から打つべきかを考えるのである。

もっと分かりやすいのは、能力蓄積の流れだろう。営業部長として、営業部全体の能力蓄積の流れを考える責任がある。能力基盤としての物理的能力に該当するのは、全社の営業体制であろう。営業所をどこにどの程度の規模で置くか、によって営業の基本的能力が決まるだろう。もちろん、情報システム能力をどうするか、営業担当者の情報蓄積をどう高めるか、は当然に営業部長の設計範囲であっていい。

イノベーションの流れについては、筋のよい技術を育てるステップは営業部長としては深く関係することではないかも知れないが、需要を大きく育てるための具体的戦略は、営業部長の責任範囲であろう。

つぎに、未来への流れの構造設計の具体的ポイントを、営業部長の立場で読み替えてみよう。

能力基盤拡大の構造設計についていえば、三つの能力基盤（物理的能力、情報システム、ヒトの情報蓄積）のミックスの整合性をきちんとつくる、というポイントはきちんとした営業活動の能力基盤の設計として必須である。また、そのミックスのなかでもヒトの比重を重視するのは、すぐれた営業部長がなかば自然にやっていることだろう。

しかし、第三のポイント（基盤拡大の実行プロセスでの学習効果の意識）は、しばしば見落とされがちなもので、営業部長としても強く意識すべきことだろう。

たとえば、営業活動での顧客とのやり取りの情報システムづくりに営業部長も主体的に取り組み、そこから自分も営業担当者も情報の流れとその蓄積について深く学ぶことの価値は大きい。それは、日常の取引の際の情報システムのスムーズな利用に役立つばかりでなく、そのシステムを流れる情報からなにを汲み取ることができるかをつねに意識するためにも、大切である。

情報蓄積を加速する「仕事」の構造設計のポイントとして、自分たちの営業にとって豊かな情報が流れる仕事はなにかを考える必要がある。それはしばしば、顧客となるべく近い距離で接触できる仕事である。たとえば、流通の卸段階という仕事を卸問屋と分業せずに、自ら小売店と取引するという流通体制をとる企業は多い。

小売りと直接接触することによって、市場全体や顧客の動向についての情報を雑音少なく受け取れる可能性があるのである。さらに、自分自身で小売りの店舗をいくつか持ってみる（つまりアンテナショップ）、という「仕事の設計」も顧客情報の蓄積に貢献するだろう。ただし、構造設計の第二のポイントである、実際に情報が貯まるような仕組みを工夫しなければならない。

あるいは、顧客のなかにも豊かな情報を努力次第で得られるタイプの「ありがたい」顧客がいるものである。しばしば彼らは、「うるさい客」

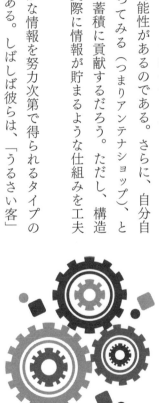

かも知れない。しかし、彼らとの取引という仕事を大切にすることが、大切な市場情報の獲得に役立ったりするのである。

筋のよい技術の構造設計のところで述べた、「偶然から学ぶ」ということも、営業の世界でもおきそうである。たとえば、偶然にクレームが発生してしまって、そこでの自社の対応と顧客の反応から、自社の欠点を学ぶ、顧客の真の要望を学ぶ、といった具合である。その学習が新しいイノベーションへの準備への気づきをもたらすこともありそうだ。

需要を大きく育てる構造設計のポイントとして述べたことの大半は、大きな読み替えなしに営業部長としてのイノベーションへの流れの対応設計として、意味があるものであろう。市場の説得、社会的ドミノ効果の発信起点の工夫などは、いったん市場への出口が技術の努力でつくられた後は、営業部が大きな役割を果たすべき事柄であろう。

学者コラム

アルバート・ハーシュマン

Scholar Column ― Albert Hirschman

アルバート・ハーシュマン（Albert Hirschman）は途上国の経済発展理論の分野でユニークで大きな貢献をした学者で、そもそもはヨーロッパからナチに追われてアメリカに渡った人である。じつに多面的に活躍した人だが、とくに、経済発展はさまざまな産業分野や社会インフラがバランスのとれた形で発展するのが望ましいとする一般的な「均衡成長理論」に対して、不均衡がある方がじつは発展への社会的エネルギーが生まれやすい、だから発展が進みやすい、というユニークな理論で有名になった。

たとえばある国での自動車産業の発展と道路整備計画の不均衡がある。途上国では道路の整備が遅れ、それが交通渋滞を引きおこし、そのために自動車産業への需要の発展が阻害される。だから、不均衡はよくない。道路整備と自動車産業の発展計画はバランスがとれていた方がいい、と「均衡成長論者」たちはいう。

ハーシュマンは、道路整備計画に先んじてまず自動車産業を発達させて、その結果として生まれる「交通渋滞を解消せよ」という世論が政府への社会的圧力として機能する、という。そうした圧力がなければ、道路整備という地味な計画へ国の資源が配分されにくい、というのである。そして、道路整備がされれば自動車への需要はますます大きくなって、結果として自動車産業もさらに発展するのである。

企業の成長・発展の理論ではないが、途上国の経済発展計画という、まさに「未来への流れの設計図」についての不均衡理論である。そしてその論旨は企業の発展の論理にも通用する、と私は思う。

たしかに多くの企業がその成長の踊り場で、能力の不均衡にあえて挑戦する（たとえば、競争力が今は不十分と承知のうえで、成長分野に挑戦する）からこそ、組織の内外に不均衡解消へのエネルギーが生まれ、その結果として能力蓄積がなされ、それが成長をもたらすのである。

ハーシュマンがこの理論を書いたのは、『経済発展の戦略』というタイトルの本である。私がこの本に出合ったのは、私自身の最初の単著である『経営戦略の論理』の構想を練っていた一九七〇年代末であった。偶然に、当時私が勤務していた一橋大学のある東京・国立の専門書店で、古本として一〇〇円で売られているのを見つけたのである。彼の名前も知らなかった私は、「戦略」という言葉がタイトルにあるからというだけの理由で、しかも一〇〇円という安さだったから、その古本を買った。

読んですぐに、彼の論理に魅了された。そしてそれを企業戦略として読み替えたものを、「オーバーエクステンション」戦略（背伸びの戦略）として自分の本の一部として書いた。

この章で取り上げた能力蓄積プロセスもイノベーションプロセスも、いずれもかなり不確実性が高い。そんな不確実な未来を前にすると、多くの人はつい保守的に安全志向になりがちである。しかし、それでは本当の輝かしい未来には到達できない。「あえてリスクをとる」設計が必要になることが多い。そこでは、「飛躍のための意図的な不均衡」がしばしば要請される。

ハーシュマンは、この本以外にも、組織の衰退からの回復メカニズムや歴史的な市場社会の成り立ち、などじつに幅広い分野でひらめきの豊かな論理、そして哲学的思索の深い著作を生み出しつづけた。第5章で紹介する神の隠す手の原理もその一つである。だから私としては珍しく、一人の政治経済学者の書いた本のほとんどすべてを読むことになった。

意図的な不均衡のみならず、ハーシュマンは「未来への流れの設計」を考えようとするとき、じつに示唆の多い論理を提供してくれているのである。

ただし彼は、異端の経済学者でもあった。本流の「新古典派的経済学」とはどうも相性が悪かったようだ。そのせいであろうか、当然にノーベル経済学賞を受賞してしかるべき大学者だと私は思うが、ついにそうならなかった。異端を自負していた彼には、それがふさわしいのかも知れない。

第3章 組織的な影響システムをつくる

他人を通して事をなす①

「管理する」のではなく、「影響を与える」

前2章で扱った設計図を実現するには、それ以前に設計図を描くにも、リーダー一人だけの力では到底、不十分である。組織のメンバーという、リーダーにとっては「他人」を通して大半の「事」が実行されていく。つまり、「他人を通して事をなす」のが経営行動の基本なのである。その際の経営行動の原理を語るのが、この章と次章の内容である。

他人を通して事をなすためには、指示命令をすればいい、そして命令が実際に実行されているかどうかは管理すればいい、と簡単に考えてはいけない。指示命令は、きちんと伝わらないことがしばしばあるし、伝わったとしても「聞いたふり」をされることもしばしばある。さらには、命令に従うふりをして、そして管理されることも予想して、しかしその人の利害や思いで実際の行動を決めている「他人」の姿は、十分に想像できる。

さぼる人が多い、というのではない。ついつい行動が甘くなる、不十分になる人もかなりいそうだ、という意味である。私は、他人は信じるな、といっているのではない。他人という言葉をわざわざ使うのは、リーダーの立場にある「自分」とは異なった人間であることを強調したいからである。異なっているとは、人間の内面に潜んでいるさまざまな要因が自分とちがう、そして多くの「他人」の間でも、それぞれに内面がちがう。そんな他人たちを率いて、事をなすのがリーダーの仕事なのである。

人間の内面のどこがちがうことが、組織での経営行動の原理を考える際に大切なのか。**それは、個々の人が自分の内面に持っているつぎの四つの基礎要因である。この四つが、現場の人たちが自分の行動を決めるさいに本質的なインパクトを持つ基礎要因である。**

・目的
・情報（記憶されている情報や知識）
・思考様式（認識と判断のパターン）
・感情

同じような状況に置かれた人でも、個人としての目的がちがえば、とる行動にちがいが出るだろう。周りと融和をしながらもめ事なしに過ごしたいという目的を持っている人は、それなりの行動をとるだろうし、組織の将来を自分のこととして考えたいという目的を持っている人はまた別な行動をとるだろう。自分の利害を最優先したいという目的を持つ人の行動は、またちがうだろう。

さらに、個々の人間は持っている情報がちがうのがふつうである。上から伝えられる情報が人によってちがうというばかりでなく、それまでの経験から得た情報蓄積もちがえば、仲間から聞いている話もちがうかも知れない。持っている情報がちがえば、かりに同じ目的を持っていても、とる行動がちがうのは当然であろう。

逆にいえば、情報さえ同じにすればとる行動は人によってそれほど変わらなくなることも十分あり得る。だからコミュニケーションの大切さが説かれるのである。リーダーの立場からすれば、自分以外の他人が自分に代わって判断してくれるとき、その人が自分と似たような情報を持つように仕向ければ、類似の判断をしてくれる可能性は高くなる。

第三に、ものを考えるときの思考様式がその人の育ってきた経験でちがう。思考様式とは、個人としての認識のパターンや判断の様式である。その人の経験によって、個人としての思考様式に微妙なちがいが出るのは、よく見られる事実である。その思考様式がちがえば、人によって行動が変わるのは十分ありうることである。

第四に、個人として持っている感情がとる行動にインパクトを与えるということもしばしばであろう。感情に流されてしまって冷静な判断や選択ができなくなることもあるし、あるいは、心理的な高ぶりゆえにとるべき行動への努力をさらに徹底させることもあるだろう。

こうして内面の基礎要因がさまざまに異なる多くの「他人」が、組織のメンバーである。その人たちが「事をなしてくれる」。それを束ね、率いるのがリーダーなのである。

こうした「他人」の内なる四つの基礎要因を、リーダーが「管理する」ことは、本質的に無理である。他人の内面なのである。しかも、それらをリーダーが詳細に知り尽くすことも、不可能に近い。だから、おおよその見当をつけて、リーダーは自分の人間理解の深さを信じて、こうした四つの要因のどこかに「影響を与える」ことによって、人々の行動を組織とし

て望ましいものに導いていくことしかできない。それを、多数の他人に対して行わざるを得ない。それが、他人を通して事をなす、ということの本質である。

つまり、リーダーにできることは、多くの人々の内面の基礎要因に影響を与え、それによって行動を導くことなのである。それを、他人の行動に影響を与える、と表現してもいいだろう。たとえば、指示命令とは行動そのものの内容を指示してきわめて「強い影響」を与えようとする努力、と解釈できる。しかしそれが機能しないことも多いのは、すでに指摘した通りである。

つまり、「管理する」のではなく、「影響を与える」ことを考えるのが、リーダーの経営行動の原理にならざるを得ない。だが、多くの人はついつい管理に傾きがちになる。しかし、管理がすぎればそれは管理される側にとっては抑圧感につながりかねず、事をなすはずの人たちの心理にマイナスの影響が出てしまう危険すらある。

そうした「組織の人々に影響を与える」ための経営行動（リーダーの行動）を、この本ではつぎの二つの部分に大別して説明しよう。それぞれが、この章と次章の内容となる。

・組織的な影響システムをつくる

・現場の自己刺激プロセスを活性化する

組織的な影響システムとは、いわば「上からの影響」を与えるためのシステムである。上からとは、上司が部下に対して直接に影響を与えようとする、という意味であり、組織全体のために好ましい影響を狙う、という意味である。そんな影響を与えられるような仕組み（システム）をつくり、そして

その仕組みを実際に動かすことが、リーダーに求められる。

より具体的には、つぎの四つの影響システムについて、この章で議論する。

PREVIEW

▼**役割と権限のシステム**
▼**コミュニケーションと調整のシステム**
▼**インセンティブシステム**
▼**成果測定とフィードバックのシステム**

そして次章では、現場での自己刺激プロセスを活性化する、という経営行動の原理について考える。現場での自己刺激とは、現場で働く人々が自らの心のなかで「組織の方向に沿った」行動への刺激を生み出すこと、あるいは周りで働いている人々から刺激をもらって全体のためになる行動への動きが活発化する、というようなことである。

それは、個人の内なる自己刺激、個人へのヨコからの相互刺激、を考えることになる。そして、そうした刺激プロセスをどのように生み出し、現場の人々の行動にいい影響が出るような経営行動を考えるか、それが次章のテーマである。

その経営行動は、間接的に現場での自己刺激や相互刺激を生み出せないかを考える、という表現もできるだろう。それはかなり難度の高い経営行動であるが、この本は概論書でありながらそんなすぐれた経営について書く本でもありたい。

こうして以下の二つの章では、上からの直接的影響のための組織的なシステムづくり、現場での内なる刺激やヨコからの刺激への間接的影響のための経営の手配り、その二つをリーダーの経営行動として扱うことになる。それは、組織のなかの個人への影響は、上からもヨコからも（ときには下からも）さらには自分のなかからもやってくることを、きちんと全体として受け止め、認識する必要がある、ということでもある。

「影響を与える」という意味でのリーダーの経営行動は、奥が深い。

役割と権限のシステム

未来への設計図が要求する組織としての行動をとるために、組織のなかのさまざまな人々の役割を考え、人々にその役割を果たすための決定の権限を与える。それが、役割と権限のシステムをつくる、ということである。

もちろん、大企業のトップが企業に働く人すべての役割や権限のシステムを細かくつくるということはないだろう。しかし、組織のどのレベルのリーダーであっても、自分の下のかなりの範囲の人々に対して、その役割や権限を決めることが必要である。

役割を決め、権限を与えれば、部下たちが与えられた役割を果たせるように必要な判断をし、その判断の結果を行動に移す、ということが多くなるだろう。前項で議論した、個人の四つの基礎要因のうちの、目的と情報に役割と権限のシステムが影響を与えるからである。

たとえば、組織として事業部制という役割と権限のシステム（一つの事業の営業、生産、開発のすべての機能部門を事業部長の下に置くシステム）をつくり、事業部長の役割をその事業にとって必要なすべての総合的判断を行うこと（ただし、大きな投資などは本社判断になるだろうが）と規定すれば、事業部長は営業の事情、生産の事情、開発の事情をくわしく知ったうえで、製品開発戦略や市場開拓戦略を自分で決めることになるだろう。その際に重要なのは、営業・生産・開発の全体を見たうえでの「総合的」判断を事業部長がするようになる、という点である。

しかし、全社の生産機能はすべて生産本部長、開発機能は開発本部長、そして営業機能のすべてを営業本部長が統括する、というような典型的な職能別組織をつくると、各事業での総合判断をする役割や権限は本社あるいは社長に移ることになる。各機能の専門家が各本部に集結するという意味では職能制組織の専門性の効率は高いだろうが、事業ごとの事情に柔軟に対応する現場行動はむしろ事業部制の方がとりやすいだろう。その事業にとっての社長の代理人という役割を、事業部長は持つからである。

もちろん、事業部長の役割をつくったからといって、その部長がすぐれた「総合的判断」を懸命にやるようになるかどうか、実際に正確な判断ができるかどうか、必ずしも明確ではない。たとえば、営業出身の事業部長はついつい営業機能の事情を優先させる判断になりがち、といった具合に、役割と権限を決めてもそれが完全に機能しないことが多いと考える方が現実的だろう。

それでも、役割と権限のシステムはつくらなければならない。不完全でも、それがなければ組織としての意思決定はできなくなってしまう。

どんな組織も、さまざまな意思決定の集合体である。大きな意思決定もあれば、小さな意思決定もある。現場だけで決められる意思決定もあるだろうし、社長を巻き込んで最後には社長が決める大きな意思決定もあるだろう。

役割と権限のシステムは、誰がどのような意思決定をするかの分担を決めている。そして、その意思決定をするために必要な情報がさまざまな形でその意思決定者に流れるように、組織のなかの報告の仕組みなどが工夫されるだろう。

つまり、役割と権限のシステムは、人々の間の情報の流れと意思決定のポイントを決めている。誰の所にどんな情報が流れ、その流れのどのポイントにいる人がなんの意思決定をするのか、ということを決めているのである。

したがって、このシステムをつくる際の最大の課題は、きちんとした情報が集まるポイントで大切な意思決定がなされるように、役割と権限を設定することであり、その必要な情報を流す役割を誰が持つかを決めることである。

先にあげた事業部制と職能別組織の例でいえば、事業部制は「一つの事業についての総合的情報」を事業部長という意思決定ポイントに集める仕組み。職能別組織は、各職能についての専門性のあるすべての情報を職能本部長に集め、最後の総合判断を社長がする、という仕組みである。多くの事業を抱える企業にとっては、事業部制の方が適していることはすぐに理解できるだろう。ただ、職能別の専門性の効率が落ちがちなところが問題ではあるが。

どのような役割を設定すべきかは、どんな未来への設計図を描くかによって変わってくるだろうが、権限のシステムについては、かなり一般論としていえる大切なポイントがある。社長のみならず、下部組織のリーダーにとっても意味があるポイントである。

それは、権限委譲をなるべく大きくすることである。ただし、任された意思決定をきちんと行うために必要なさまざまな情報がその意思決定ポイントの人に集まる、という前提が満たされなければならない。また、緊急時には権限委譲の一時停止もいとわない、という条件もつける必要があるだろう。

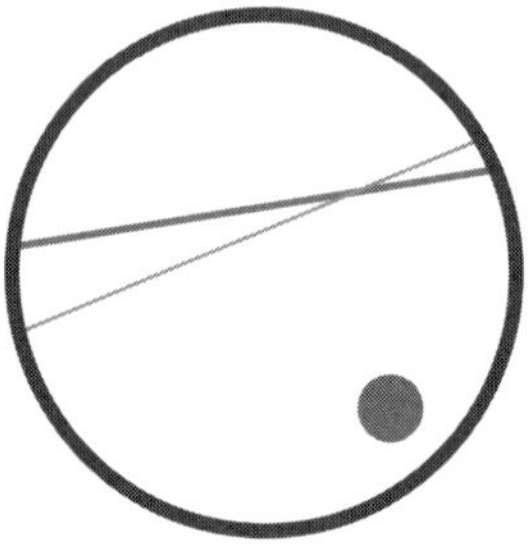

三つのプラスが、大きな権限委譲から期待できる。

一つは、意思決定ポイントでの情報の鮮度が上がることである。現場に近いところに鮮度の高い情報がある。その鮮度の高い情報を持つ人に意思決定を任せる方が、上に報告させた後の意思決定よりも、適切な決定になりやすい。

第二に、権限を任されたという事実が、任された人の感情を刺激し、心理的エネルギーも上がることである。そして第三に、権限を任された人が、育つことである。任された決定にいたるまでの総合的判断の苦しい経験、あるいはその決定の実行プロセスでのトラブル対応での経験、そうした経験が人が育つことに貢献するだろう。

たとえばヤマト運輸では、荷物の配達トラブルに際して顧客に対する損害賠償の判断を、一人当たり三〇万円までは現場のドライバーに委ねた。一九八〇年代のことだから、大変な権限委譲である。実際にこの限度まで現場のドライバーが決めた例は案外と少なかったかも知れないが、さまざまなインパクトが生まれうる大幅権限委譲である。

まず第一に、適切なトラブル処理になりやすい(もちろん、費用はかかるが)。第二に、顧客のことを優先して考える「セールス・ドライバー」という、ヤマトがドライバーに期待する役割を、この大幅権限委譲は象徴している。顧客のためをまず考えよ、というメッセージになっているのである。そして第三に、トラブル発生原因とその処理についてドライバーたちが学ぶ機会になる。その経験から人が育つ、という貢献が生まれうる。

じつは、大幅権限委譲以外にも、役割と権限のシステム全体が人を育てる効果は大きい。「役割が人を育てる」「地位が人をつくる」というような言葉が、その意義を語っている。

こうした「大幅な権限委譲」への最大の抵抗勢力は、案外と権限を委譲する側の上司であることがしばしばである。個別事業についての総合判断に口を出したくなる社長、部下に自分の部の大切なことを決める権限を渡したくない部長、などが想像できそうだ。

任せて大丈夫かという心配もこの抵抗の理由だろうし（現場が狭い視野と限られた情報でバラバラの決定をする危険もたしかにある）、悪くすると権限を自分のパワーと権威の象徴のように思っているから下に渡したくない人もいるだろう。しかし、権限を大幅委譲して、その空いた時間を上の立場の人間としてやるべきむつかしい判断に使うというメリットもあるのに、もったいない話である。

グーグルの経営を書いた本で、エリック・シュミットらはこう書いている。

「CEOあるいは企業の幹部が身につけるべき重要なスキルは、自ら意思決定すべき問題と、部下に任せるべき問題を見分ける能力だ」（『How Google Works』p.271）

正論である。もちろん彼らの含意は、「幹部の仕事を減らし、彼らにしかできない仕事に専念できることが大切」ということなのである。

役割と権限のシステムを設計する際に気をつけなければならないのは、役割と権限を与えられる側の人間（部下たち）の多くが大きな役割も大きな権限もじつは望んでいないことがありうる、ということである。

与えられた役割を「小さめに」理解しようとする人も多い。それだけ自分の仕事が減ることで助かるからであろう。権限についても、十分に使い切らない人が多い。権限を使った決定をするためには、情報がいるし、エネルギーもいる。その負担を個人的に好まない人も多いのである。

だから、影響システムとしての「役割と権限のシステム」は、「役割は広めに」「権限は大きめに」

与えるのが適切なことが多い、ということになりそうだ。

その役割を与えられた人が実際にその役割を内部化（自分の内面で自分のものとする）して、自分の目的にまでするプロセスで、当初与えられた役割の大きさよりは小さめに「内部化」されることが多いだろう。だから、広めに役割を与えると、実際にその人が果たす役割がちょうどいいレベルに収まる。あるいは大きめの権限を与えて、実際に行使される権限がほどよく収まる。それを狙うのである。

役割も権限も影響システムとしてしか機能しない、命令してもそれが完全に受容されないことも多い、ということを考えると、こんな「影響のプロセスの真実」を考えざるを得ないのである。それが、多くの名経営者が現場で工夫してきたことの一つであると思われる。

ただし、多くの人に「広めの役割」「大きめの権限」を与えると、一方で彼らの間で「自分の役割に同僚に割り込まれた」「権限を侵された」など、さまざまな垣根論争が発生しやすい。そこで、コミュニケーションと調整のシステムを考えることが非常に重要になる。もちろん、コミュニケーションと調整のシステム設計のポイントは決して垣根論争対応だけではない。それが次項のテーマである。

コミュニケーションと調整のシステム

組織のなかの役割と権限のシステムは、上司・部下というタテの関係、類似の立場の同僚とのヨコの関係、など多様な関係をつくりだす。そして、そうした多様な関係の人々の間のコミュニケーションが、それぞれの部署の人たちが自分の役割を果たし、また自分の権限を適切に使った意思決定をするために必要である。意思決定のインプットとして大切な情報を、コミュニケーションが提供してくれるからである。

そこには、タテ方向に流れるコミュニケーションとヨコ方向に流れるコミュニケーションがあるだろう。そしてタテ方向のなかに、上から下のコミュニケーションと下から上へのコミュニケーションの、二通りのコミュニケーションがある。

上から下へのコミュニケーションは、組織のめざす方向あるいは具体的にとるべき行動の方向性などについての上司からの伝達がおもな目的であろう。その伝達結果が下にも共有され、それが下の人たちの個人要因である目的や情報に内部化（自己化）されることを狙っている。それが、コミュニケーションによって「影響を与える」ということの基本内容である。

下からの上へのコミュニケーションは、現場でおきていることを上に知らせることがおもな目的であろう。その情報を得た結果として、上の人間が対応行動をとり、それが下の人たちの行動を適切な方向へ変えることが期待されている。下からのコミュニケーションの最終目的も、コミュニケーション後の上の人間の行動変化によって下の人間の行動に適切な変化（たとえば環境が変わったことへの対応）がおきることをめざす影響行動なのである。

下からのコミュニケーションでとくに大切なのは、悪い情報がすぐに上がるように工夫することであろう。しばしば現場の下の人間は、現場の悪い情報を上げることをためらうことが多い。その悪い情報が自分たちの怠慢の結果を示していると上に理解（あるいは誤解）されることを恐れたり、あるいは悪い情報に対応して自分たちがさらに現場の努力をせざるを得ない羽目になるのを避けたいと思うかも知れない。

それでも、上の人間としては、悪い情報こそが対応すべき重要な情報なのである。そんな悪い情報が上がりやすくするための工夫の基本は、悪い情報を上げることが下の人間にとってプラスになるように工夫すること（たとえば褒められる）、あるいは情報の内容の良し悪しにかかわらず定例的に頻繁な情報伝達の機会を持つこと、などであろう。

ヨコのコミュニケーションは、さまざまな下部組織の人たちの間の相互影響のための情報伝達プロセス、と理解できる。彼ら自身の間で相互影響をさせるために、コミュニケーションを工夫する。その工夫として、たとえば異部門間の会議の常設などがよく見られる工夫であろう。

こうした上・下・ヨコのさまざまなコミュニケーションが果たす基本的な役割は、もちろん情報が必要な人に伝わることである。その情報が、意思決定のインプットとなるから、コミュニケーションをきっかけに組織としての行動がとれることになる。

ただし、コミュニケーションにはもう一つ重要な役割がある。それは、組織のメンバーの人柄やクセなどを含めて、人間的な相互理解が進むことである。その相互理解が深い組織は、組織としての協働がしやすいだろう。お互いに相手がどんな行動をとりやすいか、どんな意図で情報を発信しているのか、などの理解が深ければ、相手からのコミュニケーションの内容の正確な解釈や将来の行動の予想などがしやすいからである。

つまり、コミュニケーションは伝えられる情報そのものに直接的な価値があるだけでなく、その情報を発信している人についての理解を深める材料になりうるのである。たとえば、こんな状況でこういうコミュニケーションをしてくるのだから、その相手はこんな人なのだろう、という解釈をコミュニケーションの受け手はするだろう。あるいは、コミュニケーションの発信者の側にも、こうした情報を伝えたのにこんな反応か、と受信者の人となりを解釈する材料を受け手の態度が与えている。

このコミュニケーションの第二の役割（他者の人間理解）を、この章の冒頭で使った個人の四つの基礎要因を使って表現すれば、コミュニケーションの役割の一つはメンバーたちの目的・情報・思考様式・感情を相互に伝え合うことである、と表現できるであろう。もちろん、直接にこの基礎要因を伝えるのはむつかしいのだが、それについての解釈材料をコミュニケーションが与え、その結果として相互の人間理解を深めることができるのである。

こうした二つの役割（意思決定への情報提供と他者の人間理解）をコミュニケーションが果たせるためには、会議体や指揮命令系統を通じての公式のコミュニケーションだけでなく、さまざまな非公式のコミュニケーションのチャネルを活用することが望ましい。伝わる情報が本音に近くなるように、また人間の相互理解に貢献するように、微妙なコミュニケーションがしばしば必要となるが、公式の（いわば形式張った場での）コミュニケーションだけでは、そんな微妙なコミュニケーションにはなりにくい。

飲み会などの懇親会の場、あるいは会議の後の廊下での立ち話、コーヒーマシンの前での会話、など非公式のコミュニケーションを工夫することがじつは重要となる。こうした場はしばしば、人間関係構築のため、といわれるが、それは結局、相手の人となりの理解が増すことによって可能になるのである。コロナ禍でのテレワークでこうした非公式のコミュニケーションの場が失われることが多かっただろうが、それを問題と考えた日本の組織人は多かっただろう。

さて、コミュニケーションがかなり円滑に進んだとしても、さまざまな行動調整が異なる部門の間で、あるいは組織の上下の間で、必要となるのがつねである。意見の食いちがいやとるべき行動についてのコンフリクトなどが、コミュニケーションの結果として（ときにはコミュニケーションの欠如の帰結として）生まれてくるのである。

基本的には、食いちがいのある当事者同士の直接対話がしばしば最良の調整であろう。それでどうしても調整ができなければ、組織の指揮系統に従って上司の裁定に任せる、ということになるのがふつうだろう。

しかしときに、そうした直接調整もあまりないままに、コンフリクトの解消案件をすぐに上司に上げてしまう、ということがありそうだ。そんなスタンスの強い組織は、健全な組織とはいえないだろう。現場でのスピーディな解決が一番望ましい。それができるような仕組みづくりを、調整の仕組みとして工夫しなければならない。

そのためのしばしば見られる工夫が、会議の設定である。調整のみならず、その前提となるコミュニケーションの場としても、会議の設定の仕方がうまい組織ほど、成果が上がりやすいだろう。公式の会議ばかりでなく、会議とは呼べないようなインフォーマルなミーティングがしばしば自然発生的に生まれるような状況づくりも含めて、会議やミーティングの設定はコミュニケーションと調整のシステムの鍵である。

同じような調整を目的とする仕掛けとして、組織的な役割としての調整役を「あらかじめ」つくっておくという発想もある。しかし、現実にはうまくいかないことが多いようだ。その調整役を経由しなくてもいい案件でもその人物を経由して話が進むことが多くなり、意図はしていないのにその調整役がかえって雑音と情報の遅れをもたらしてしまうからである。むしろ、当事者がじかに話し合うことの延長線上で、必要と判断した周囲の有力な人物が調整役を買って出ることを許す、というような仕組みの方が機能するだろう。

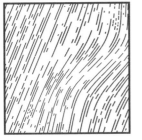

こうしてコンフリクトが生まれると、調整のメカニズムが動き出すのは自然であるが、そもそもコンフリクトが生まれないように役割や権限の仕組みを工夫する、コミュニケーションのあり方を工夫する、という努力はあまりやりすぎない方がいい。むしろ、コンフリクトが建設的に噴き出すような工夫、あえていえば組織内に建設的なケンカが生まれるような仕掛けを考える方がいい。

それは、コンフリクトが噴き出すことで、組織にとって重要な問題が隠れていることを多くの人が知ることになるからである。そこから、建設的な問題解決の議論をはじめればいいのである。そうした重要問題の建設的な解決こそがじつは真の調整で、対立する意見を「収める」ことあるいは対立がおきないようにすることは本当の調整ではないのである。

インセンティブシステム

役割を決め、権限を与え、そしてコミュニケーションを盛んにすれば、それだけで組織で働く人々が組織の目的に合った行動をとるようになるわけではない。役割と権限のシステム、コミュニケーションと調整のシステムは、人々が組織目的に合った行動をとるようにするための、土台づくりのようなものである。それだけではまだ、「個人に影響を与える」経営行動としては、個人を組織目的に合った行動へといざなう影響活動としては、決め手に欠けている。

決め手は、組織が個人に与えるインセンティブ（誘因）である。インセンティブとは、個人が持っている欲求を刺激して個人のモチベーション（動機づけ）を高め、そのモチベーションゆえに人々が組織のための行動へと努力を注ぎ込むようにするために、組織（あるいはリーダー）が働く人々に与えるもののことである。

そのインセンティブが、人々の努力を引き出す誘因として機能してこそ、実際に彼らは努力を注入して行動をするようになる。この章で議論してきた個人の四つの基礎要因（目的、情報、思考様式、感情）でいえば、インセンティブが個人の「目的」を刺激して、個人の目的の一部として「組織のためになることをする」ということが内部化されるからこそ、人は「自分のこととして」組織のために努力を注ぐようになるのである。

つまり、人が自分の努力を組織に提供するのは、インセンティブのゆえである。自分が努力することに対して組織からインセンティブとして与えられるものを想定して、その想定ゆえに努力を提供するのである。たとえば、一定の仕事をきちんとすれば、一定の金銭的報酬（たとえば月給）を安定的にもらえる、というような想定である。

もっとも、インセンティブには、金銭的インセンティブ以外のものも多い。小倉昌男さんの言葉に、「金のために働かない馬鹿はいない。しかし、金のためだけに働く馬鹿もいない」という含蓄のある言葉がある。正しい洞察だと思える。だから、金銭的インセンティブも含めて、誰にどんなインセンティブを与えるのか、というインセンティブシステムの設計と運用は、この章で議論している組織的な影響システムの要としての重要性を持っている。

これまでのさまざまなインセンティブの理論をまとめてみると、つぎの三つのタイプのインセンティブが組織のなかでは重要な役割を果たすと考えると分かりやすいだろう。

・金銭的インセンティブ

・仕事の内容自体によるインセンティブ

・社会的評価によるインセンティブ

金銭的インセンティブの内容そのものについては、とくに説明の必要はないだろう。給与やボーナスなどの金銭的報酬、あるいは成果に応じた歩合給などである。

ただ、金銭的インセンティブが万能ではないことは、理解される必要がある。ある金銭レベルを超えると、それほど効かなくなることが多い。もう富としては満足してしまうのである。もっとも、そうでもないように見える事例もかなりある（金持ち同士がもっとカネを儲けようとして競争する）。それは金銭の額そのものが「富として」大切だからではなく、以下に述べる第三のインセンティブである社会的評価の代理変数に金銭的報酬の額がなっていることが多いからであろう。

仕事の内容自体によるインセンティブとは、仕事が面白い、やりがいがある、といったインセンティブである。そのインセンティブは、仕事の内容のタイプ（たとえば、組織にとって当面はきわめて大切な仕事、社会的意義の大きい仕事）から生まれることもあるし、その仕事をする自由度を大きく与えられることから意欲を感じる、ということもあるだろう。

社会的評価とは、周りの人の拍手の量というイメージのインセンティブである。その拍手の量が多ければ、周囲に評価されていると意欲がわく、といった具合である。その評価の表現型として、地位や名誉、あるいは上司に人前で褒められることや組織から表彰されること、など多様な表現型がある。

じつは、金銭的報酬は「金銭が欲しい、購買力として富を多くを手に入れたい」という欲求に訴えるだけでなく、社会的評価の代理変数になっていることも多い。たとえば、同期入社の同僚とボーナスが数万円ちがうだけで、大いに気にする人がいる。それは、ボーナスの額が組織としての社会的評価の表現でもあるからである。

あるいは、「最近の若い人は給料がいい他社へ逃げる」と不満をいう中高年サラリーマンの話をよく聞くが、その離職はより大きな給料というカネが欲しい場合もあるだろうが、給料が表現しているその組織としてのその人への評価（つまり周囲の社会的評価）が小さすぎるから、より評価してくれる企業へと移る、と理解した方がいいことも多いだろう。

この三つのタイプのインセンティブは、しばしば同一方向に与えられる（金銭的報酬が多い人は、やりがいのある仕事をしていることが多い、とか）ケースが多いだろうが、すべて相似形で与える必要があるわけではない。たとえば、金銭的にはそれほど大きな報酬ではないが、仕事のやりがいでインセンティブを与える、ということがあってもいい。あるいは、金銭的報酬はそれほど多くないが、多くの人に感謝され、社会的に評価されることでインセンティブを感じる人もいるだろう。

したがって、三つのタイプのインセンティブのトータルバランスで、組織としてのインセンティブシステムの設計を工夫すべきであろう。

その面白い例として、実力主義の年功序列的人事、という多少矛盾に聞こえるインセンティブシステムがありうる。日本の優良企業の一つの共通の特徴と思える。

日本企業の年功的人事で成功してきた事例のかなりの部分は、「年齢によって地位と給与を分配し、若い実力のある社員に仕事の実際の権限や自由を分配する」という面がある。年功といってもそれは地位中心の年功で、仕事の中身については実力主義的年功人事とでもいうべき性格を持っていることが多い。金銭的インセンティブと仕事自体の内容のインセンティブを使い分けているのである。つまり、カネの分配と仕事の分配をすこし非相似にすることによって、インセンティブシステム全体の公平性を維持しているのである。

三つのタイプのインセンティブのトータルバランスこそ鍵と考えると、よくある誤解のウソも見えてくる。たとえば、つぎのような「正しいインセンティブシステム」を絶対視するような誤解である。

・金銭的インセンティブが最重要
・個人的インセンティブを重視すべき
・成果にもとづくインセンティブとすべき

いずれの考えも、まちがっているわけではない。しかし、特定のタイプのインセンティブへの「集中的重視」になってしまい、それを絶対視すると、弊害が生まれかねない。その弊害が生まれかねない一つの大きな理由は、インセンティブシステムで影響を与えたい対象となる人々の組織のなかでの「望ましい」行動のリストは、つぎのようにかなり多面に及ぶからである。

・組織目的に合った行動の選択
・努力の注入
・他の人との協力
・学習
・上下・ヨコの情報伝達

だから、一つのインセンティブに集中しすぎると、現場の個人がその多面性へ目配りすることが少なくなり、かえって現場行動としてネットでマイナスが生まれる、という弊害がでかねないのである。

金銭的インセンティブが最重要という「正しいインセンティブの絶対視」が弊害をもたらす理由は、二つある。一つは、すでに述べたように、金銭的インセンティブがあまり効かなくなる限界が、案外と早く来ることである。そして第二に、個人への金銭的インセンティブは薬物のような常習性があり、ますます多くの金銭を要求したくなる人が多くなる。そうすると、組織全体の原資(たとえばボーナスの全体支給額)に早く到達してしまって、それ以上出せなくなる。それでかえって落胆を招くのである。だから、仕事自体や社会的評価といったインセンティブとのトータルバランスが重要となる。

個人的インセンティブの重視というのも、「正しいインセンティブシステム」ではある。しかし、個人の努力を刺激するための個人業績中心のインセンティブは、他人との協力の推進や情報伝達にはマイナスになりかねない。自己中心的な行動を誘発しかねないからである。だから、チーム成果を中心とした集団的インセンティブとのバランス感覚が重要となる。

あるいは個人の努力を刺激するために今期の業績にきわめて大きな比重を置いたボーナス制度のようなものをつくると、それは結果として個人に大きな危険を負担させることにもなる。短期業績が環境要因で悪くなれば、その結果がその個人にはねかえってくるからである。そのために個人は、より危険の小さいような行動の選択、つまり組織の目から見れば保守的すぎる行動の選択を、してしまうかも知れない。

成果にもとづくインセンティブを出すべき(しかも金銭的インセンティブ中心で)というのも、「正しいインセンティブシステム」に聞こえる。しかし、成果ベースのインセンティブは案外とむつかしい。まず、成果の測定を金銭的インセンティブの額を正当化できるまでの納得性をもってできるのか、という疑問が出ることが多い。そんなハードな（客観的に堅牢な）測定ができるか、という問題があるのである。

だからといって、多くの目標管理制度のように、自己申告の目標を達成したかどうかを成果とする、というようなソフトな対応をしてしまうと、そもそもの目標申告に恣意性が出てしまって（低めの目標申告）、「真の成果ベース」にはなりそうにない。だから多くの成果ベースの評価にもとづくボーナス査定と宣伝される仕組みが、結局は横並び・年功的に終わってしまうのである。

それは結果として、人々が「成果ベース」と想定したインセンティブが実現しない、ということである。それは、そのインセンティブを与えられた人たちにとっては、事前の想定を裏切られることになる。そうして裏切られたことがもたらすマイナス効果は大きそうだ。

こうした「正しいインセンティブシステム」の誤解がもっとも怖いのは、インセンティブシステムが人々の現場での行動に影響を与える論理が、「システムが想定させるインセンティブの配分が実際になされること」に決定的に依存しているからである。

冒頭に説明したように、人々は「自分のこんな行動がこんなインセンティブ分配につながると約束されている」という想定のもとで、インセンティブシステムによって影響されて行動を決めている。その想定が裏切られると、システム全体が信用されなくなる。そうなれば、インセンティブという影響システムの機能は大きく落ちることになる。人々の想定を裏切ることのコストは甚大である。

したがって、インセンティブシステム設計の一つの鍵は、組織の人々が持つであろう想定を裏切らずに済むシステムをつくる、ということである。ここであげた三つの誤解を例に引けば、金銭的インセンティブや個人的インセンティブばかりを強調しすぎない、成果に必ずしももとづかないインセンティブをきちんと位置づける、ということである。

たとえば小倉昌男さんは、人事評価を成果主義にせずに人格にもとづく人事評価中心にすべき、という面白い考え方を持っていた。くわしくその意義を解説する余裕はここではないが、三つの誤解を避け、人々の想定を裏切らないインセンティブをつくる、という考えが背後にあったと、私は解釈している。

成果の測定とフィードバックのシステム

この章のこれまでの議論は、組織としてのさまざまな行動が実際にとられる前に、その行動を考えているプロセスに影響を与え、結果として現実の経営行動に影響を与えようとするシステム設計の議論であった。他人を通して事をなすために、事前にどのような影響システムをつくるべきか、の議論であった。

しかし、他人を通して事をなす、その実行行動がはじまった後で、現場の行動が円滑に、大きな努力をもって行われることを担保するための仕組みも必要である。それが、成果測定とフィードバックのシステムである。

役割と権限のシステムがある人に特定の役割と権限を与えれば、その役割を果たす責任がその人には生まれる。そしてその役割を果たしているかどうかの成果を測定することによって、その責任を果たしているかどうかの確認をする。それが、ふつうの組織で行われることである。

企業組織では、管理会計システムがそうした部署ごとの成果測定とフィードバックを行うシステムとして中心的役割を果たしている。たとえば、ある地域の営業活動を行う役割を与えられた営業所は、その地域での売上という成果あるいはその売上から生まれた利益額が測定され、それが十分な大きさかどうかの責任を問われる。あるいは、生産管理システムのなかでも、さまざまな生産性指標（たとえば、生産ライン稼働率、不良品率）などが生産部門の成果として測定されている。

もちろん、組織内のすべての役割について、その成果の測定が売上や不良品率の測定と同じように簡単にできるわけではない。簡単明瞭に測定できない「役割の成果」ももちろん多いのだが、それでもなんらかの「代理変数」の測定も含めて、測定にこだわる組織の方が健康度が高いだろう。この章では金銭的インセンティブなどを成果主義で行えるか、という疑問を述べたが、それでもフィードバックの情報としてのなんらかの成果測定は重要である。ただその測定結果をストレートにインセンティブにつなげる危険を指摘したのである。

なぜなんらかの成果測定にこだわる方がいいのか。成果測定の努力をきちんとしないと、役割を本当に果たしたかどうかの判断は、ソフトな主観的判断になってしまう、あるいは、測定されている本人の「役割をいかに果たしたか」の説明のうまさのコンテストになってしまうからである。そのために現場の行動についつい甘さが出るのが怖いのである。

「代理変数の測定」のなかには、「目で見る観察」もあってもいい。能力のあるリーダーの一つの証しは、現場の人々の行動観察から彼らが与えられた役割をどの程度果たしているのか、「見当をつける」能力である。数値にはならないが、これも一種の「測定」ではある。

こうしてさまざまな形で「測定」された成果は、フィードバックされることによって現場の行動への影響が生まれる。フィードバックされるおもな先は、対象の本人自身とその上司である。

本人へのフィードバックのおもな目的は、自己管理のためである。自分で自分の成果測定を見て、自らの行動の良し悪しの点検材料にするのである。そして、その点検結果として、自らの行動を変える必要があるかを自分で判断して、改善行動をとることが期待されている。「影響を与える」という経営行動の典型例である。

上司へのフィードバックの目的は、三つあると考えていいだろう。第一は、上司として現場にあえて介入して、なんらかの指導をする必要があるかの判断のためである。いわば、上からの指導のためのフィードバックである。第二の目的は、上司として部下の評価のための材料にすることである。評価されることを意識すれば、現場の本人の行動がより甘くなることが期待されている。これも典型的な「影響を与える」ための経営行動である。

上司へのフィードバックの第三の目的は、現場の状況、とくに環境状況などについて情報を得ることで、その情報をもとに上司としてとるべき行動（現場に任せていない戦略などについての改善行動）はなにかを考えることが期待される。成果測定とフィードバックは、上司への影響活動にもなっているのである。

したがって、成果測定とフィードバックの仕方は、現場と上司へのこうした効果が生まれることを狙うように、意図的に設計される必要がある。もちろんその意図の原点は、組織が全体としてめざすものである。

たとえば、ヤマト運輸では宅急便事業の初期に、「翌日配達率」（お客様から預かった荷物が翌日に配達された率）を各営業所の重要成果指標として、毎日のように測定させ、報告させた。もちろん、現場にもフィードバックされた。この測定と迅速なフィードバックの狙いは、宅急便が売り物として強調した「翌日配達」を現場や会社全体がきちんと実現させることへの「影響」であった。

さて、影響システムとしての一番の狙いである「現場の本人」への影響が、なぜ成果測定とフィードバックから生まれるのか。その本質を考える視点として「三つの気になる目」という視点を紹介しておこう(この部分のくわしい議論に興味がある読者は、あるいは影響システムとしての管理会計に興味のある読者は、拙共著『現場が動き出す会計』を読んでほしい)。

三つの目とは、成果測定の結果を見る三人の目である。上司の目、(本人の)内なる目、そして周囲の目、この三つである。そして、三つの目の存在が本人の行動に影響を与える論理はシンプルに一つである。つまり、

――測定結果を見る目が気になる→自分をよく見せたい→行動を変える――

上司の目が気になって行動を変える論理は、上司の目が本人を評価する目になるからである。まさにこのシンプルな論理そのままで、上司が成果測定結果を自分の評価に使うのが気になって、行動を変える。

内なる目が気になるという論理は、自分が自分に対して課している標準値と比較して、あるいは過去の自分の測定値と比較して、よりよい成果を出したい、自分に見せたい、と自然に思う人が多いから生まれる、行動変容の論理である。多くの人が持っている達成欲求、成長欲求のなせる業である。だから、人は成果測定されるだけで、それが組織の人事評価に使われなくても、行動を変えることが

ありうるのである。

ジョギングを毎朝やっている人が、昨日のタイムを少しでも下回るタイムにしたいとつい思う、あるいは少なくとも昨日より悪くならないようについ最後に努力する、それと同じメカニズムが組織内の行動の成果測定でも働くことが十分ありうる。

周囲の目が気になる論理は、成果測定の結果が周囲に知られることを前提している。その目が気になる背後には、二つの人間の自然な心理がありそうだ。一つは、周囲の拍手が欲しいという心理である。人間は社会的動物である。周囲の拍手という社会的評価（上司の下す管理的評価とはちがう）がうれしくて、行動を変える、努力をより大きくする、という論理である。

第二の論理は、他者との比較がもたらす競争心である。自分の成果の測定結果が周囲に知られるということは、自分の周囲の人たちの測定結果も同じように周囲に知られることになることが多いだろう。そうすると、周囲の人々はそれぞれに自他比較を自然にできるようになる。そこで、他人との比較で負けたくない、あるいはみっともない状況にはなりたくない、という競争心が生まれるのは、かなり自然な現象である。

たとえば、営業所で所員個人の月間売上ランキングをポスター張りなどで発表したりすることがあるが、それはまさにこの「周囲の目」を狙ったフィードバックの方法であろう。とくにそのランキングで自分への組織からの評価（たとえばボーナスの額）が変わることがなくても、多くの営業所員がやはり周囲の目による他者との比較を気にするであろう。

こうした三つの目を介しての影響は、どのような成果測定とフィードバックのシステムにすべきかを考える人（組織のリーダー）の意図と関係なく、自然に生まれる。だから、システム設計の際には、三つの目をすべて意識して二つの考慮をする必要がある。一つは、影響システムとして意図したい影響が出るように。第二の考慮は、意図せざる悪影響が出ないように。

この悪影響は、内なる目や周囲の目の存在を忘れたときにおきやすいようだ。上司の目は、成果測定とフィードバックの仕組みを考える際に忘れられることは少ない。しかし、まだ二つの気になる目が残っていることを忘れない、あるいはそちらを効果的に利用する、それを考えた方がよい。

組織的な影響システムの基盤としての、人事

この章では扱わなかったが、組織論関係の経営学の本には必ず出てくる二つのテーマがある。人事とリーダーシップである。

それが、リーダーによる影響活動が実際にインパクトを持つための基盤となっていることを、最後に説明しておこう。この章では人事が、そしてつぎの章でリーダーシップが、それぞれ「組織的な影響システムによる影響活動」と「現場での自己刺激プロセスへの影響活動」の基盤であることを説明したい。

この二つの章の共通テーマは、「他人を通して事をなす」ための経営行動のあり方であるが、その「事をなしてくれる他人」が誰であるかを決めているのは、組織の人事による人材配置である。彼ら「事をなす他人」のポテンシャルの大きさによって、組織として実行可能なことの範囲がかなり決まってしまう。どんな人材を採用し、誰にどんな役割と権限を与える人事配置をするか。そういう人材の準備と適材適所という配置の問題が、まさに人事である。だから、人事が基盤なのである。

すべての組織が採用には大きな関心を持つのがふつうだが、この本でたびたび取り上げてきたグーグルの採用へのこだわりはケタ外れである。グーグルの経営者が書いた本では、「採用は一番大切な経営者の仕事」と一章を割いてまで明確に主張しているのである。

人事にはインセンティブ効果もある。金銭的インセンティブを決めているのは、人事評価制度であることが多い。また、人事評価の結果として決まる昇進は、金銭的インセンティブの量を決めると同時に、与えられる仕事の内容そのものがより望ましいものへと変わるということである。つまり、仕事の内容で報われるという先に述べた第二のインセンティブも、それを実際に決めているのは人事なのである。

また、誰が人事的に報われるかというメッセージ効果は、人事が社会的な評価という第三のインセンティブの内容も決める部分がある、ということを意味している。

つまり、人事は、インセンティブシステムとして大切な三つのタイプのインセンティブのすべてに関与している。もちろん、人事以外にも三つのインセンティブを決めている手段はあるのだが、人事がインセンティブの主要な手段であることはたしかであろう。

このように、人事はさまざまな意味で組織的な影響システムを支える基盤なのだが、組織的影響システムは人事にその基盤を支えられているばかりでなく、人事のあり方を陰で支える、「人を育てる機能」をも持っていることが多い。そのことも明確に認識される必要がある。

たとえば、採用はたしかに大切だが、優秀な人材をスカウトすればそれで済む、とは思わない方がいい。スカウト後に、その組織にとって意味のある働き方への微調整（たとえば組織の理念や仕事のやり方の理解）が必要となり、そこで失敗することも多いのである。

その微調整を含め、組織の環境のなかで、仕事の場で、人は育つ。そして、仕事の場で仕事の実際のあり方を決めている大きな要因が、この章で議論してきた組織的な影響システムの具体的内容なのである。その意味で、組織的影響システムは人の育ち方に対してかなりのインパクトを持っている。たとえば、役割を与えれば、それが人を育てる土壌になる。地位が人を育てることもある。すでに役割と権限のシステムのところで述べた通りである。

あるいは、コミュニケーションと調整のシステムのなかでの経験も、人を育てる機能を持つだろう。誰とどんなコミュニケーションをして、どんな調整を受けつつ仕事をするかという経験は、その人の育ち方にインパクトを与えるはずである。いわば、「朱に交われば赤くなる」。

また、成果測定とフィードバックのあり方も、人の育ち方に影響するだろう。細かすぎる測定とフィードバックのもとで育つと、自分で考える頭が十分に育たない危険がある。適切な成果測定とタイミングと適度なフィードバックは、人に現場での変化への適切な対応の経験を積ませるだろう。その経験が、人を育てる効果を持つ。

このような「人が育つこと」への組織的な影響システムからのインパクトは、そもそも影響システムが目的としている「組織としての人々が協働に傾ける努力への影響」という本来の効果に加えて、第二の効果として認識されるべきであろう。

つまり、影響システムの本来の効果は「みんなが頑張ってくれるか、仕事がうまくいくか」という現在の組織行動への効果だが、「人が育つか」という将来への効果も組織的な影響システムの設計と運用の際に意識されるべきなのである。

こうして人事は、「他人を通して事をなす」という経営行動の基盤として、二重、三重に大切なのである。

研究開発部長としての、組織的な影響システムの設計

これまでの章でも述べてきたように、組織のリーダーの行うべき経営行動の原理をこの章でも「経営者」を主にイメージして説明してきた。しかし、原理そのものは下部組織のリーダーの経営行動にも当てはまることを説明するために、この章では研究開発部長（あるいは研究所長）を想定して、その立場での組織的な影響システムの議論をしてみよう。

もちろん、研究開発部長の裁量の範囲にあると想定していい影響システムの道具立ては、ここまで説明してきた道具立ての一部であろう。たとえば人事については、採用の部分は本社一括採用の部分が大きいのがふつうだろうし、人事評価システムについても研究開発部長が自由に決められる部分は小さいかも知れない。

しかし、この章で説明した四つの影響システム（役割・権限から成果測定まで）のアイデアは、研究開発部長としてのよき経営行動のヒントになるものが十分にあるだろう。

研究開発活動という成果の分かりにくいものを担当している人々（研究者たち）への影響活動が、研究開発部長の経営行動のおもな内容である。成果が測りにくいという意味では、営業活動や生産活動をしている人間たちの組織と比べても、その経営行動はむつかしい。

それは、人間の創意工夫活動、しかも長く続く暗闇のなかでの開発の努力への影響のあり方、というむつかしい問題なのである。

なお、以下の議論は、日本ではじめて日本語ワープロの開発に成功した開発責任者の森健一さん

（元東芝）と日本ではじめてＣＤの開発に成功した開発責任者の鶴島克明さん（元ソニー）のお二人との共著（『ＭＯＴの達人』）にある内容の、私なりのダイジェストでもある。

まず、役割と権限のシステムについて、誰に研究開発のテーマを決める役割を持たせるべきかを考えよう。研究開発のもっとも根源的な決定である。

大きな開発の方向性は、じつは前章のイノベーションの部分で議論したように、技術の俯瞰図を持ったうえで研究開発部長が決めるのが適切である。その役割を部下に任せてはならない。しかし、その大きな方向性のなかで個別具体的な研究テーマの決定の役割は、研究者個人に与えるのが適切だろう。苦しいことの多い開発プロセスを乗り切るために必要となる本人の内発的エネルギーを大切にしたいからである。

ただし、本人が研究テーマを最終的に決めるまでのコミュニケーションのプロセスは、さまざまな建設的工夫をした方がいい。侃々諤々のフランクな議論を仲間たちとしたうえで、最後は上からの指示ではなく、本人が決める、責任を持つ、というのが適切であろう。

しばしば、開発テーマの決定を、営業部門が「市場のニーズだ」という建前で自分で仕切ろうとすることがある。それはおそらく影響システムとしてはまちがいで、本当に技術的な拡がりのあるテーマの芽を摘み、研究者が本気で取り組めないようなテーマを押し付ける危険がある。

開発プロセスが実際にはじまった後の研究開発部長の経営行動としては、「迷いのマネジメント」が大切となる。どこまで探索の範囲を広げればいいのか、研究の中間結果を見たうえでどのような方向転換を考えるべきか、など迷いが多いのが暗闇のなかの研究開発である。その迷いのプロセスを建設的に導くのが、「迷いのマネジメント」である。

そのためには、ふたたび議論のプロセスというコミュニケーションの仕組みの設計が大切となる。ムダに長く本人を迷わせすぎないために、なにかをやめる示唆もコミュニケーションとして必要になる。仲間たちも加わる定期的なミーティングの議論のリーダーを本人にさせ、本人に結論を決めさせる。しかし、そのミーティングでの議論の仕方を工夫するのである。

その議論の仕方は、コミュニケーションと調整のシステムの実例として重要である。森さんも鶴島さんも、そうした議論は「上下のない知的決闘」であるべきだ、という。それだけ激しい議論をする覚悟で、ミーティングを工夫するのである。ただし、知的決闘の後は、決まったことをみんなが支持するというすっきりした態度が必要であろう。

開発プロセスでの成果測定とフィードバックでは、三つの目のうちで「内なる目」をもっとも重要と考えるのが、研究開発での影響システムの一つのポイントである。

研究開発は結局は個人的な、苦しい活動である。研究者本人が、研究の現実を一番よく知っている。だから、本人の内なる目に期待し、信じることが重要である。それを外部から妙な測定や観察を持ち込みすぎると的外れになってしまいかねない。そして、内なる目がきちんと機能しているかを確認するための、定期的な研究成果発表あるいは研究でぶち当たっている壁を相談するミーティングの設計も大事となるだろう。

そしてインセンティブとしては、仕事の内容そのものと社会的評価（周囲からの拍手）がもっとも研究者たちの心を捉えるだろう。社会的意義の大きい研究テーマを選べるというのは、仕事の内容そのもののインセンティブを高めるだろう。そして、研究がある成果を生んだときには、ことさらに周囲の拍手を感じられるような機会をつくることが、研究開発部長の影響システムとして必要となるだろう。研究開発の最終成果が広く社会で認められるのには時間がかかる。しかしその前に、一定の成果への仲間内の拍手は、励みになるものなのである。

学者コラム

ハーバート・サイモン

Scholar Column ── Herbert Simon

経営するということは組織のメンバーに影響を与えようとすること、という本章の基本概念を、私はハーバート・サイモン（Herbert Simon）の本（『経営行動』）から学んだ。彼のこの出世作の序文をチェスター・バーナードが書いていることは、すでに序章の経営者コラムで紹介した。

サイモン先生（じつは私が留学していたカーネギー・メロン大学の主力教授のお一人で、私自身も講義をとったことがあるので、先生と呼びたくなる）は知の巨人とも呼ばれ、行政学の分野を出発点に（『経営行動』は行政管理の本として書かれた）、経済学、組織論、人工知能とじつに多様な分野でそれぞれ巨大な足跡を残している。ノーベル経済学賞の受賞者でもある。

私がサイモン先生の講義（数理社会科学という名前の講義で、終章で紹介する私の恩師・井尻雄士先生との共同講義）をとった頃はすでに人工知能の分野に研究の中心を移しておられて、コンピュータサイエンス学部の看板教授だった。しかし、カーネギーの経営大学院でも博士課程向けの授業を担当されていたのである。

当時の私は、影響という概念の深さはまだよく分かっていなかった。応用数学のようなオペレーションズリサーチの博士課程の学生だったのである。しかし、憧れの大先生と恩師との講義なので、喜んで受講した。贅沢な講義で、この二人の偉大な教師が共同で授業するのに、学生数は七、八人だったろうか。そして、この講義を通して私が感じたサイモン先生の人間行動についての基本的考え方は、私の一生の宝となっている。

その一つは、「人間の行動原理はじつはシンプルで、ただ環境条件が複雑に変化するので、表面に現れる行動自体の軌跡は複雑に見えるだけ」という考え方である。今にいたるまで、私が社会現象や人間行動を理解しようとするときの基本スタンスとなっている。

その先生の基本的考えを象徴的に説明するために先生がよく使われる例え話が、アリが砂浜で歩いた軌跡の話である。その軌跡はジグザグで、いかにもアリが複雑な行動をとっているように見える。しかしアリの行動原理は「目の前に障害物が出てきたら、それをよける」というシンプルなものだ、と先生はいう。砂浜には小さな石、砂の凹凸、など多様な障害物があるので、アリの行動の軌跡は複雑になる。しかしその表面の複雑さに惑わされてはいけない、という教訓がそこにはある。

この話を、先生は数理社会科学の授業でもなさった。そのとき、ドイツからの留学生が質問をしてしまった。「でも、アリの行動原理そのものも複雑である可能性はないのか」。「しなきゃいいのに」と私は即座に感じたが、先生はかなりいらだって、きつい口調で学生に答えていた。「なぜ表面の複雑さに惑わされるのだ。シンプルな原理で世の中の複雑に見えることの多くは説明できるのに」

私も、自分なりにそうしたシンプルな原理を複雑に見える経営現象の背後に見つけてみたい。自分で「現実を理解できた」と思えるように、原理を論理的に考えたい。そう思ってきた。私自身の研究歴は、その思いに導かれてきたといっていい。

この本もその思いの一つの結実と解釈できるだろう、と自分なりに思う。多様に見える経営行動の内容を、こうしたシンプルな論理体系で整理すると分かりやすくないか、現実の経営行動がこんな原理として理解できるのではないか、という提案がこの本なのである。

「現実を理解できた」と自分で思えるような研究だけを、その現実の背後にある原理を考える研究だけをやろう、と自分の心が決まった瞬間のことを、今でも覚えている。スタンフォード大学のキャンパスの、図書館の前の大きな樹の下を通りかかったときだった。

サイモン先生とは直接関係ないのだが、スタンフォードには客員准教授として招かれて一年滞在していた時期である。当時の私は「情報」というものの量や価値を「測定する」理論を考えていた。その測定論の基礎にと、数学の大学院の授業をとっていた。しかし、どうにも先の見込みが見えなくなっていた。それで悩んでいたときにちょうど、きっかけはもう忘れてしまったが、日本企業の現実の経営を原理として理解したい、とも思っていたのである。

それで、「やーめた」と情報から日本の経営の原理への方向転換を決心した。なぜ図書館の大きな樹の下なのか、私にも分からない。しかし、サイモン先生の「アリの原理」が強烈なイメージで私の心に残っていたことは、たしかである。

第4章

現場の自己刺激プロセスを活性化する

他人を通して事をなす②

自分の内なる声、ヨコの相互刺激

前章で説明したような上からの影響システムによる現場への影響ばかりが、現場の人々の行動を決めている影響要因ではない。ヒエラルキー的な、形の整った組織マネジメントで「忘れられがち」な、つぎの二つの要因も、現場の人々が自分の行動を決めている背後にある重要な要因である。

・自分の内なる声
・ヨコの相互刺激

自分の内なる声が重要とは、人々は自分の内なる声に耳を傾けて、自分の行動を決めることがしばしばである、ということである。ある意味で、当たり前のことである。

そして、ヨコの相互刺激が大切とは、現場の人々は周囲との関係性のなかで、ヨコ方向から（たとえば同僚から）の情報や要請や議論にお互いに刺激されて、行動を決めていることもまたしばしばである、ということである。

グーグルの経営について二人のプロ経営者（創業者ではない）が書いた本の最初の章（タイトルは「文化」）の冒頭で紹介されている面白いエピソードが、内なる声とヨコの相互刺激によって重要な現場行動がおきた、いい事例である（『How Google Works』p.59）。

二〇〇二年のある金曜日の午後、グーグルの創業者の一人であるラリー・ペイジが本社にあるビリヤードルームの脇のキッチンの掲示板に、ウェブページのプリントアウトを貼りだした。それはグーグルの検索結果表示ページで、検索したい言葉と関連があるとグーグルの広告エンジン（どの広告を検索ごとに掲載するかを判断するソフト）が判断した広告がいくつか出ていた。その広告がいずれもあまり役に立たない、検索語と関連がない、と不満を感じたペイジは、「この広告はムカつく」と自分でなぐり書きをして、そのプリントアウトを掲示板に貼りだしたのである。

それをたまたま見た、広告エンジンチームとは無関係の一人のITエンジニアが、「世界中の情報を整理し、世界中の人々がアクセスできて使えるようにする」という使命をかかげる会社として、この広告掲載結果はよくない、ペイジの不満はもっともだ、と感じた。

そこで彼は週末の内に、他の四人のエンジニアに声をかけて、新しいエンジン候補のソフトの骨格を自分たちだけでつくりはじめた。そして、五人の間に情報交換と議論という「ヨコの相互刺激プロセス」が週末の短い時間に忙しく行われた結果、「広告は検索語との適合度にもとづいて表示すべき」という原則のソフトができあがった。

そのうえ、それが現行ソフトよりすぐれていることを証明することまで彼らはきちんと行った。そして月曜の朝には、それらの結果すべてをペイジを含めて関係者にメールで送った。それが、グーグルの収入の大半を上げる「アドワーズ」という広告エンジンの基本型の誕生の瞬間だった。

彼らは広告エンジンへの責任がある立場にあったわけではなく、ペイジの指示を受けたのでもない。ただ、ペイジの貼り紙をたまたま見るチャンスがグーグルの施設には用意されていた。そして、「ムカつく」という創業者の言葉に刺激されて、一人が勝手に動きはじめたのである。そして、その最初の勝手な行動に呼応して、週末にソフトをつくりあげるところまでやる仲間がいた。

そうした現場の自由な（あるいは勝手な）行動を許す、さらには奨励する雰囲気が、グーグルにはあった。だから、彼らはペイジも含めて多くの人に自分たちの結果のメールを送ることを自然に行い、彼らのソフトの威力を多くの人がすぐに知ることとなった。

このプロセスには、この項の冒頭で紹介した、「自分の内なる声」と「ヨコの相互刺激」がいずれもくっきりとその存在を見せている。

最初のエンジニアがペイジの「ムカつく」という強い言葉に刺激され、しかもその言葉が正しいと自分も思えたからこそ、新しいソフトの開発を自分で試みてみよう、という彼の内なる声が生まれた。そして彼にはすぐに声をかけられる仲間がいたから、即席のチームがすぐに立ち上がった。ヨコからの相互刺激に反応しやすい土壌がグーグルにはあったのである。さらに、そのチームのなかの意見のやり取りは、相互の情報交換と心理的刺激のプロセスでもあったろう。そうした「ヨコからの相互刺激」が大きなものだったからこそ、自由時間を使っての週末の短期集中活動が大きな成果を上げるまでになったのだと思われる。

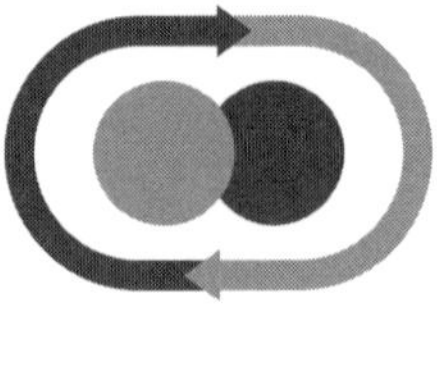

ことの本質は、みんなが「勝手に」動き出す、ということである。そして現場の五人は勝手に相互に刺激し合って、議論を重ねていった。それでいて、彼らの「勝手な行動」は、会社がめざす方向性

とみごとに合っている。

そうなった一つの理由は、会社の理念が明確に彼らに伝わっていたからである。「世界中の情報を整理し、世界中の人々がアクセスできて使えるようにする」という理念である。それを現場のエンジニアたちが信じていたから、それが彼らにとっての行動指針となった。彼らはペイジと同じように、この広告掲載では世界中の情報を「整理」し、かつ「適切な人に届ける」ということになっていない、と感じたのだろう。

勝手に現場が動き出す、ということは、この章のタイトルの表現を使えば、「現場の自己刺激プロセスが活性化している」、といえるだろう。その自己刺激プロセスには、個々の人の自分の内なる声による個人的自己刺激もあり、また周囲の人々との間のヨコの相互刺激プロセスを経由しての集団的自己刺激プロセスもあるだろう。この二つの刺激プロセスが、現場全体としては「自己」「刺激」プロセスなのである。

タテの上からの影響システムによる影響ばかりが、現場の人々の行動を決めているのではない。むしろ、現場の自己刺激プロセスの方が、もしそのプロセスを活性化させることができれば、現場の行動を望ましい方向へと動かす力がより大きいことが十分にありうる。だから、現場の自己刺激プロセスが活性化するようにどう工夫するかの方が、「他人を通して事をなす」ための経営行動としては、上からの影響システムをつくるよりも大切、とすらいえるかも知れない。

それはいわば、みんなが勝手に動き出す状況を準備するマネジメント、ともいえる。むつかしい経営行動の課題ではある。したがって、多くの組織がそれに成功しているとはいえないだろう。しかし、現場の「自己」刺激という「本人の心の中の」問題だから、経営者あるいはリーダーとしてはどうしようもない、というわけでもない。すぐれた経営者は、そこにどう働きかけられるかを考えている。ラリー・ペイジは、あきらかにその一例である。

こうしてむつかしいと思われる「現場が勝手に動き出す状況を準備するマネジメント」を、この章では以下のような順序で解説していこう。

PREVIEW

- **現場の自己刺激プロセスへの、リーダーからの働きかけ**
- **理念を示す、文化をつくる**
- **現場の背中を押す**
- **ヨコの相互作用の「場」をつくる**
- **組織の勢いが生まれる状況をつくる**

現場の自己刺激プロセスへの、リーダーからの働きかけ

ここでリーダーが働きかけるべき対象となるのは、現場の個々の人の「自分の内なる声」が生まれるプロセス（個人的自己刺激プロセス）と現場の多くの人々の間の「ヨコの相互刺激」が生まれるプロセス（集団的自己刺激プロセス）である。

まず、「自分の内なる声」への働きかけとしては、二つのタイプの働きかけが重要であろう。

第一に、内なる声の源泉である個人の行動目的と思考様式そのものに、なんらかの形で働きかけることである。前章で述べた個人が持っている内面の四つの基礎要因である目的・情報・思考様式・感

情のうちの、目的と思考様式を働きかけのターゲットとするのである。

そのための典型的手段として、「経営理念を示すこと」と「望ましい組織文化をつくる」（あるいは定着させる）という二つの密接に関連した手段がよく使われる。次項でよりくわしく論じるが、経営理念はおもに現場の個人の「目的」に影響を与えるための働きかけであり、組織文化はおもに現場の個人の「思考様式」に影響を与えるための働きかけである。

そして、経営理念と組織文化の密接な関係は、じつは前項で紹介したグーグルのエピソードが書いてある本の章タイトルと副題に出ている。この章のタイトルは「文化」、副題は「自分たちのスローガンを信じる」である。

スローガンとは、経営理念と言い換えてもいい。「世界中の情報を整理し、世界中の人々がアクセスできて使えるようにする」という理念である。そして副題の意味は、組織文化は経営者がかかげる経営理念を組織の人々が信じ、共有することによって生まれる、ということであろう。組織文化をつくりあげる要因は経営理念だけではないが、この副題はたしかに組織文化の一つの本質をついている。

現場の「自分の内なる声」への働きかけの第二のタイプは、「リーダー自身が現場の背中を押す」という働きかけである。

理念をかかげられても、また文化を自分で身につけたつもりでも、あるいはさまざまなインセンティブを与えられても、現場はしばしば自分としての一歩を踏みだすことに躊躇することも多い。踏みだす小さな決断をためらうのである。

そんなとき、現場の人々の背中への最後の一押しをリーダーが自らすることが、彼らを踏み切らせる。あるいは奮起させる。背中の一押しがもたらす刺激が、自分の内なる声を大きく増幅して、その内なる声に従った行動を現場がとれるようになることがある。その刺激が、一歩前へと足を出すための心理的エネルギーを現場に与える、といえようか。

四つの内面基礎要因でいえば、おもに感情に働きかけるのが「リーダー自身による背中の一押し」であろう。

この本を書いている時期（二〇二二年）におきたロシアのウクライナ侵攻という戦争のなかで、ウクライナのゼレンスキー大統領が侵攻直後にとった行動が、経営ではないが戦場での分かりやすい「背中の一押し」の例である。

彼は、ロシアの軍隊が首都キーウに迫りつつあるといわれていた時期に、キーウの大統領府近くの路上からスマホの自撮り画像をウクライナ国民向けに発信した。「私はキーウに残る。闘いつづける」というメッセージがあった。それが、ウクライナ国民の感情をどれほど奮い立たせたか。大統領が自らへの危険を避けて亡命して、亡命先から「闘いつづけよう」と母国にメッセージを送ることとのちがいを考えてみれば、背中の一押し効果の大きさは明らかであろう。

あるいは、意外感のある背中の一押しの例が、ペイジの「ムカつく」という強い言葉のキッチンへの貼り出しであろう。感情的な言葉ではあるが、しかし同時に心の底からの言葉でもある。しかも、それをみんなに見えるキッチンの貼り紙に書くか、とこの言葉で動き出した最初のエンジニアは思ったのではないか。それが、彼の感情を動かしたのだと思われる。同じように広告の適切さに疑問を投げかける経営者の行動でも、「関係者の会議を招集して、その疑問を公式に持ち出す」というような行動と比較してみれば、そのストレートな背中一押し効果は際立っている。

こうした二つのタイプの「現場の人々の内なる声」への経営からの働きかけについては、次項から二つの項に分けて、よりくわしく解説しよう。

現場の自己刺激プロセスとしては、現場の人々の集団のなかでおきる相互刺激プロセスも大切である。それが「ヨコの相互刺激」で、それを活発にするための経営からの働きかけを、すぐれた経営者は考えている。

ヨコの相互刺激のシンプルな例は、ここで紹介しているグーグルのエピソードにもある。ペイジの貼り紙をたまたま見たエンジニアが、すぐに同僚のエンジニアに連絡して、なんとかするべき、と問いかけはじめたことである。そして、その問いかけ、つまり同僚からの刺激に、四人のエンジニアがただちに反応した。さらに、その即席チーム成立の後で彼らの間には、濃密な情報交換や議論があったにちがいない。そうでなければ、週末の短い時間の間に、新しいソフトの原型をつくりあげ、かつそのソフトの方がより適切な広告を掲載できることを証明することなど、とても無理であろう。

こういったヨコの情報交換や刺激そして議論は、日常的にどこの組織でも大なり小なりおきているだろう。問題は、その情報交換や議論の頻度や量であり、質である。そして、そうしたヨコの相互刺激から組織の成果につながるような現場の行動がどの程度生まれてくるか、である。その情報交換の質とそこからの組織的成果の際立った例が、このキッチンの貼り紙のエピソードであろう。

それはたんなる幸運な偶然としておきたことではない、と思われる。グーグルの経営者がさまざまな手配りをやっている結果として、こんな現象がおきたと理解すべきである。いい経営と凡庸な経営のちがいの重要な一点は、現場でのヨコの相互刺激を活性化できるための準備をきちんとできるか、その活性化をどの程度組織成果につなげられるか、なのである。

つまり、ヨコの相互刺激プロセスを活性化するためのリーダーの側からの働きかけがもたらす望ましい結果には、二つの現象がある。一つは、ヨコの相互刺激の結果として、個々の人々が奮い立つ、望ましい行動をとるようになる、という現象である。もう一つの望ましい現象は、現場がチームとして一つになるように協力関係が生み出され、組織としての成果が上がる、という現象である。

こうした二つの現象が生まれることをめざしてすぐれたリーダーが現場に対してとる働きかけの典型的なものとして、この章の後半ではつぎの二つの経営行動を紹介しよう。

・相互刺激の頻繁な発生のための組織的しかけ――「場」のマネジメント
・相互刺激がおきやすい状況づくりのための戦略的しかけ――「勢い」の戦略

これらの二つの経営行動が多くの組織でしばしばとられている、ということでは必ずしもないかも知れない。しかし、いい組織、すぐれた経営にはこうした経営行動があるということを、読者は認識しておいてほしい。

場のマネジメントとは、現場の人々の間にヨコの相互作用・相互刺激がおきやすくなるような「場」をつくるマネジメントである。場とは、みんなが情報交換と心理的相互作用をするための「容れもの」のようなものである。

グーグルの例でいえば、グーグルがオフィスの部屋を狭めに、多くの人の雑居に近いようなしつらえにあえてしているのは、いやでも人々が接触する機会（つまり情報交換とコミュニケーションがよくなる機会）を多くする、場のマネジメントのための物理的な工夫の例である。

「勢い」とは、組織や社会の集団心理の一種である。現場の人々が相互に、刺激し合い、プラスのフィードバックが彼らの間に生まれ、どんどんと前向きの姿勢が高まっていく。一つの方向にベクトルが収斂しはじめる。そんな状況をつくりだせるように、あえて仕事の設計図としての戦略を工夫する、というのが「勢い」の戦略である。

またグーグルの例を使えば、五人のエンジニアの週末明けの提案をすぐに受け止めて、迅速に会社全体の戦略としてしまうことによって、そうした「勝手な動き」を経営が歓迎している、という現場へのプラスのメッセージを送るという戦略が典型的である。これを知った他の現場も、勢いづくであろう。

こうした経営行動が実際に組織としての成果につながるための基礎要件としては、少なくともつぎの二つが必要であろう。

・日常的に自発的行動が奨励されている
・現場の人々の間に相互信頼関係がある

第一の要件は、リーダーからの働きかけに反応して、現場の人々が「自分で勝手に」一歩前へ動く気になる基礎条件として、意味がある。そして第二の要件は、個々の人々の「勝手な動き出し」が、ただのばらばらの活動ではなく、チームとしての協力を生み、組織としての協働につながるための基礎条件になる。

理念を示す、文化をつくる

それではまず、「自分の内なる声」への経営行動としての働きかけの第一である、経営理念と組織文化について概説しよう。

多くの名経営者といわれる人が、経営理念の重要性を説いている。経営者個人としての精神的支柱として、あるいは現場の人々の思考の基盤としての、経営理念である。その一人に、二〇二二年九月に亡くなった京セラの創業者・稲盛和夫さんがいる。セラミック事業の京セラの創業、電話事業の第二電電（現在のKDDI）の設立、日本航空の再建、とさまざまに活躍した経営者である。

稲盛さんが京セラでかかげた経営理念は、

「全従業員の物心両面の幸福を追求すると同時に、人類、社会の進歩発展に貢献する」

というものだった。従業員の幸福を第一点に置いていることが、多くの企業の「社是」とは異なる。

そして、稲盛さん自身が経営理念の重要性を、彼が率いた三つの企業の幹部や社員たちに熱心に語りつづけた点も、社長室にかかげてあるだけに近い多くの企業の「社是」とは異なっている。それだけの真剣度が経営者の側になければ、経営理念が現場の「自分の内なる声」にきちんと働きかけることなどできないのである。

グーグルのペイジとブリンもまた、経営理念を示し、それが共有されることを重んじる経営者である。

グーグルの事業目的としての経営理念は、すでに紹介した「世界中の情報を整理し、世界中の人々がアクセスできて使えるようにする」という理念が基本である。だからこそ、たとえばグーグルアースという形で、世界中の土地の地図や写真を無料でインターネットで公開している。

さらにグーグルには、仕事の仕方についての経営理念もある。それが、創業からわずか数年後に策定された「10の事実」と呼ばれる考え方である（出所：https://about.google/philosophy）。

1. ユーザーに焦点を絞れば、他のものはみな後からついてくる
2. 一つのことをとことん究めてうまくやるのが一番
3. 遅いより速い方がいい
4. ウェブ上の民主主義は機能する
5. 情報を探したくなるのはパソコンの前にいるときだけではない
6. 悪事を働かなくてもお金は稼げる
7. 世の中にはまだまだ情報があふれている
8. 情報のニーズはすべての国境を越える
9. スーツがなくても真剣に仕事はできる
10. 「すばらしい」では足りない

このグーグルの例でも分かるように、経営理念とは二つのことについての基本的考え方である。第一は、組織の理念的目的（この組織はなんのために存在するか）。第二は、経営のやり方と人々の行動についての基本的考え方。つまり、組織の目的についての理念と経営行動の規範についての理念である。それを、経営者主導で示すのである。

組織内の行動の規範となるべき経営のやり方について、日本企業の理念の例としては、「人を生かす」「参加の経営」「人間尊重経営」「顧客とともに生きる」「浮利は追わず」「和の経営」などなどさまざまなものがあげられる。グーグルの「10の事実」は、これらよりもかなり具体的な行動規範の例である。

こうした経営理念が組織内の多くの人に受け入れられ、彼らのなかに内部化されると（グーグルの経営者の言葉を使えば、スローガンが信じられるようになると）、それが彼らの現場での判断や行動選択の際に使われる四つの内面的基礎要因のなかの「行動目的」に影響を与え、また彼らの「思考様式」にも影響を与えることになる。その結果として、彼らの「内なる声」に経営理念のインパクトが及ぶことになり、それが現場の自己刺激の源泉となる。

この「経営理念の内部化」プロセスに対して、悪い表現として、「洗脳」という言葉を使いたがる人がいるかも知れない。しかし、現場の人々が経営理念を自らの考え方として受け入れる理由の一つは、彼らの側に経営理念のようなものを望む気持ちがあることである。

彼らが経営者によって発信される経営理念を自分のものとして自発的に受け入れる理由は、おもに二つありうる。

第一に、組織の人々が理念を欲しがるからである。人はパンのみにて生くるにあらず、である。正しいと思える理念を持って人々が働くとき、人々の働く意欲は一段と高まる。働くことの意義を感じるからである。

たとえば、ペイジのキッチンでの貼り紙に素早く反応したエンジニアの場合、グーグルの「すべての人にきちんとした情報を」という理念に共鳴していたことは、想像に難くない。

経営理念を現場の人々が受け入れる第二の理由は、彼らが現場での判断の指針（あるいは思考のフォーマット）を欲しいからである。その判断の指針として、とくに仕事の仕方についての経営理念が信じられると思えるとき、その判断指針に従えば正しい現場行動がとれる、と思えるだろう。

もちろん、基本的な指針があったとしても、人々の現場での状況はさまざまに多様で、方程式のように基本指針から自動的にとるべき行動の答えが出てくるわけではない。しかし、そうした迷いの多い現場の判断の際に、基本指針が正しい答えへと導いてくれる可能性が高いと思えれば、それは自分がとると決めた行動への自信につながり、その自信が現場の行動での迷いを少なくし、強くする。

グーグルの「10の事実」はまさにそのような指針になりうるものであろう。この一〇の指針のうちのどの部分に該当する行動をペイジの貼り紙を見たエンジニアが週末にとったかを、読者はすぐに指摘できるだろう。少なくとも、1、2、3、10が当てはまりそうだ。

経営理念を提示すること以上に、現場の「自分の内なる声」に影響を与えるのは、組織文化である。組織文化とは、組織のメンバーが共有するものの考え方、ものの見方、感じ方である。経営理念は経営者が発信するものであるが、組織文化は、その発信の影響を受ける部分もあるが、その組織の日常の仕事のあり方の影響をも受けて、組織内の多くの人々が共有するにいたるものである。

どんな組織も、強弱、良し悪しの差はあっても、なんらかの組織文化を持っているのが、ふつうである。堅くて保守的、あるいは官僚的な組織文化もあれば、ダイナミックな、新しいことへの挑戦をよしとする組織文化もあるだろう。

組織文化は、日頃のさまざまな仕事の仕方が、その組織に働く人々の考え方やものの見方に影響を与えて、結果として生まれてくる部分も多い。たとえば、一つのミスが大きな事故につながるような現場では、当然に保守的な文化になりがちになるだろう。新しい事業がどんどん立ち上がり、その成果が働く人々の処遇に目に見えて反映される現場では、挑戦への文化が育ちやすいだろう。

もちろん、経営者が提示する経営理念を組織の人々が本気で信じて、それが組織文化の一部になることもあるだろう。あるいは、経営者の経営の具体策そのものが人々のものの考え方に影響を与えて、それが文化の一部になることもある。グーグルのエピソードは、そのいい例である。

したがって、経営者あるいは組織のリーダーは、自分の行動がどのように組織文化の形成や維持あるいは転換に貢献するか、それをきちんと考える必要がある。その必要性を表現するために、この項の見出しを「文化をつくる」としたのである。組織の人々は、経営者やリーダーの考え方や背中を見ている。

ただし、組織文化の共有を意図的に左右することはかなりむつかしいことも認識しておく必要がある。そもそも、人の考え方や見方に影響を与えるのはたしかにむつかしいことであるし、理念や文化の共有へのひそやかな疑問を多くの人々がついつい持つことも多いからである。

そのひそやかな疑問の根底には、思考様式の均一化への反発がありそうだ。人間は多様なもの、思考の自由は個人の自由の基本、という考え方がふつうにある以上、過度な思考様式の均一化は望ましくない、と誰しも思う。したがって、理念の浸透や文化の共有もその限度を考えた方がいいし、限度内の理念や文化の共有であっても、共有が持つ組織へのそして人々への意義を、明確に理解してもらう努力が必要だろう。

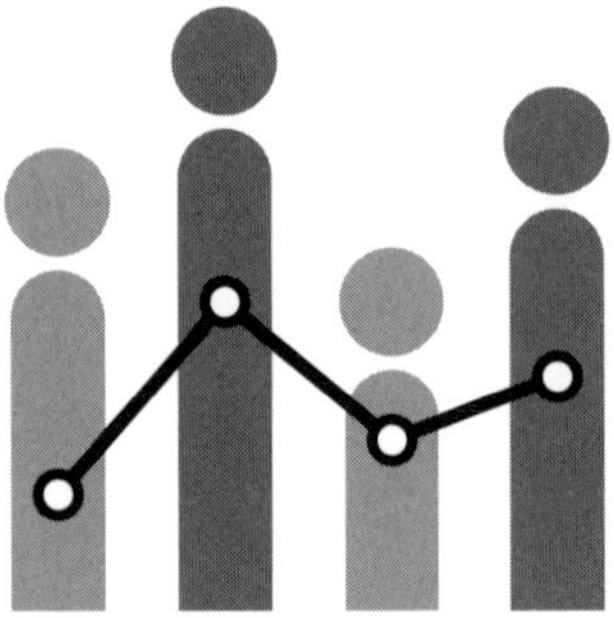

こうした認識をしたうえで、しかし、経営者やリーダーは現場の人々のものの考え方やものの見方にどのような影響を与えられるかを、真剣に考える必要がある。そこで、経営理念の浸透に成功し、また組織文化を育てることに成功した事例を振り返ってみると、それらに共通する、理念や文化の共有成功のためのつぎのような三つの条件も指摘できる。

- 理念や文化を、分かりやすくかつ理想を感じさせる「言語」で表現できている
- 理念や文化に沿った具体的行動を、多くの人が共通に「体験」する
- 理念や文化の「象徴」を、多くの人が知っている

第一の条件のいい例が、京セラの経営理念であり、またグーグルの「10の事実」である。そうした言語表現があるからこそ、人々が反芻できるし、新人もまた理解へのとっかかりを手に入れられる。

第二の条件の例としては、徹底的な顧客志向をしようとする企業が技術者や本社スタッフにも顧客回りを義務づけたり、典型的なキャリア・パスを多くの人が共有することによって組織文化の共有につなげようとしたりすることがあげられる。あるいは、経営理念の確認と経営方針の伝達のための一種の儀式に各地から多くのマネジャーを集める、多くの人の参加のもとでやる、というのも一つの例である。いずれも、理念や文化に沿った共通の体験をする、というのがその本質である。

第三の条件の例が、理念や文化を象徴する経営者そのものの存在感であり、彼らの「神話」である。京セラやホンダの創業者（稲盛和夫や本田宗一郎）の存在と彼らについて語り継がれる逸話（それが神話となる）が、この二つの企業にはある。さらには、こうした企業の英雄の劇的な行動もまた、象徴

の共有を助けるだろう。ペイジの「ムカつく」貼り紙はそのいい例である。

現場の背中を押す

現場の「内なる声」を通した自己刺激プロセスへの経営者あるいはリーダーからの働きかけとして、理念や文化の共有につぐ第二の手段は、経営者やリーダーの行動で直接的に現場の人々の「背中を押す」ことである。背中を直接に押されたことで、自己刺激プロセスが始まるあるいは加速することを狙うのである。

経営の現場ではないが、戦場で兵士たちを勇気づける大きな要因が、将の姿・行動である。それが彼らの背中を押すのである。たとえば、前線で自らの体を危険にさらすことをいとわない、あるいは中間地点で積極的に指揮する姿を見せる。具体的にはさまざまな姿がありうるが、基本は、自分は現場とともにある、兵士とともに闘う、という姿勢をはっきりと見せることである。それによって、兵士の心が奮い立つ。

同じことが、経営の現場のリーダーにも言える。リーダー自らの闘う姿、難局に立ち向かう姿勢を示すことが、一番の例であろう。前々項で紹介した、ウクライナ大統領の例は、戦場でもあるが、国の経営でのリーダーの姿のいい例であった。

あるいは、当時の運輸省の行動が宅急便普及への障害になっていた一九八〇年代半ばに、小倉昌男が闘う姿勢を明確にしたことも、現場の背中を押すことが最大の目的ではなかったにせよ、現場を奮い立たせる効果を持っただろう。

当時、宅急便の全国展開の段階で、全国各地への輸送網を確保するために、ヤマト運輸としてさまざまな路線免許を運輸省から出してもらうことが必要だった。しかし、新しい免許には既存の業者が反対する、というので運輸省がなかなか免許を出さない。そこで小倉は、運輸省という監督官庁を相手に、「不作為の違法確認」という行政訴訟に打って出た。その結果、時間の遅れを伴ったが、免許申請が許可された。

その後、宅急便の標準サイズを三つに増やした際に新しい運賃設定の許可申請を運輸省に出したときも、「宅急便独自の運賃設定は認められない」とやはり許可が出なかった。このときは、訴訟ではなく、新聞広告を利用して運輸省と闘った。「運賃申請をしたが許可が出ないから、すでに公表していた新運賃でのサービスが提供できず、申し訳ない」という広告を全国紙に出したのである。運輸事務次官が激怒したというが、このときも時間の遅れを伴ったが許可がおりた。

訴訟も新聞広告も、世間と従業員の目を前にしての、大胆な行動である。世間は味方につけたし、従業員たちは闘う経営者の行動に大きな勇気を（そしておそらくいくらかの不安も）感じたことだろう。小倉の行動はまさに彼らの背中を押したのである。

現場が、「いくらかの不安」を通り越して半信半疑の状態でも、背中を押すことの意味が大きいこともある。ホンダの創業者・本田宗一郎の「マン島レース参戦宣言」がその例である。

まだホンダが中小企業であった五四年、その頃のオートバイの世界最高峰のレースといわれていたイギリス領マン島での国際レースに、本田は参戦する宣言を社内外で公表した。

当時は、主力製品の不良品問題で会社が倒産の危機と噂されていた時期であった。従業員の多くが、この宣言には疑いの目を投げかけた。そんな挑戦より、目の前の倒産危機を乗り越えなければ、というのが彼らの多くの自然な思いだったろう。

しかし、本田は敢然と宣言し、五年後に実際に参戦し、その翌々年にはすべての排気量のクラスで完全優勝（一位から三位を独占）をなしとげた。この参戦宣言のしばらく後に、二代目社長になる河島喜好が「本当にマン島レースに出るのか」と聞いたときの本田の答えはつぎのようなものだった。

「何が何でも出る。もたもたしてると、どんどん置いていかれる。それにな、今みんなが苦労してる時だろ。こんな時こそ夢が欲しいじゃないか。明日咲かせる花は、今、種を蒔いておかなきゃいけないんだ」（拙著『本田宗一郎　やってみもせんで、何がわかる』p.105）

もちろん、この言葉を「バカな、こんなときに」と受けとった人も多くいただろう。しかし、「めげない本田宗一郎の姿と言葉」に元気づけられた人もたくさんいたのである。倒産危機を乗り越えるためのもう一踏ん張りの努力を促す、背中押しの例である。

こうした「現場の背中を押す」リーダーの行動が実際にプラスに機能するためには、つぎの三つの条件が整っていることが望ましい。

・自分の覚悟を見せるに十分な大きさの行動である
・理念や基本戦略の裏打ちがある
・現場の心が折れる前に、成果が生まれるよう工夫する

第一の条件の意味は、現場の背中を押すことに現場がきちんと反応するのは、リーダー自身の背中に大きな覚悟が浮き出ているときである、ということである。その大きな覚悟を見せられるだけの大きな行動でなければ、現場の感情を刺激することはできそうにない。

この条件は、ロシアと闘うゼレンスキー、運輸省と闘う小倉、その両方に共通している。「巨大な敵に立ち向かう」という大きな行動である。また、本田宗一郎の場合も、世界一の国際レースへのはじめての参戦、という大きな行動であった。

第二の条件は、背中を押している行動が、たんなる元気づけのジェスチャーではなく、理念や基本戦略の裏打ちがあり、大きな構想の一部であることである。だからこそ、その背中押しを現場が真剣に受け止める。逆にいえば、理念や基本戦略の裏打ちがない「形だけの背中押し」は、ただのジェスチャーと理解されてしまうだろう。

小倉の場合はあきらかに宅急便普及戦略の一環であったし、本田の場合は「レースの刺激によって自分たちの技術レベルをジャンプさせる」という戦略があった。

第三の条件が意味があるのは、現場の背中を押すことが必要な状況は、現場が苦しい状況であることが多いからである。背中を押されたそのときは頑張れても、その苦しい時間が長すぎると、現場の心は折れる危険がある。折れてしまうと、いくら背中をさらに押されても、現場は前には動かなくなってしまう。

小倉の場合、運輸省はしばらくすると認可を与えた。小倉にはその成算がある程度はあったのだろう。本田の場合、宗一郎は倒産危機を招いたエンジン不良をすぐに解決し、マン島レースも参戦した年にすぐにチーム賞を獲得した。その翌々年は完全優勝にまでもっていったのである。

中国の古典的兵書『孫子』の言葉に、「兵は拙速を貴ぶ」という言葉がある。多少つたない作戦でも、早く勝ちの味を味わえるような、その

意味で拙速をあえて行うような戦略が、現場の兵士の心が折れないためにはときに必要だ、という意味の言葉である。リーダーが背中を押すときも、やはり、理念や基本戦略にのっとったうえで、多少は拙速でも成果が早く見える工夫が重要なのである。

ヨコの相互作用の「場」をつくる

この項から、現場の人々の間の「ヨコの相互刺激」へと働きかける経営行動に議論を移そう。それは、つぎのような二つのしかけについての議論である。

・組織的しかけ——場のマネジメント
・戦略的しかけ——勢いの戦略

この項では、場のマネジメントの議論をしよう（場のマネジメントの詳細は、拙著『場の論理とマネジメント』を参照してほしい）。

現場の人々は、上を、タテ方向を見ているだけではない。人間はつねに周りも、ヨコも見ている。そして人間はじつに多様な情報メディアへの感覚能力を持っている。言葉を交わすことによって情報を交換するだけでなく、周りの人の表情や雰囲気からなにかを感じる能力を持っている。

そして人間は、たしかに個人ではあるが、全体という名の衣をまとった個人でもある。たんに、自分だけの利害を考えるのでなく、周りとの協調やみんなのため、などということも自然に考えている部分がある。それを全体という名の衣をまとった個人、とここでは表現している。

そんな人間のポテンシャルを、活かさない手はない。そこから、ヨコの相互刺激を「他人を通して事をなす」ための経営行動として重視する、という考え方がでてくる。多くの名経営者がやはりその大切さを考えている、と私は思う。

ヨコの相互刺激の大きな源泉は、ヨコの情報的相互作用である。現場の人々の間の、情報交換と議論というキャッチボールである。そのキャッチボールは、じつに多様な形でおきうる。ときには、言葉を交わさなくても、表情、目配せ、雰囲気だけでそれが生まれるのが、人間である。

そしてそうした情報的相互作用は、感情的存在としての人間の心理的刺激になることがしばしばである。だから、意味のある情報的相互作用は、心理的相互作用をふつうは引きおこす。

そうした二つのヨコの相互作用が頻繁に、そして「なにかのついで」のように発生する、とくに意図や努力を大量にしなくてもそうなるように仕向ける経営が、ヨコの相互刺激が持続的に発生することを狙う組織的しかけである。

その相互作用がおきるための「容れもの」が、「場」と私が呼ぶ概念である。だから、ヨコの相互作用のマネジメントを、場のマネジメントと私は呼ぶのである。

場の定義をすれば、つぎのようになる。

「場とは、人々がそこに参加し、意識・無意識のうちに相互に観察し、コミュニケーションを行い、相互に理解し、相互に働きかけ合い、相互に心理的刺激をする、そのプロセスの枠組みのことである」

こうした情報的相互作用と心理的相互作用は、べつに「場」というような容れものがなくても、単発的にあるいは密度薄くおきることはあるだろう。しかし、それが継続してかつ濃密におき、そこからなにかが現場で自己組織的に（いわば自然に）動きはじめるためには、情報的相互作用がなんらかの焦点、なんらかの集中をもって行われる必要がある。

そして、場という容れものによって境界が区切られることによって、そうした焦点や集中がつくられやすくなり、継続的で密度の濃い相互作用がおきるだろう。それはちょうど、やかんを熱したときに、やかんのカベがあるおかげで水の対流がおきて水が熱せられやすくなるのと同じである。場という容れものがないと、人間の間の情報的相互作用は拡散してしまってヨコの相互刺激にはつながりにくいのである。

その「場」として、具体的にどのようなものをイメージすればいいのか。

大別して、二つのタイプの場がありうる。一つは「モノがつくる場」であり、もう一つは「コトがつくる場」である。

モノがつくる場のもっとも分かりやすい例が、職場の物理的デザイン（つまりヒトの集まる空間というモノ）がつくりだす場である。小さな例でいえば、タバコ部屋あるいはコーヒースペース、という空間をつくると、そこに集まるヒトの間に情報的相互作用の場が生まれやすい。

さらに面白い例としては、前述のグーグルのオフィスの設計がある。意図的に狭いオフィスをつくり、そこに多くの人のデスクを詰め込む。それで、周りの人の会話や議論がその部屋にいる人たちの耳に自然に入る、あるいはちょっと話がしたければすぐに会話をはじめられる、ということを狙うのである（ただ、そんな狭い空間に長時間いるのでは多くの人が閉塞感を感じてしまうことへの対策であろうか、グーグルは本社の敷地の全体空間はきわめてゆったりと、彼らがキャンパスと呼ぶような環境にして、食事や休憩、レクリエーションの施設までぜいたくにしつらえている）。

これは、日本企業によく見られる大部屋オフィスと発想が似ている。ホンダの研究所では、飛行機の格納庫のような巨大なスペースの大部屋にみんなの机が並んでいる。しかも、その「格納庫」の壁の廊下に沿って、ずらりとガラス張りの小さな会議室がたくさんつくられている。

大部屋にすることによって、ホンダは情報的相互作用が自然におきるように意図している（グーグルと同じ）。そして、壁際の会議室の横を通る人にもなかの様子が目に入り、他のグループがどんな問題に取り組んでいるかがある程度は自然に伝わるように意図しているのだと思われる。

コトがつくる場の例としては、会議やミーティングの設定の仕方、運営の仕方があげられる。会議というコトの内容を工夫することによって、場が生まれやすくするのである。

たとえば、ホンダでは「ワイガヤ」という伝統がある。例としては、開発プロジェクトの重要なタイミングで、合宿形式で集中的議論を「ワイワイガヤガヤ」やる。あるいは、市場開拓で関係部署の調整が必要なときに、関係者全員が集まってワイガヤをやる。ワイガヤをきちんとやったかが、正式な組織としての承認プロセスでも一つの条件になることもあるという。ワイガヤという設定が、人々の間の情報的相互作用と心理的相互作用が濃密におきる場を生み出すのである。

あるいは、グーグルが創業直後から二〇一九年まで行っていた、ＴＧＩＦ（Thank God, It's Friday の略）という毎週の全社ミーティングも、場の意図的設定の例である。

毎週金曜の夕方に本社のカフェテリアに、創業者二人も参加し、社員たちがインフォーマルに集まり、ビールやワインなどを飲みながら議論をする。参加は自由で、創業者にみんなの前でなにを質問してもいい。そして創業者との質問タイムの前に、社内のどこかのグループが自分たちの活動のプレゼンと質疑応答の時間を持ち、また会の冒頭では新人紹介がある。グーグルの規模が拡大し、グローバル展開してからも継続された伝統のミーティングで、似たようなミーティングはシリコンバレーの多くの企業がまねている。

このミーティングは、たしかに創業者への質問タイムがハイライトで、タテのコミュニケーションでもあるだろうが、しかしさまざまなヨコの相互刺激がおきる場でもある。たとえば、創業者の答えへのブーイングがおき、その後より丁寧な説明とときには陳謝があるときなど、まさに連帯感が生まれるのではないか。第一、そこにみんなが集えば、自然に大量の相互の会話が生まれるだろう。

グーグルの規模が拡大していくと、このミーティングにオンライン参加できる工夫とか、経営者への質問事項の事前の投票による決定、などグーグルらしい工夫もなされていった。時差を超えた世界中からの参加者のために、開催日をシリコンバレーの金曜から木曜にずらしたりもした。しかし、規模の限界はあきらかで、一九年には「全社」ミーティングは廃止になった。

コトがつくる場のもう一つの例は、多くの人々が活動に自然に参加する大きなプロジェクトの実行である。たとえば、大型設備投資である。この投資を、たんに資金投下と設備新設というカネとモノの現象だけにとどめるのはもったいない。投資の実行プロセスで、投資計画の作成、その承認、実際の設備の選択からその運転の習熟まで、じつにさまざまなグループ活動が現場や本社で巨大な規模で一斉におきるはずである。

それを巨大な場とさまざまな小さな場の誕生と捉えて、それらの場でおきる情報的相互作用と心理的相互作用をヨコの刺激プロセスとして活用する、という発想があってもいい。たとえば、不況期の大型投資を経営者があえて選択するとき、投資実行から生まれる技術蓄積（つまり情報的相互作用からの学習）や前向きの大きな仕事をやることからの心理的刺激を狙っていることがある。また、そうしなければもったいない。

ホンダでは、四輪への進出を決めた直後に来た不況期にあえて四輪のための大型投資を行ったが、その背後には巨大な場の生成という意図もあったと思われる。

場のマネジメントについてくわしく述べることはこの本のスペースではできないが、以下では場のマネジメントとはなにをすることか、それが機能する条件はなにか、を概説しておこう。

場のマネジメントは、「場をそもそも生成させるためのマネジメント」と「生まれる場をいきいきと動かしていくための場のかじ取りのマネジメント」の二つからなると考えればよい。生成のマネジメントとかじ取りのマネジメントである。

組織のなかで場が生まれてくるプロセスには、他律的あるいは設計的な生まれ方と自律的あるいは創発的な生まれ方と、二つある。他律的な生まれ方とは、経営する側の人間によって場が設定されることで場が生まれるということである。場のメンバーにとっては、「他律」なのである。場の自律的な生まれ方とは、自然発生的に組織のメンバーのなかのある人たちが自分たちで場を生み出すような生まれ方のことである。それぞれの場の生成の現象を、場の設定、場の創発、と呼べるだろう。

したがって、場の生成のマネジメントは、場の設定のマネジメントと場の創発のためのマネジメントに分けると考えやすいだろう。場の設定のマネジメントとは、具体的な場が生まれるように経営が仕掛けることである。会議の設定、などがこのいい例である。

「場の創発」のマネジメントとは、場が自律的に現場から生まれてくるためのインフラ整備と創発のきっかけづくりをしようとする経営の努力である。職場の物理的デザインを情報的相互作用がおきやすいようにすることが、創発のマネジメントのいい例である。先の例示のなかでは、大型設備投資によって生まれる場には、より具体的な場の設定の意図がなされるものと、創発的に生まれる場と、両方がありそうである。

「場のかじ取り」のマネジメントとは、場が生まれた後で、その場を生き生きと駆動させていくための、そこでの情報的相互作用が活発に行われるように配慮する経営努力のことである。

場のなかで情報の流れが滞っている場合にはその障害を取り除き、情報の解釈について場のメンバーの間で深刻なちがいが生まれていたら、その統一解釈を得るように努力し、さらには場での相互作用をキックオフするようなきっかけをつくり、最後には議論に終止符を打って行動をとるように促す。そういったプロセス全体のかじ取りのことである。

こうした二つの場のマネジメントが適切に行われ、そのうえで場が機能するための条件として大切なものを三つ、指摘できる。

一つは、人々の場への参加意欲をきちんと確保することである。そのためには、場のリーダーへの信頼、場のメンバー相互の信頼が必要だろうし、そもそも場での自由な行動を可能にするように場のメンバーにかなりの行動の自由度が与えられる必要がある。

第二の場の機能の条件は、なんらかの形で場の焦点が具体性を持ってつくられることである。焦点とは、場の参加者の共通の問題意識となるものである。その焦点をめぐって、組織にとって意味のあるヨコの相互作用がおきやすいようにするのである。

第三の条件は、場の限界をよく知ることである。たとえば、一つの場の参加人数の規模などの限界であり、あるいは共通理解が生まれるかどうかを左右する文化の限界である。その限界を超えると、いくら場のマネジメントをしようとしても、有効な情報的相互作用などおきにくく、場は機能しない。前述のグーグルのグローバルなTGIFへの努力は、場の限界への挑戦といっていいが、結局は人数と地域的分散の限界に勝てず、全社のTGIFは一九年に中止された。

組織の勢いが生まれる状況をつくる

ヨコのメンバーとの情報的相互作用によって生まれる自己刺激ばかりが現場の自己刺激ではない。現場の事業状況そのものに経営側の行動による変化がおきて、現場の人々に自己刺激を与えるような事業状況がつくられることもある。その状況を感知した現場の人々が、自己刺激を感じるのである。そんな状況がつくられることによって、現場の多くの人々が前向きの動き、勢いのある動きをそろってとるようなものであることをイメージして、こうした経営行動の狙いを「組織の勢いを生む」と呼ぼう。

勢いとは、組織や社会の集団心理の一種である。なんらかの状況的要因が、現場を刺激し、プラスのフィードバックが現場の人々の間に生まれ、前向きの姿勢が高まっていく。一つの方向にベクトルが収斂しはじめる。その結果として、発熱現象とでも名づけたくなるような高揚が生まれ（それがときに過剰となってマイナスも発生しかねないが）、どんどん前進しつづけられるエネルギー自己供給メカニズムが生まれる。それが勢いである。

このエネルギー自己供給が「自己刺激」の一つの表れである。しかも、その自己刺激の結果として現場の人間が「勢いのある」言動をとっていることが、周りにも伝染していく。状況自体が現場の人たちに刺激を与え、その刺激を受けた人の行動がさらに別な人の刺激となり、こうして自己刺激がかなりの持続性を持ちうる。

そんな勢いを戦場での兵士たちの心理学として重視したのが、孫子である。彼の書いた兵法書『孫子』に、一気にタメを放って現場を大きく動かす作戦に出る重要性が説かれている。そうすれば、兵たちは羊の群れが駆られるように動く、と孫子はいうのである。

羊は、その群れのなかのどれかの羊がなんらかの理由で動きはじめると、他の羊もそれに従う傾向がある。それで一つの流れが生まれ、どんどんと動いていく。それを羊飼いが後から追えば、ますます群れに勢いが生まれ、それで群れの速度と方向が決まっていく。

人間の組織もこれに似ている。ホンダの創業者・本田宗一郎はこうした組織の勢いを生み出す戦略を、「組織に洪水を起す」というユニークな表現を使ってその重要性を強調した。彼は作家の城山三郎に自分の故郷の天竜川の洪水のことをこう語った。

「大自然というのはえらいもので、年に一度か二度、洪水を起し、流れの石や岩をひっくり返して、ふだんは落ちなかった汚れまで洗い落としてくれる。それで、(天竜川の)アユの匂いというか、風味までちがってくる。……人間にも会社にも、洪水は必要なんですよ。洪水を起さなけりゃ、うちみたいな後発の会社はどうにもならなかった。機械ひとつ動かすにしても、カタログどおりにやっていたのでは、置いて行かれるだけだった。うちはカタログにない無茶な使い方をした。その洪水のおかげで、今日があるんですよ」(城山三郎『燃えるだけ燃えよ　本田宗一郎との一〇〇時間』p.154)

本田が起こした組織の洪水は、常識をひっくり返す行動を本田自身がとることによってもたらされた。それは、大量の高級工作機械を輸入した(一九五三年)後の機械の無茶な使い方だけではなかった。

五四年のマン島TTレースへの挑戦宣言（実際の参戦は五九年）も、六三年のF1への挑戦宣言（実際の参戦は六四年）も、まさに多くの人々を巻き込んだ洪水であった。そうしたつぎつぎの洪水によって、ホンダという組織の現場に集団的自己刺激が持続的におきることになり、「組織の勢い」が生まれていった。

組織に勢いを生む戦略の多くに共通する典型的なパターンが三つある（組織の勢いを生む戦略については、拙著『経営戦略の論理』第7章によりくわしい解説がある）。

・組織がめざすべき将来像を象徴するような「旗をかかげ」、その方向へリーダー自身が跳躍する
・自分たちの限界を超えるような背伸び戦略という無理に挑戦する
・そこまでやるかのつるべ打ち

本田の洪水戦略には、この三つのパターンがいずれも出てくる。

本田がかかげた旗とは、工作機械の常識を超えた使い方をして、生産の質を大きく上げるという旗。マン島レースに挑戦してエンジン技術を飛躍させるという旗。F1に挑戦して四輪技術の最高峰に挑むという旗である。それらの旗をその時々にかかげ、自らが先頭に立ってその実現に邁進する姿を、本田は従業員たちに見せた。

そしてその挑戦のいずれもが、そのときのホンダの実力からすれば「限界を超える」と批判されかねない、背伸びの戦略であった。私は、現在の自分の実力（背丈）を超えるような事業行動に挑戦す

る戦略をオーバーエクステンション戦略と呼んでいる。多くの成長企業が成長の踊り場でとる戦略である。その挑戦プロセスから真の実力が大きく向上することを意図的に狙った戦略である。

旗をかかげ、オーバーエクステンションを狙う、という戦略は、それを成功に導く努力のプロセスで、現場の人々に前向きのインパクトを与える。そして、その戦略がすこしずつ成果を見せはじめると、その成果が人の心を後押しして、組織に勢いが生まれるのである。そしてその勢いがさらなる相互刺激を生み、旗をかかげたプロジェクト以外でも、オーバーエクステンションを狙っていない分野でも、現場に活力が出てくることが期待される。波及効果である。

そのうえ、本田は、こうした挑戦を短い期間につぎつぎと行った。もちろん、一つの挑戦の最初の成果が出はじめた後につぎの挑戦の手を打つのであるが、現場の人々からすれば、「そこまでやるか」と思う戦略がつるべ打ちのように打たれた、という感覚であったろう。そのつるべ打ちが現場の自己刺激を休みなく生み、組織に勢いが生まれていくのである。

こうした組織の勢い戦略が現場の自己刺激活性化として実際に機能するためには、つぎの三つの条件が一般的に必要だろう。

・組織に一体感がすでにかなりある
・リーダーへの信頼感がある
・一過性の心理的高揚でなく、事業状況に変化が生まれる

第一の条件は、勢いを生める土壌が現場の側にすでにある、と言い換えてもいい。勢いは、人々の

心がバラバラの状態の組織では生まれにくい。まず、組織の一体感をつくるための施策が必要で、その後で勢い戦略が自己刺激を生み出すのである。

第二の条件は、かなり「無理なこと」を要求する組織の勢い戦略（先に述べた典型的な三つのパターンはまさにそう）に人々がついていくのは、リーダーへの信頼感があってこそ、ということである。リーダーの背中が信頼できなければ、無理な挑戦での苦労をあえてしようなどとは多くの人は思わないだろう。

そして第三の条件は、勢いが短期的にしぼまないための条件である。生まれる勢いを活かしてどんな事業状況へと変わっていけるのか、その道筋をリーダーは示す必要がある。たんにお祭り騒ぎだけでは、本物の組織の勢いとはいえない。

経理担当役員としての、現場の自己刺激プロセスの活性化

これまでの章と同じように、組織のなかの特定部門のリーダーを想定して、この章の議論がどのようにその人の経営行動、とくに現場の自己刺激プロセスの活性化に当てはまるか、を最後に考えておこう。この章では、経理担当役員を例にとってみる。

経理担当役員にとっての「現場」は、二つあると考えるべきだろう。一つはもちろん、このリーダーが担当する経理部門という現場である。経理部の人々であったり、工場の原価計算担当部署が入るだろう。しかし、経理システムという会社全体を覆うようなシステムの設計と運用もこのリーダーの任務だろうから、その場合の現場はじつは「会社のさまざまな部署の人々」ということになる。

つまり、経理計算がすべての事業活動に伴ってなされるように会計の仕組みができているために、

自然と経理担当役員の現場は会社全体の現場の人々、ということになる。とくに、経営のための会計システムである管理会計は、会社全体に影響を与えるシステムなのである。

管理会計システムは、たとえば事業ごとの利益を測定したり、個々の製品のコストを計算するシステムだし、また事業予算をつくるシステムもまた管理会計の一部として運用されることが多い。そうした管理会計システムはしばしば、上の人の（たとえば本社の）意思決定のための（たとえば投資）情報を提供するシステムとして捉えられている。

しかし、そうした情報収集（測定と報告）は同時に、管理会計データが測定対象にしている部署や製品の担当者たちの行動にも、インパクトを持っている。それは、人間が業績を測定されると、測定される数字をよくしようとして行動を変えることがしばしばだからである。行動を変える理由は、測定される数字への他者の目（評価の目）を気にするからでもあるが、しかし自分の内なる目としてなんとか数字をよくしたいと思う人が多いからでもある。マラソンのタイムを自分はいかに縮められたかを気にするアマチュアランナーのように。

だから、現場「からの」情報システムとしてだけでなく、現場「への」影響システムとしても管理会計システムは機能している。そこで、経理担当役員の現場の大切な部分が、全社の現場ということになり、彼ら現場の人々の自己刺激プロセスを管理会計システムの工夫を通して活性化できないかが、経理担当役員の大事な仕事になる（こうした視点や以下に説明する現場への工夫の詳細については、拙共著『現場が動き出す会計』を参照してほしい）。

たとえば、京セラにはアメーバ経営という仕組みがあり、生産現場の工程ごとにきわめて少人数（一〇人以下）のアメーバと呼ばれる小組織がつくられている。そして各アメーバの業績がきわめて短い時間の単位（たとえば週）で計算され、現場の人々にすぐ分かるようになっている。

しかもその業績計算では、次工程へ半製品を送るとそれがそのアメーバの「売上」として計算され、前工程から受け取る仕掛品は「仕入れ」として計算され、その売上と仕入れの差からアメーバ自身の作業が使う材料費などをさらに差し引いた金額（いわばアメーバが生みだす付加価値）が疑似的な採算数値となる。その採算数値をこのアメーバが使った総労働時間で割ったものを、京セラでは「時間当たり採算」と呼び、それが基本的な業績数値となる。全社的にすべてのアメーバ間のヨコ比較が可能な数値である。

この業績数値をよくするためには、自分たちが使う労働時間を減らしながら生産量を確保する効率化の努力をする、次工程が受け取ってくれる「売上」を大きくできるよう質の高い生産をする、前工程から受け取る仕入れを小さくする、などの行動をとるように現場が刺激されることになる。

さらに、こまごまとした生産プロセスの工夫や日常的な調整のために、アメーバ内で相談プロセスが頻繁におこることが期待されている。この章の言葉を使えば、アメーバが情報的相互作用の場として機能することが期待されているのである。

さらに、「現場で生産の工夫のためにモノを考え、現場が自分たちが次工程へ送り出す売上の値決めにも関心を持つ」という形で、京セラの組織文化を根づかせるための効果も期待されている。アメーバの経営をよくするために現場がモノを考えるようになる、その思考プロセスをさまざまに指導する、などによって京セラらしい思考様式を現場の人々が習得していくことを促進しようとしているのである。

京セラには数千のアメーバがあるが、その一つひとつでこうした現場の自己刺激が活性化されれば、個々のアメーバでの効果はかりに小さくても、それらを累積した効果はバカにならない大きさになるだろう。

経理担当役員の現場の自己刺激への別の役割の例をあげれば、予算作成とその予実管理（予算と実績の比較）プロセスの全体の運営を適切に行うことによって、予算策定を「本社が現場に予算を強制的に与える仕組み」として使うのではなく、その管理プロセス全体で本社と現場との間の対話や議論の場を活性化するための仕組みとして使うことも可能であろう。

あるいは、大きな投資プロジェクトの承認のプロセスで、「堅いことばかりをいう」というイメージがある経理担当役員が、戦略的に重要なプロジェクトであえて積極的な意見を述べれば、それは「投資に乗り出す、そこから組織の勢いが生まれる」というプロセスの手助けをすることにもなるだろう。

こうした役割をきちんと果たしている経理担当役員が現実に多いかどうかについては疑問の余地はあるが、そんなポテンシャルもあることは確かなのだから、それを有効利用しないのはもったいない。現場の自己刺激への手助け、という視点を経理担当役員が持つことのメリットはそこにある。

経営者コラム

本田宗一郎

Management Column — Soichiro Honda

本田技研工業（ホンダ）の創業者である本田宗一郎という名物経営者には、豪放磊落で明るいリーダーというイメージがあるが、じつはその裏で人間の心理を深くきちんと考える「人間の達人」とでもいうべき経営者でもあった。だから、現場の自己刺激プロセスを活性化することをつねに考えていた（以下の内容をよりくわしく知りたい読者は、拙著『人間の達人　本田宗一郎』を参照してほしい）。

彼の経営者としての最大の功績は、ホンダという企業を彼の社長在任中に浜松の中小企業から全国的に有名な大企業に育て上げたことではなく（それだけでも大変立派な功績だが）、彼が一九七三年に退任した後も数十年間にわたってホンダが成長をつづけて世界的な大企業になったこと、そしてその成長を可能にしたホンダという組織のDNAをつくり、かつその伝承に成功したことであろう。

彼は社長退任直後から、全国のホンダの工場や販売店・修理工場をすべて自分で訪れて、現場の人々に感謝の気持ちを伝える行脚をした。すべての現場を訪れるのに一年半かかった。社長になった直後に現場を訪問する社長は多いが、社長退任直後にすべての現場を自ら訪れる社長は滅多にいない。だから、現場の人々はとくに喜んだ。それは、「現場を大切にする」というホンダの文化を象徴するような前社長の行動であった。

あるいは、意外に思えるかも知れないが、本田は理念や哲学を中小企業の頃から大切にする経営者だった。現在もホンダの経営理念の柱として公表されている「三つの喜び」（造って喜び、売って喜び、買って喜ぶ）という基本方針を本田が社内報に書いたのは、五一年。創業後わずか三年目であった。

本田は、こうした経営理念や組織文化が根づくことに貢献した、象徴的な行動や言葉を多く残している。それらが一種の神話となって、ホンダDNAの伝承に役立っている。

前述の「組織には洪水が必要」という分かりやすい言葉もその例であるし、あるいは社長退任直後の現場訪問のときに、現場の修理工がつい油にまみれた手を握手の際に出しそうになり、手を拭こうしたときの言葉ももう一つの例である。本田はこういった。「いや、いいんだよ。俺は油の匂いが大好きだ」

技術を鍛錬するための高速学習の場としての世界的レースにつぎつぎと参戦するというのも、象徴的意味の濃い行動の例である。これは、技術こそがすべての源というホンダDNAを象徴する行動であり、また人々が奮い立つ場でもあったし、さらには、そうしたレースへの挑戦は、経営人材の育成の場ともなっていた。

本田の社長退任後の三代の社長（河島喜好、久米是志、川本信彦）はすべて現場のレーシングチームの監督経験者である。本田の指揮のもとでそうしたレースのマネジメントを経験することで、ホンダのDNAの相当な部分が後継者たちに受け継がれたであろう。

本田は現場の人々と賑やかなことをすることが好きだった。その一つが、アイデアコンテストである。珍妙な乗り物でもなんでもいい、面白いアイデアを実際にモノにしたものをみんなで披露し合う大会である。それが、現場でみんなが知恵を絞ることの刺激になり、かつ常識にとらわれないアイデアの大切さを強調する機会にもなる。さらに、みんなでワイワイと騒ぐ機会でもある。さまざまな自己刺激が集中しておきる「場」を、本田はつくっていたのである。

本田の引き際の見事さも、「若さを大切にする」というホンダのDNAの原点の一つとなった。彼はホンダ創業後二五年で、六七歳のときに社長をきっぱりと退いた。後任の河島は四二歳の若さであった。

本田は、行動の人であり、かつ理念の人であった。彼が残したこんな言葉が、それを象徴している。

「理念なき行動は凶器であり、行動なき理念は無価値である」

第5章 想定外に対処する

想定外はつねにおきる

これまでの四つの章の議論をひとことでまとめれば、経営行動として組織のコンテキスト（状況的枠組み）の設計の議論、ということになるだろう。未来への設計図を描く、他人を通して事をなす枠組みをつくる、という、現場で動く人々にとっての行動の大枠（つまりコンテキスト）の決め方についての議論である。

それは、将来についてのさまざまな想定、前提のうえに、もっとも有効と思われる設計図や枠組みを考える、という議論であった。いわば、「こうしたい」「こうなりたい」という絵を、現実的と思われる想定を積み重ねて描く議論なのである。

そしてそうした絵が示すコンテキストのもとで、組織は現実の環境のもとでの活動を行う。絵の描き方に良し悪しのちがいはあるかも知れないが、なにかの絵にもとづいて現場が動き出す。そのとき、絵を描いた際に想定したような環境条件とはかけ離れた現実がしばしば出てくるものである。つまり、想定外がおきる。そんな想定外がおきたとき、経営者やリーダーはそれを放置するわけにはいかない。なんとか対処することを考えなければならない。

それは、絵を描き直す、という対処かも知れない。想定外がもたらす混乱をなんとか最小のマイナスでとどめるために当面の修正努力をする、という対処かも知れない。他にも対処の仕方はありそうだ。

そうした想定外がおきたとき、どのような経営行動をすべきか。また今は具体的には分からない想定外がおきることを考えて、どんな事前の準備がありうるのか。それらが、「想定外に対処する」という経営行動の議論であり、この章のテーマである。

「はしがき」でも触れたように、「経営」という言葉の英語版である「マネジメント」あるいは「マネジする」という言葉のもともとの意味には、「なんとかする」という意味がある。なにがおきてもなんとかするのが、マネジということなのである。

したがって、想定外に対処する経営行動の議論は、マネジメントという言葉の語源にもっともふさわしい議論なのである。

しかも、想定外はつねに、どこの組織にもおきる。大きな想定外もあれば、小さな想定外もあるだろう。悪い想定外だけでなく、いい想定外があるかも知れない。しかし、人間にとって未来が不確実なものである以上、想定外（事前の予想とはちがうこと）はつねにおきるのである。だから、そんな想定外にどう対処するのがのぞましいか、という経営行動の議論は、きちんとしておく必要がある。

この本を書いている二〇二二年の世界を例にとれば、大半の組織・企業にとっての大きな想定外は二〇年に始まった新型コロナウィルスの世界的流行であろう。さまざまな産業の企業に甚大な影響を与えた、誰も思ってもみなかった想定外である。

あるいは、もっと日常的に多くの企業におきる中規模の想定外の例としては、大きな顧客クレーム、設備投資のトラブル、サイバー攻撃、工場火災、技術革新による自社市場の縮小などであろう。さらに小さな想定外はさまざまな現場で日常的におきているだろう。

すべての小さな想定外に経営者あるいは組織のリーダーが深く関与すべきではないだろうが、最初は小さな想定外としてはじまった現象が大きな想定外へと膨張していくこともときにはあり、それは警戒すべきことでもある。

この本で何度か紹介しているグーグルでも、〇九年に大規模なハッカー攻撃を受けたことがある。小さなハッカー攻撃はそもそも想定内の事件だが、このときのハッカー攻撃はグーグルのサーバーへのアクセス方法までも突き止められたうえに、グーグルの提供するGmailというメールサービスの顧客メールにハッカーがアクセスする、という悪質なものであった。大きな想定外といっていい。

ことの重大さに、創業者の一人、セルゲイ・ブリンがすぐに陣頭指揮をとって対策チームを立ち上げた。そして、中国からの攻撃ということが判明し、中国政府がすでに中国内部でのメールなどの検閲を要求していたこともあって、検閲に基本的に反対するグーグルは巨大な市場であるはずの中国ビジネスからの撤退という戦略変更にいたるのである。

世の中、悪い想定外だけでなく、もちろんいい想定外もある。世界的なコロナ禍を出発点におきたコンテナ船の運賃急騰は、日本の船会社にとっては巨大ないい想定外となった。国際的なサプライチェーンが寸断されて輸送が乱れたうえに、それでも国内需要がそれほど落ち込まなかったアメリカ向けのアジアからの海上輸送の需要が拡大したことが、運賃急騰のお

もな原因であった。結果として、長期低迷に悩んでいた日本の船会社のコンテナ船事業は、巨額の利益で潤うことになった。

いい想定外の方が、悪い想定外がおきた場合と比べると、「きちんと」対処することがかえってむつかしいかも知れない。いい想定外だから、業績は自然に上がる。その陰で、タナボタが組織に緩みをもたらすかも知れない。あるいは、いい想定外がもたらしうるメリットをきちんと活かし切れないという機会損失が発生するかも知れない。

いずれの想定外にせよ、想定外がおきるということ自体は、組織の経営者やリーダーにとって想定内であるべきであろう。しかし、経営学の教科書に「想定外にどう対応するか」という議論が一つの章として取り上げられている例は寡聞にして知らない。

想定外だからまとまった議論などできないという思い込みがあるのか、あるいは想定外の現象とその対処のデータなどあまりないだろうから研究の対象になりにくいのか。経営学の教科書を書く経営学者にとって想定外が議論の対象にならない理由は私にもよく分からないが、現場の経営者やリーダーたちには想定外対応が仕事の重要な部分という実感はある、というのが私の強い印象である。

彼らの実感ももっともである。想定外への対処の失敗が大きな業績ダウンや組織の評判の大きなマイナスにつながる危険が、かなりあるからである。そしてそうした対処の失敗が累積すると、組織の本格的再建を必要とするような長期低迷につながってしまう危険もある。組織の再建は、最大の想定外対処の一つともいえそうだ。

こうした経営学の概論書としては新しい挑戦となる「想定外への対処」を、この章では以下のような順序で説明していきたい。

PREVIEW

▼三つの想定外マネジメント（事後的対処、事前の備え、未来に活かす）
▼事後的対処の基本プロセス
▼事前の備えをする
▼想定外を未来に活かす
▼想定外対処の基盤としての、リーダーシップ

三つの想定外マネジメント

この章のタイトルを私は「想定外に対処する」としたが、その想定外マネジメントには、三つのタイプがある。想定外のできごとがおきてしまう時点をもとに時間軸を考えて、想定外の事後、想定外の事前、想定外後の未来、という三つの時点での経営行動をどうするか、である。

想定外の事後では、おきてしまったできごとにどう対処すべきか、という経営行動が必要になる。想定外の事前では、事前には具体的に予測ができないなにかの想定外がおきてしまうことを考えて、どんな事前の備えをしておくべきか、が課題となる。さらに想定外後の未来という時点を考えると、そこでは、想定外への対処行動をいかに短期的な対処にとどめず、その対処結果を未来にどう活かすか、を考えることが課題となるだろう。

この三つのタイプの経営行動の全体が、想定外マネジメントの全体像ということになる。そして三つのタイプのいずれでも、具体的な想定外のできごとの種類によって対応行動は多種多様だろうから、

それを一般論として対処のマネジメントを具体的に論じることはむつかしい。したがって以下では、三つの時点での対応行動の基本的な考え方についての議論をまとめることにしたい。

まず、想定外への事後的対処から。

想定外のできごとがおきた後の事後的な対処という経営行動が、想定外マネジメントとしてはもっとも重要であろう。それが次項のテーマであるが、そこでは三つのパターンの対処行動が大切だと思われる。想定外の「中和」、想定外からの「再起動」、そして想定外を利用しての「切断」である。

「中和」とは、想定外がもたらす困難そのものをどう「中和化」するか、当面の対策をどうするか、の議論である。想定外の被害を小さくする行動といってもいい。

「再起動」とは、想定外のできごとがおきたとき、そのおきてしまった状況を出発点に、「未来への設計図を描く」「他人を通して事をなす」というこれまでの四つの章で説明してきた経営行動をすばやく再起動させることである。想定外前の設計図や組織への刺激の仕方をつづける、という再起動もあるだろうし、あるいは想定外前の経営行動の基本の一部を修正して、修正後の再起動ということもありうるだろう。

第三の事後的対処のパターンである「切断」とは、想定外対処をせざるを得なくなった状況をある意味で「チャンス」と捉え、過去からの古傷（組織として変えたかった古い患部）を切断する、ということである。想定外がその患部を直撃していなくても、想定外が大きな緊急対応を必要とすると多くの人が思うという状況を利用して、組織への説得がこれまではむつかしかった古傷を切断してしまうのである。

都市に大火災という想定外がおきたという事態を例をとれば、中和とはまず火を消すこと、再起動とは市民生活の再開への行動であり、そのなかにはつぎの防災計画をつくることが入ることもあるだろう。そして第三の「切断」の例は、これまでの街のあり方を大きく変える大胆な都市計画をすることであろうか。

関東大震災の直後に、当時の東京市長だった後藤新平が昭和通り開通をはじめとする東京の都市改造計画を中心とする震災復興計画を大胆につくり、古い町並みをかなり一新してしまったのが、「切断」の例である。

つぎに、事前の備えの基本論理について。ここでは二つのタイプの「事前の備え」がありそうだ。一つは、想定内の例外に備えるという事前の備えである。おきそうな未来、しかし現在の経営計画では中心的な想定とはなっていない事態、を想定内例外とここでは呼ぼう。おきうることは想定内だが、しかしそれを前提としては経営計画などがつくられていない、という将来事態である。

このタイプの事前の備えの例が、コンティンジェンシー計画（緊急事態対応計画）と呼ばれる、不測の事態がおきたときのための計画づくりである。関東で大きな震災がおきうることを想定内例外として考え、そのために関西に重要活動拠点をバックアップとして持つことにし、それをいざというときにどう起動させるかの計画をつくっておく、というのがその例である。

ただし、この想定外は、例外的にせよ想定内でおきうると思われているのだから、真の想定外ではない。では、真の想定外に事前に備えるということはなんだろうか。

それはおもに組織的能力の基盤をしっかりしておく、という事前の備えになるだろう。想定外がおきても、うろたえてなす術もなく茫然とする、という事態にならないための事前の備えである。想定外のおきにくい体制、想定外への対処がしやすい体制や能力基盤、などを備えるということになるだろうが、想定もできないことにどう事前に備えるのかという矛盾をはらむ議論になりそうだ。

第三のタイプ、「想定外後の未来に想定外対処行動を活かす」マネジメント、も項を改めて以下で議論するが、そこでの議論の基本は、想定外対処に努力するプロセスで組織や人々が鍛えられることが十分ありうるので、その鍛えを大きくし、かつその鍛えの成果を未来に活かすにはどうすべきか、を考えることになるだろう。

事後的対処の基本プロセス

想定外がおきてしまった後の、事後的な対処の基本としてリーダーがとるべき経営行動を、時間的な順序も考慮に入れてあえて五つのポイントにまとめると、以下のようになるだろう。もちろん、大きな想定外の場合を中心にまとめてある。さまざまな事後的対処プロセスを観察しての、私の帰納的な結論である。

- ・リーダーが先頭に立つ
- ・想定外でなにがおきたか、その共通理解をつくる
- ・想定外からの被害の中和策を考える
- ・環境のなかの自分の立ち位置を見直す
- ・対処の基本方針をつくり、だがときには細かな朝令暮改も辞さない

リーダーは逃げてはならない。先頭に立って想定外対処に当らなければならない。想定外の大きな

できごとがおこれば、現場は浮足立つのがふつうだろう。そこにリーダーが現場に出て先頭に立つことが、どれほど心理的安定に意義があるか。

事後的対処の具体的行動にはさまざまな現場の細かな行動が必要となるだろう。それをやってくれるのは、現場の人々である。まさに、「他人を通して事をなす」なのである。彼らの信頼を勝ち取るために、リーダーが「現場に出る」こと、そこで先頭に立つこと、それが重要である。

グーグルが中国からの大規模なハッカー攻撃を受けたとき、創業者の一人・ブリンは自ら先頭に立った。あるいは、組織再建という最大級の想定外対処をソニーのなかで少なくとも三回ほど実践した平井一夫（最初はソニー・コンピュータエンタテインメントアメリカの再建、二回目はこの子会社の日本本社の再建、三回目はソニー全体の再建）も、こう書いている。

「つらい仕事ほどリーダーがやる。……むつかしい判断になればなるほど、リーダーはそういうシーンから逃げてはならない」（平井一夫『ソニー再生』p.86）

先頭に立ったリーダーは、まずなにをやるべきか。それは、現場とのコミュニケーションである。それが想定外対処の初動のマストであろう。

なぜかというと、想定外だからこそ、現場も混乱している。その混乱が大きいままで放置されると、混乱は膨張し、現場はますます浮足立つ。現場の混乱を小さくする基本は、想定外のなにがおきたか、なぜおきたか、その本質の理解を現場とリーダーが共有することである。

だから、先の五つのポイントの第二（想定外でなにがおきたか、その共通理解をつくる）が重要なのである。そして、そのためにもリーダーが先頭に立って現場に出ることが必要であろう。

もちろん、共通理解が完全にできることなど、無理であることも多い。その無理を承知のうえで、しかし理解の重大な齟齬を現場との間に生じさせないように注意しなければならない。とくに、想定外がおきたときには、多くの人々が想定外がおきたということ自体を認めたくないという偏りを持つことがある。「なぜ想定していなかったのだ」という叱責の声が外から聞こえてくることを想像するからである。

だから、最低限の共通理解をつくるのも簡単ではないことが多い。それだけに、現場とリーダーの間の共通理解の努力が重要なのである。ときにはリーダーは、最後は「押し付け」てでも、共通理解を「宣言」する必要があるかも知れない。ただし、そこまでのプロセスでは懸命に現場の「言い分」に耳を傾けて、最後の共通理解への納得性を担保する必要はあるが。

この共通理解をつくる努力と並行して、第三のポイントが重要であろう。「想定外からの被害の中和策を考える」ということである。

グーグルの例でいえば、ハッカー攻撃からのシステムトラブルを解決し、そして類似の攻撃を受けないような予防策をつくるようにリーダーが現場に指示することである。ブリンの場合、さらに自分自身がその対策チームに加わった。

平井のソニー・コンピュータエンタテインメント本社の再建の場合、主力商品のプレイステーションの新型モデルが高性能プロセッサーを積んだりして価格が高くなりすぎていた。それもあって、売れ行きがはかばかしくなかった。そんな製品開発が前任者によって行われていたことが、組織にとっても再建役の平井にとっても、想定外だったろう。だから、この商品のコストダウンを地道にしかし

きびしく行うことが、被害の中和策であった。

そうした中和策の具体的アイデアは現場から生まれてくる。しかも、具体的アイデアを素早く実行しないと、想定外からの被害が膨張する危険もある。想定外対処の鍵の一つは、こうした想定外からの被害の膨張を防ぐことである。だから、早い行動が鍵となるだろう。

さらに、被害の中和を考えるだけでなく、想定外を理解したうえでの「再起動」の行動をリーダーは決める必要がある。そのために、第四のポイントが重要になる。「環境のなかの自分の立ち位置を見直す」

そのためには、想定外でおきてしまったことが自分たちの組織をどんな立ち位置に置いてしまっているか、それを環境の大きな地図の上で位置づける必要がある。そのうえで、必要ならば「未来への設計図」を描き直し、あるいは「他人を通して事をなす」工夫の基本を考え直す必要がある。

たとえば、平井がプレイステーションの新モデルの価格がきわめて高くなってしまったという想定外にぶつかったとき、彼はそれがプレイステーションという製品そのものの本質をどう捉えるかという問題にかかわっていると考えた。

平井の前任者（天才的技術者でもあった）は、きわめて高性能のプロセッサーを積んだプレイステーションの本質を「個人用のスーパーコンピュータ」と捉え、たんにゲームをプレイするだけでなく、個人用のＩＣＴネットワークの中核マシンと捉え、ソニー全体を改革する基盤にしたかった。だから、高価格になっても超高性能を追求した。しかし平井は、プレイステーションはあくまで「ゲーム機」だと捉え、ゲーム機として許容範囲に入る価格設定をしなければダメだ、と考えた。

つまり平井は、ソニー・コンピュータエンタテインメントの未来への設計図の本質部分の描き直しを考えたのである。自分たちの立ち位置を定義し直した、といっていい。そしてその新しい設計図から、想定外対処のすべての行動を再起動させた。

もちろん、他の状況では、想定外を大きな地図の上に位置づけたうえで、自分たちの立ち位置の根本的修正は必要ないと判断される場合もあるだろう。その場合は、新しい設計図での再起動は必要なく、もとの設計図にいくらかの修正を加えるだけでいいだろう。自分たちの立ち位置を見直すということが、すぐにがらがらポンにつながることは必ずしも必要ではないのである。

もっともグーグルのハッキングの事例では、中国からの攻撃という想定外を大きな地図の上に位置づけると、中国での事業からの撤退が必要という最終判断になった。大きな立ち位置設計の変更をしたうえでの再起動になっている。

想定外への事後的対処の第五のポイントは、対処の基本方針の一貫性と臨機応変な朝令暮改の柔軟なミックスを考えることである。対処の基本方針の一貫性とは、想定外対処の基本方向についてゆるがない一貫したスタンスをリーダーが持ちつづけることである。

平井がソニー本社の社長としてソニーの再建役を担った際、エレクトロニクス部門が長年の赤字をつづけるというソニーとしては想定外のできごとがおきていた。平井は、全社的に「聖域なき構造改革」をこの巨大な想定外対処の基本方針の一つとした。

そして、その方針を組織全体に伝えるためのメッセージともなる経営行動として、ソニー・アメリカの本社ビルの売却という強力な手段をすぐにとった。マンハッタン中心部にある、有名なビルであった。「あれを売ってしまうのか」と社員の多くが驚いたことだろう。

だが平井自身は、自分がニューヨーク勤務だった若い頃から「こんな贅沢なビルが必要か」と思っていたという。他の社員で同じように考えた人が多くても、不思議ではない。もちろん、売却によって財務体質を改善することが第一の目的だが、同時に、この売却は過去からの古い患部をこの際に「切断」する、という例にもなっている。

想定外対処の基本方針は一貫して維持すべきであるにしても、もっと細かな対処行動については、極端にいえば「朝令暮改」を辞さないくらいの柔軟性が必要とされることも多いであろう。なにせ、想定外のことがおきているのであるから、混乱が生まれるのがふつうで、現場のあちこちでいったん動き出した想定外対処行動をすぐに新しい情報で改める必要が出てくるのは、当然なのである。

しかし、こうした一貫性と柔軟性のミックスは、案外とむつかしい。だが、そのむつかしさが想定外対応の本質の一つ、と覚悟すべきであろう。そして、「変えるべきでない一貫性」を考えるうえで、経営理念や組織の存在意義が意味を持つ。そもそも自分たちはなにをする組織として社会のなかに存在を許されているのか、である。それを考えた基本方針を決めたうえで、しかし現場でのこまかな対処の朝令暮改もありうる、と考えるべきであろう。

事前の備えをする

前項のような事後的対処の負荷を小さくするために、事前の備えを「想定外ではあるのだが」それなりにしておくこともまた重要である。それが、想定外マネジメントの第二のタイプである。

その事前の備えとしては、つぎの五つのポイントがしばしば重要となるであろう。

—・不必要な想定外を少なくする—

・想定外を早く感知できるような仕掛け
・平時のリーダーシップ
・現場の結束力
・事前の「算」

想定外とはいっても、事前によく考えておけばかなり発生確率が高いと見込まれるような想定外もあるだろう。それは、本人たちの思考の範囲では想定外だった、という意味で想定外になっていただけのことである。

この想定外は、ある意味で、よく考えておけば対策を事前に講じておけるような想定外である。それをここでは「不必要な想定外」と呼んでいる。そんな不必要な想定外をつくらないようにするために、コンティンジェンシー計画（緊急事態対応計画）をつくろう、という話が出るのである。

いわば、ありうることは想定内ではあるが、それがおきることは中心的前提にしていないようなインパクトのある現象をコンティンジェンシー（緊急事態）と呼び、それに対応するための計画を事前につくっておくのである。

事前の備えの第二のポイントは、想定外の事態がおきてしまった後に、その事態発生をなるべく早く正確に経営者やリーダーが把握できるような異常事態感知システムを用意することである。さらに、異常事態をきちんと現場で観察できるような人材を現場に配置することも重要であろう。システム頼りでは、そのシステムが想定している範囲の事態しか把握できない危険がある。

こうした想定外早期感知の仕掛けをつくるときにとくに気をつけなければならないのは、想定外の悪い情報は上がりにくい、という多くの組織の習性である。だから、ふだんから上下のコミュニケーションをよくする努力をしておくことが、地味ではあるがもっとも大切な想定外早期感知の基盤かも知れない。

さらに、管理会計システムなどの下部組織の成果測定システムをきちんとつくり、それを日頃から短いサイクルで回すようにしておくことも、想定外早期感知に貢献するだろう。これも、情報が悪い情報かどうかに関係なしにきちんと上へと情報が伝わるような仕掛けである。

つまり、組織的なコミュニケーションと成果測定システムというごく当たり前に聞こえる組織運営の基盤をきちんと整備しておくことが、想定外早期感知に貢献するのである。

さて、前項の想定外事後対処のポイントの第一に、リーダーが先頭に立つことの重要性をあげたが、そこには暗黙の前提があった。そのリーダーが実際に現場の信頼を得られているという前提である。信頼の薄いリーダーであれば、仮に先頭に立ったとしても、その人の行動にみんながついていこうとも思わないであろう。リーダーシップがとくに重要となる想定外発生時には、これはきつい。

そして、いざというときのリーダーへの信頼は平時に培われるものである、という平明な事実を正面から受け止める必要がある。想定外がおきる前の、想定からそれほど外れずに事態が進行しているという意味での「平時」のリーダーシップのあり方が、想定外発生時に大きな意味を持つ。

その意味で、平時にリーダーシップをきちんと発揮していることが、想定外がおきた際の事前の備えとして、きわめて重要なのである。だから、事前の備えの第三のポイントとしてあげてある。

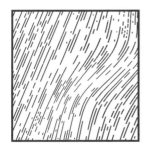

事前の備えの第四のポイントは、現場組織の結束力をきちんと確保しておく、という備えである。この「備え」は、想定外がおきなくても、組織の成果を上げるのに貢献するだろうが、さらに想定外がおきたときに、その混乱から現場がガタガタにならないためにも、現場の結束力は大切である。

現場の結束力とは、チームとしての強さと言い換えてもいい。それが事前の備えとして準備できるためには、三つのことが必要になりそうだ。

一つは、日頃からの「チームとしての能力基盤」の養成である。そうした能力基盤があるからこそ、チームが機能する。たんに仲良しであればいいのではない。しかし、第二にチームスピリットを現場の組織が共有して、心理的連帯がある（つまりは仲がいい）ことも、もちろん現場の結束力には大切な要因である。

そして最後に、こうした現場の結束力やチームスピリットを支える、あるいは大切なものと多くの人々が共感しているような、組織文化が重要となるだろう。グーグルの文化のエキスは、チームスピリットと現場の結束力である。毎週金曜に行われていたＴＧＩＦというインフォーマルな会合は、そんなチーム文化維持のための工夫の象徴的例である。

平時のリーダーシップと現場の結束力があれば、想定外のできごとがおきてもそもそも大きな問題にならない可能性も高い。想定外への最初の異常事態発生のすぐ後に、初期消火に成功しやすいからである。

ただし、新型コロナや大震災のような「いきなりの大きな想定外」には、簡単な初期消火はないだろう。そんなときでも、リーダーシップや現場の結束力という事前の備えがあれば、大想定外に対してせざるを得ない対処がうまくいきやすいこともたしかである。したがって、平時のリーダーシップと現場の結束力は、最大の組織能力基盤なのである。

事前の備えの第五のポイントは、事前の「算」をきちんと用意すること、である。算とは、計算のことだが、真の意味は論理と考えればいい。『孫子』にある「算多きは勝ち、算少なきは勝たず」がこの第五のポイントの源泉である。

経営行動（未来への設計図を描く、組織的な影響システムをつくる、など）を実際にとる際に、どれくらいきちんと丁寧にその経営行動が機能する論理を考えているか、その「算」の考えの深さの程度が、いざ実行プロセスで想定外がおきたときに役に立つ。それがこのポイントの意味である。

この言葉の意味は、つぎのように理解すればいい。事前に論理的に考える量が大きくかつ質が高ければ、いざ戦さの現場で事前の予想とちがう状況になっても、適切な対応をとれる可能性が高まる。なにが事前の想定とちがったかの理解もしやすくなるだろう。たとえば、あの前提が狂ったな、という感覚である。

また事前の計画の論理をよく理解していれば、想定外の状況に対応するためのあたらしい論理もつくりやすいであろう。どこを変えるべきかが見えやすいからである。だから、たとえ事前の算通りにことが進まなくても、想定外対応をうまくできるから結果として勝てる確率は高くなるのである。

私は、経営でもまったく同じだと思う。すでに強調しているように、経営は論理であり、そして、事前の計算やはかりごとの論理的思考の深さが、結局は経営の実績を左右する。想定外の変化ゆえの短期的な対処の際にも、事前の論理的思考の深さが役に立つのである。

この第五のポイントは決して、形の整った事前計画をつくるということではないし、コンティンジェンシー計画をつくるということでもない。きちんと事前の計画の「論理を詰めておく」ということである。

そして、事前の算という論理の深さに意味がある。その論理の深さの方が、想定外対処のためにはコンティンジェンシー計画をつくることよりも、かなり意義は大きいだろう。この第五のポイントは、じつは最大の「見逃されやすい」事前の備えかも知れない。

想定外を未来に活かす

想定外マネジメントの第三のタイプは、想定外に事後的に対処した後、あるいは対処の最中に、その想定外対処から生まれるであろう二つの「結果」をどう未来に活かすか、を考えることである。

二つの「結果」とは、一つは想定外の経験から生まれる教訓、もう一つは想定外対処の努力が生み出す新しい能力などの蓄積である。したがって、想定外を未来に活かす活かし方は、

- 教訓を活かす
- 能力蓄積を活かす

ということになる。

教訓を活かすとは、想定外の経験から学ぶ姿勢を持つことである。二つの学びが典型的にありうるだろう。一つは、将来はどのような事前の備えをしなければいけないか、という学びである。たとえば、災害という想定外を経験することをきっかけに、そこから学んで拠点の分散などでリスク分散を図る、というのが一つの例である。

想定外対処に苦しむなかで、事前にこんな備えをしておけばこの対処の苦しさは大きく減らせたであろう、というようなことを学ぶ材料はかなり出てきそうである。とくに悪い想定外のときには、その材料が多く出そうだ。その材料を使って、つぎへの事前の備えを強化するのである。

ただ、その材料を活かして本当に将来の事前の備えを適切に強化できるどうかは、学ぶ姿勢の強さにかかっているだろう。同じ経験をしても、学ぶ姿勢の弱い人はあまり学ばないのである。

もう一つの学びは、事前の想定そのものに欠陥があった、自分たちの未来想像能力の未熟さあるいは限界を知らされる、という学びである。これは、悪い想定外だけでなく、いい想定外でも発生しうる学びである。

それは、世の中が動いている道理について、自分の想定が狭かった、こんな風に世の中は動くのか、というような学びである。その学びが深ければ、自分の未来想像能力を向上させ、将来での想定外遭遇を少なくすることができるであろう。ただそのためには、事前の想定がどこでどのようにまちがったかをきちんと整理して反省する姿勢が、なければならない。

こうして、二つの学びはしばしば、組織の失敗からの学びになる。想定外がおきるということ自体が、ある意味で失敗だからである。しかし、多くの先人の洞察があるように、人間が失敗から学ぶことは簡単ではない。失敗を直視したくないという弱さを、多くの人が持っているからである。だからこそ、想定外から学ぶ姿勢をとくに意識する必要がある。

想定外活用マネジメントの第二のタイプ、能力蓄積を活かすとは、想定外対処の努力の結果として組織が蓄積「してしまう」能力を未来に活かすことである。

じつは、想定外への事後的対処プロセスは、考え方次第では組織を強くするいい機会でもありうる。

たんなる失敗処理でなく、そのプロセスから新しいものを生み出そうとする努力が現場に生まれるように仕向ければ、かえって組織が強くなるということが十分にありうるのである。

企業組織のマネジメントの例ではないが、国の経済発展プロジェクトのマネジメントの世界でのこうした可能性に深い洞察の目を向けたのが、第2章で紹介したハーシュマンである。彼は、世界銀行が支援した多数の開発プロジェクトを世界各地で調査した結果、成功した開発プロジェクトの多くが、「想定外の困難にプロジェクト開始後にぶつかり、しかしそれを克服して事前の想定とは少しちがう形で成功する」という共通のパターンを持っていることを発見した。

その典型例が、東パキスタン（現バングラデッシュ）のパルプ工場プロジェクトである。その地域に豊かにあった竹をパルプの繊維源として使う想定ではじまったプロジェクトだったが、工場建設の途中で、その地域の竹に花が咲き、竹林が全滅してしまった。何百年に一度といわれる、竹の花が咲くという想定外の大きなできごとがおきたのである。

しかし、プロジェクトはここで頓挫せず、工場の建設は継続された。この地域での植物繊維源の多様化と国内他地域からの麻の繊維の輸送、という二つの手段でパルプ用の繊維材料を確保したのである。さらに、その輸送のためにつくられた交通網は、麻繊維の輸送に役立つだけでなく、他の物資の輸送にも使えるインフラとなって、かえって当初の想定（輸送インフラが大規模につくられることはないという想定）を超えた波及効果というメリットも発生した。

こうした「想定外の困難を乗りこえての、波及効果を伴った成功」を世界各地で観察したハーシュマンは、これは決してたんなる「ラッキーな結果オーライ」でなく、そこには原理がある、と考えた。それが、「神の隠す手の原理（Principle of Hiding Hand）」である。アダム・スミスの有名な“Principle of Invisible Hand”（神の見えざる手）に対比させた命名であろう。

その原理の概要は、こうである。

人間は大きな企ての実行プロセスでおこりうる不具合や障害はある程度正確に想像する能力がある一方、問題が発生した際の自分たちの問題解決能力は過小評価してしまう傾向がある。だから、精緻な事前分析を要求すればするほど、ますます不具合や問題は洗い出されやすくなる。そのうえ、想定外の大きな障害すら発生しうることまで考えさせられると、企てはあまりに危険ということになって、人間はその企てに乗り出さなくなる。

しかし、神の隠す手は、想定外の障害を人間の目から隠しているだけでなく、人間の問題解決能力の大きさをも隠していることがしばしばである。だから、想定外の困難な状況に遭遇してしまった現場では、思いもかけぬ人間の知恵と努力が出てくることが多いのである。それで結果的に、大きな企てに人間が「不用意に乗り出し」、だが結果として生まれる成功が社会を進歩させる。

つまり神の隠す手は、大きな企てを試みようとする人間の目から二つのものを隠している。一つは、企てに乗り出した後におきる想定外の大きな障害。もう一つは、人間の問題解決能力ポテンシャル。

その二つのものをともに神が人間の目から隠しているから、人間は想定外の障害を予想せずに企てに乗り出すことになる。しかし、その障害が実際に発生すると人間は自分たちにも意外なほどの問題解決能力を発揮して、結果として障害を乗り越えて、企ては初期の想定とは少しちがった形にはなるが、成功する。

もし神が想定外の大きな障害を人間の目から隠さなければ、人間はそもそもその企てに乗り出さないだろう。リスクが大きすぎるという常識的な判断になってしまうからである。しかし、神が人間の大きな問題解決能力ポテンシャルをも隠していなければ、事後的に人間が苦しみのなかからそれを発見することもできず、ただ失敗するだけだろう。

神の隠す手の原理がもたらす想定外マネジメントへの最大のメッセージは、想定外を恐れて萎縮してはならない、想定外がかりにおきても、それをうまく未来のために使う道はありうる、ということであろう。そう考えると、想定外への事後的対処の最大のメリットは、じつは想定外の被害を小さくすることでなく、対処の努力で組織が鍛えられることということになる。

先の『孫子』の言葉と組み合わせれば、想定外があるかも知れない、その想定外は今は見えていない、と覚悟して、しかし自分の事前の算の基本を信じて、あえて大きな企てへと跳躍することが未来の発展や成長のためには重要、ということになる。それが究極の想定外活用マネジメントであろう。

神の隠す手の原理は、頑迷固陋になりがちな人間の社会が進歩をしてこられた基本原理の一つなのかも知れない。

想定外対処の基盤としての、リーダーシップ

この章のこれまでの議論で、「(想定外対処には)リーダーが先頭に立つ」「(事前の備えとして)平時のリーダーシップ」と、リーダーシップの大切さがたびたび登場した。リーダーシップは、想定外対処のマネジメントのきわめて重要な基盤なのである。

またこれまでの章でも、経営行動が現場で機能できる条件として、リーダーシップはたびたび登場

してきた。とくに自己刺激プロセスを現場の人々の間につくりだすための重要な基盤の一つが、リーダーシップであった。

それだけ大切なリーダーシップについて、多少まとまった議論をここでしておこう。

リーダーシップという言葉をシンプルに定義すれば、

「人についていこうと思わせ、そして人々をまとめる属人的影響力」

ということになるだろう。つまり、リーダーシップの本質は、「人がついてくる」ということである。ついてくるとは、ついていく人たち（フォロワーと呼ぼう）がついていくことに決めている、ということでもある。言い換えれば、フォロワーがリーダーをリーダーとして受け入れているからこそ、リーダーシップを発揮できる状態になっている。形の上でのリーダーには組織のなかの職位さえあればなれるが、真にリーダーシップを発揮できるリーダーになるためには、集団の人々にリーダーとして受け入れられなくてはならない。

そして、人々がある人間をリーダーとして受け入れるためのもっとも基盤になる要件が、人間としての信頼感だといえるだろう。

信頼感とは、この人についていっても大丈夫と思える感覚である。その感覚をなぜフォロワーが持てるかを素朴に考えてみると、信頼感を生み出す基礎要件が二つありそうだ。人格的魅力とぶれない決断、である。人間として魅力的で、だから信頼できる。あるいは、考えている内容や決断の正しさ、そしてそこからぶれないこと、それがあるから信頼が置ける。

人間が感情の動物でもある以上、人々が感じる人格的魅力が、たぶんに心理的あるいは情緒的な側面にも左右されるのは、当然であろう。そうした人格的魅力の背後には、人格的な温かさがあることが多い。その温かさが人間接触の心地よさをもたらし、その心地よさが人間としての信頼感につながる。

リーダーへの信頼感の第二の要件は、ぶれない決断であろう。

ぶれない決断が信頼感につながる理由は、三つある。第一に、そもそも決断してくれるということ。それが信頼感を生む。第二には、その決断の内容が筋の通っているもので、だから分かりやすいし、正しい可能性が高い、ということである。つまり、本筋の決断だと感じられるから、信頼感が生まれる。第三に、状況の変化とともに決断を安易に変えたりしない、という意味でぶれないことである。一つの筋を通してぶれないからこそ、人はついていこうとする信頼感を持つ。

そもそも、「決める」こと、「決めてくれる」ということ自体が、信頼感のベースである。ときには、決める内容以上に、とにかく決めて方向が定まること自体の方がよほど大切なことがかなりある。だから、リーダーは決断しなければ話がはじまらない。それが、リーダーへの信頼の第一条件である。

その決断はそれなりの視野と深さのある、筋がきちんと通った思考の結果としての決断であってほしい。それが、本筋をきちんとふまえた決断ということで、信頼の第二の条件になる。

そして、その決断をいったんしたら、そこから容易にはぶれないでほしい。それが、信頼の第三の条件である。状況が変わっても、なるべく首尾一貫してほしい。万が一、方針を変更せざるを得ないことになったら、その変更の理由をきちんと説明してほしい。過去から現在へと、「一つの筋」という首尾一貫性があることである。それが、信頼を生む。

こうして可能となるリーダーシップは、この項で議論している想定外対処のみならず、大半の経営行動の背後でそれを有効ならしめるために必要である。

そうしたリーダーシップを発揮できる人が備えるべき人間的要件について、きわめて示唆の大きい言葉が『孫子』にある。戦場における将の持つべき要件を語った短い言葉で、

――「将とは、智、信、仁、勇、厳なり」――

というものである。経営者や組織のリーダーにもぴったりと当てはまる、と私は思う。

智とは、知恵があることであり、聡いことである。信とは、まこと、である。それは、他人や天に対する誠実さを意味する。仁とは、いつくしむこと、めぐむことである。転じて、他人を思いやること、あわれむことでもある。勇とは、いさましいことであり、さらには強いこと、猛々しいという意味もある。厳とは、おごそかということであり、他方、きびしいという意味もある。

この五つの人間的特徴が備わってはじめて、「よき将」となると『孫子』にはある。しかし、この一文があるだけで、くわしい説明はしていない。なぜこの五つなのか。とくに、なぜこの優先順位なのか。

戦場での戦闘行動だけを考えると、勇と厳が五つのリストに入るのは、納得がいきやすい。また、人格的魅力から生まれる兵士の信頼が軍を統率する将にとっては重要であることを考えれば、信や仁がリストに入ることも納得できる。

しかし、なぜ勇や厳よりも、信や仁がより高位の順位なのか。いや、それ以前に、なぜ智が第一順位なのか。

智を将の最重要の要件としてあげているのは、「戦さとは論理である」と孫子が考えていたからだ、

と私は思う。兵士の心理学と戦場の物理的力学の両方を同時ににらむ論理を、大切にしている。そして、論理は智によって支えられている。智のない人に、自分の論理を構築することはできない。戦場で、将はある意味で孤独である。つねにおきる想定外に対し、最後は自分で決断しなければならない。その決断を支えるものは、最終的には自分で納得できる論理であり、その奥にある自分の智である。経営も同じであろう。この本の第6章の経営者コラムで紹介する小倉昌男さんの言葉にあるように、「経営は論理」だからである。

信や仁が、勇や厳よりも高位の要件となっているのは、現場の兵士に尊敬され、「あの人ならついていこう」と思えるためには、信や仁の方が勇や厳よりも大切だ、という理由であろう。

この点について、マキアヴェリの『君主論』にある議論との比較が面白い。マキアヴェリの結論は、「君主は、たとえ愛されなくてもいいが、人から恨みを受けることがなく、しかも恐れられる存在でなければならない」である。『孫子』の言葉に言い換えれば、信や仁という人から敬愛される徳目よりも、勇や厳という恐れられる特徴の方が君主にとっては重要、というのである。

おそらく、孫子ならこう反論する。「恐れられれば、当面は人は従う。しかし、長期にわたって国家の安寧を考えると、信や仁をより重視する方が、兵士や民が納得をしてついてきてくれるであろう」

つまり、人間が他人のリーダーシップについていこうと長期にわたって思えるのは、あえてマキアヴェリ風に表現すれば、愛によるのであって、恐れによるのではない。経営の世界でもまったく同じだと私にも思える。私は、マキアヴェリよりも孫子に軍配をあげたい。ただし、勇や厳が経営のリーダーに必要であることはいうまでもないが。

購買部長としての、想定外マネジメント

この章の最後のトピックとして、これまでの章と同じように組織のなかの特定部門のリーダーを想定して、この章の議論のポイントを例示しておこう。さまざまな部門を紹介の対象とするために、この章では購買部長の想定外マネジメントを考える。

購買部長にとってもっとも重要な想定外は、自社への部品や材料、サービスなどを外部から供給してくれるサプライチェーンの突然の乱れであろう。たとえば、震災やパンデミックによるサプライチェーンの混乱は、多くの企業が経験してきたものである。

ここでは具体的に、サプライヤーの工場での不測の災害（大火事、あるいは震災など）によって、部品の供給が途絶える想定外を例にとろう。

購買部長としてそんな想定外への事後的対処プロセスの最大のポイントは、まず「リーダーが先頭に立つ」ということである。自らが先頭に立って、想定外がどんな状況変化を見せているか、全体像を把握して、生産側などとも共通理解をつくることである。そのうえで、自分たちができること、すべきことはなにかを把握する。

そして、事後対処の基本方針を決める必要がある。

たとえば、生産プロセスに支障をもたらさない、自社が供給する顧客に迷惑をかけない、と覚悟して、同種部品を他社から供給してもらうルートを最速で探す。ときには、顧客に提供している自社製品と同等の他社製品を短期的な損を覚悟で自社で購買してそのまま顧客に供給する覚悟も必要かも知れない。

あるいは、対処の基本方針として、サプライヤーの復旧を全力で支援するという覚悟も必要になる場合があるだろう。その際、支援の費用をどう負担するかなど細かいことは支援の前にはいわないで、いざとなったら自分の負担でまずは支援を優先させる、ということすら覚悟する必要があるかも知れない。支援への費用の負担問題は後で解決すればいいことで、その負担交渉に時間をかけて顧客に迷惑をかけることは絶対に避ける、というのも購買部長の覚悟の例である。

こうしたかなり激しい事後対処方針をとろうとするときに、購買部の内部や自社の生産工場側が納得してついてきてくれるかどうかは、購買部長としての平時のリーダーシップのあり方に強く依存する。日頃から事なかれで消極的な動きしかしてこなかった購買部長がサプライヤーの工場災害で急に激しいことをいいはじめても、彼のいうことを聞くかどうか。平時のリーダーシップは、想定外への事前の備えの要なのである。

事前の備えの一つの具体的例が、同じ部品の発注先を複数にしておくことである。一つのサプライヤーへの発注量は単一社発注の場合よりは小さくなり、それだけ数量的ディスカウントは受けにくくなるかも知れないが、想定外の事故への備えにはなる。

想定外の災害の影響が長引く（つまり大きな想定外）場合には、その部品の社内生産を緊急に開始することが必要になるかも知れない。そして、そんな場合への事前の備えとしては、購買部主導で主要部品の生産技術の内部蓄積をしておくということもありうる。じつはこれにはサイドメリットもある。その生産技術のノウハウを自社でかなり持つと、平常時でのサプライヤーの納入コストが不当に高くないかどうかをチェックするための技術的なベースにもなりうる。

さらに、部品の社内生産を緊急対応としてはじめることが、長期的に部品の供給構造をもっと内製にシフトするための準備になっていく可能性もある。つまり、想定外対処の努力のプロセスが、新しい能力蓄積を社内にもたらし、部品も含めた全社的な生産体制の組み替えへのきっかけになりうるのである。

まさに「神の隠す手の原理」に導かれるように、自社の能力ポテンシャルを拡大させるための部品供給マネジメントを購買部長は主導できるかも知れない。想定外を未来に活かすマネジメントの一つの例である。

想定外を未来に活かすことを、想定外を教訓とするという形で行うこともあるだろう。実際に東日本大震災後にあちこちの企業で行われたのは、サプライヤーの生産拠点の全国的な分散、あるいは世界的な分散である。災害を代表例とする想定外に未来はもっとうまく対応できるように、リスク分散を考えたという例である。

以上の説明以外にも、三つの想定外マネジメントのタイプを購買部長のマネジメントとして例示することは十分可能だが、もうこれ以上の必要はないだろう。

この購買部長を例にとっての説明で私が強調したいのは、本章の想定外マネジメントの枠組みが組織のさまざまな立場のリーダーにとって適用可能だということと、想定外対処をたんに緊急避難措置だけと考えてはもったいない、ということである。

広い視野で、三つの想定外マネジメントという視点で想定外対処全体を考えることの価値の本質は、そこにある。

学者コラム

孫子

Scholar Column ― Sun Tzu

中国の古典的兵書『孫子』は、今から二六〇〇年以上も前に孫子（孫武）によって書かれたもの、というのが定説である。その孫子に「学者」としてこのコラムに登場してもらうのは、彼の兵書がじつにすぐれた理論書であり、かつまた、経営学者が事例研究を積み重ねてそこから共通論理を抽出するような、そんな作業を孫子がしたからである。

孫子は、戦争を指揮する人間は戦場の物理的力学と将兵の人間心理学の両方をきちんと両にらみで考えなければならない、と考えていた。そして、その両にらみで彫りの深い論理を孫子は語っている。だから、二六〇〇年の風雪に耐えて、今も読み継がれているのである。

戦場の物理的力学と将兵の心理学を、市場の経済力学と組織の人々の心理学と置き換えれば、孫子の論理は現代の企業組織の経営にも通じるものがじつに多い。その魅力を日本の読者に伝えようと、私は『孫子に経営を読む』という本まで書いてしまった。

孫子は、戦争の行われた現場の多くに自ら出向き、今風にいえば事例研究を徹底して行った。そうした事例の積み重ねから、そこに共通する論理を帰納的につくりあげていった。つまり、さまざまな環境条件のもとでの国や兵の動かし方の共通原理を、孫子は考えたのである。だから、現実性が濃く、しかし論理的な深さもあるのである。

孫子の思考の範囲は、じつに広い。たとえば、国の戦さの指揮をとる君主（将ではなく、君主が最終指揮者）の考えるべきこととして、孫子はこんな言葉を残している。

「一に曰わく道、二に曰わく天、三に曰わく地、四に曰わく将、五に曰わく法」

道とは理念のこと、天と地は環境のこと、将とは現場の指揮官のこと、そして法とは組織とルールのことである。環境の部分をその環境に対応して経営者が考えるべき戦略と置き換えて、この言葉を現代の経営風に書き直せばつぎのようになるだろう。

「一に理念、二に戦略、三にマネジャー、四に経営システム」

まさに経営を考える大枠として、ドンピシャである。

そうした国や兵事全体を経営する枠組みばかりでなく、孫子は戦場での将のあり方についても、すばらしい言葉を数多く残している。戦場では想定外はしばしばおこるので、孫子の言葉は想定外マネジメントを議論したこの章の内容に通じるものがじつに多い。「算多きは勝ち、算少なきは勝たず」というこの章で紹介した言葉はその一例である。

あるいは、こんな意外な言葉が孫子にある。

「君命に受けざる所あり」

つまり、将は君主の命令通りに動いてはならないときと場合がある、という。いわば、志ある抗命のすすめである。

想定外がおきたとき、現場がじつは一番よく真の事情を知っている。その現場の情報を優先し、現場の兵士の心理などを重視するために、現場の将が自分の責任で決断をすべき場合があり、ときとしてあえて上からの命令に反する決断をすべき場合があるのである。

そんな立派な将が、現代日本にもいた。東日本大震災のときの福島第一原子力発電所長だった、吉田昌郎氏である。

二〇一一年三月一二日、福島原発の現場が格納容器爆発を防ごうと海水注入をはじめようと必死の努力を闇のなかでしていたとき、総理官邸が原子炉の再臨界の恐れありと介入してきた。「君命」は海水注入の中断だった。

しかし、現場の責任者としての吉田氏の判断は、当然、続行だった。注水を中断すれば、原子炉の爆発の確率は飛躍的に高まる。原子炉爆発は、関東全域にも放射能被害が拡がることを意味しかねない。

それでも東電本店が注水中断をテレビ会議で迫ると、吉田は小さな声で、テレビに入らないように周囲の人間にこういったという。「これから、注水を中断します、と君たちへの命令という形で大きな声でいう。しかし、注水はつづけろ」

完全に君命無視の、抗命である。しかしこのときの彼の「抗命」のおかげで、福島原発事故は最悪の事態を免れた可能性がかなりある、とその後あちこちでいわれている。

孫子は気概を持って君命を受けない将、それで自分の評価が落ちることに頓着しない将を、「国の宝」だといった。吉田氏は、まさに国の宝であった。

第6章 決断する

決断が、リーダーの最大の仕事

これまでの章では、経営行動を決める際の原理を議論してきた。未来への設計図を描く、他人を通して事をなす、想定外に対処する、すべて組織の経営のために経営者あるいはリーダーが実行することが必要な重要な行動で、それぞれの行動の原理を議論してきた。

この章は、少し性格がちがう。具体的な経営行動の内容として第六の項目をあげてその原理を議論するのではなく、これまでの五章のすべての経営行動を実際にとる際に経営者あるいはリーダーにとってどうしても必要な、「決断する」ということについて議論をしたい。

つまり、「決断する」際のものの考え方、言い換えれば「決断の作法」あるいは決断の原理についての議論である。それが、経営行動の原理を議論する第I部の最後の章の役割である。

決断するということをあえて一章としてまとめて議論する意義は、二つあるだろう。第一に、決断するということが、これまでの五つの経営行動の原理の議論の背後に、通奏低音のように流れているから。第二に、決断が経営者やリーダーの最大の仕事であるから。

まず、通奏低音から考えてみよう。

五つの章のそれぞれで、具体的行動の多くは、組織に対してインパクトの大きな「重要な行動」である。そんな行動を決め、その実行を現実にはじめることは、「決断する」と表現してもいいことが多い。なぜなら、各章での原理をベースに実際の行動案を決めようとしても、必ずしもどの案が正解か分からない部分が残ることが多い。しかし最後に経営者は、組織のリーダーは、一つの行動を選び、その実行の責任を持たなければならないのである。

未来への設計図の決断、他人を通して事をなす際の組織マネジメントのあり方の決断、想定外になんとか対処する方針の決断、いずれも不確実な未来を覚悟しての決断である。不透明な未来への跳躍、といってもいい。その決断を、最後にはリーダーはしなければならない。そのことを想定しての各章の原理の議論だったのである。

たとえば、未来への設計図づくりでの決断の中心にしばしばなるであろう、自社のどの事業や技術に重点を置くか、という立ち位置決めは、不透明な未来についてなんらかの展望を持ったうえでの、しかしまだまだ不確実性が多く残るなかでの決断である。

また、他人を通して事をなす際のマネジメントのあり方について、決断の中心の一つは、誰になにを任せるか、という仕事の割り振りと人事にかかわるきわめて重要な決断である。その際にも、任せることを決めた人が期待通りの活躍をしてくれるかどうかは不確実なままで、しかし任せる決断をしなければならない。さらには、任せる決断の一つとしての、経営者として後継者を誰にするかという決断（あるいは誰を自らの後継者候補としてそれを決定する人々に推薦するか）は、しばしば組織の将来を左右してしまう重い決断である。

想定外の対処でも、たとえば大きな顧客への供給で製品不良をおこしてしまった際の事後対応のあり方をどうするか、あるいは大きな市場となっている国で政治的動乱や戦争がおきてしまったときの対応をどうするか等は、まかりまちがえば企業の将来の命運を左右しかねない決断である。

こうして、すべての経営行動で、最後に「実行」が伴わなければ、いくら原理の議論をしても意味がない。実行の決断は、経営行動の原理の通奏低音なのである。

つぎに、決断がリーダーの最大の仕事であることについて。

しばしば、必要なときに正しい決断をすることがリーダーの最大の仕事だ、といわれる。裏を返せば、必要なときに決断するのをためらって逡巡するリーダーや切所の状況で偏った決断をするリーダーがいかに多いか、ということでもある。多くのリーダーが当たり前のように必要なときに正しい決断をしているのが現実ならば、それがリーダーの最大の仕事だなどと、多くの人が強調しないだろう。

なぜ、決断がリーダーの最大の仕事かといえば、理由は三つある。

一つは、組織としての最終的な決断は、組織の長であり責任者であるリーダーあるいは経営者にしかできないことだからである。とくに経営者の場合、誰か上の人に判断を仰ぐことができない。経営者は組織の三角形の頂点に位置しており、その上はもういないのである。

アメリカの大統領であったハリー・トルーマンが好んで使ったという言葉に、

The buck stops here.

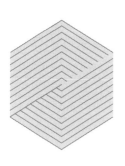

という言葉がある。他人につけや判断を押し付けることを英語では、passing the buck という。buck とは責任のことである。もう誰にも押し付けることはできず、たらい回しはここで止まる。ここは、大統領のところである。こ

こで止まる以上、自分が決断しなければ、みんなが迷惑する。それは、経営者も同じである。

決断がリーダーの最大の仕事である第二の理由は、リーダーが組織の信頼を勝ちとるための最大の条件が、前章の最後のリーダーシップの議論の際に強調したように、ぶれない決断をすることにあるからである。リーダーが真にリーダーとして機能できるためには、組織の人々が「あの人にはついていこう、ついていける」と信頼しなければならない。その信頼を、決断をしないリーダーが勝ちとれるわけがない。

そして第三の理由は、正しい決断がかなりむつかしいからである。だから、逃げたくなるリーダーが出てきてしまう。そこをあえて、決断はリーダーの最大の仕事、と強調する必要があるのである。

正しい決断のむつかしさは、この章の議論で明らかになっていくだろうが、その基本的な理由は、決断すべき行動がもたらす効果について、それを実現できるための問題点や実現への不確実性を、すべて事前に潰しておくことができないからである。それでいて、行動は今、とらなければならない。不透明な未来へ向けてのジャンプのようなものだから、むつかしい。

そして、決断が最大の仕事であるのは、経営者というトップのリーダーだけの話ではなく、下部組織のリーダーにとっても同じである。どんなリーダーも、自分に任されている仕事の範囲で、それなりの決断がいくつもあるはずである。

かりにミドルレベルのリーダーが、「自分はミドルだから」と言い訳をつくって決断を避けて、なんでも上にお伺いを立てるようになってしまうと、周りの人々からきびしい反応がくるだろう。

上からは、「決断のできない人間」というマイナス評価が生まれそうだ。また下からは、責任感のない信頼できない上司、というマイナス感情が出てくるだろう。さらにヨコからは、「どうせ決断しないから、この人は外して議論をしよう」という仲間外れになりそうだ。

もちろん、組織全体に与える影響の大小という意味で、大きな決断と小さな決断があるだろう。経営者が行うのは大きな決断、部長はより小さな決断、ということになりそうだ。しかも、同じ経営者やリーダーの決断をとっても、時間的な流れのなかでその人にとっての大きな決断と小さな決断がさまざまに必要になるだろう。

その意味で、リーダーには大きな決断、小さな決断、さまざまな決断の仕事が待っているのである。しかし、決断のインパクトの大小にかかわらず、決断の基本構造、あるいは決断の作法は、基本的には共通している部分が大きいと思われる。その決断の基本構造が、この章の議論の中心である。

その議論を、この章ではつぎのような順序でしていきたい。決断の事例からスタートさせて、その後で背後の原理を考える、というスタイルの議論展開である。

PREVIEW

- **▼小倉昌男の決断**
- **▼決断＝判断＋跳躍**
- **▼直感で発想、論理で検証、哲学で跳躍**
- **▼跳躍のための哲学**
- **▼哲学がもたらすのは構想の奥行きと心の安定**
- **▼大きな跳躍・小さな跳躍、大きな哲学・小さな哲学**
- **▼決断できるリーダーの条件**

小倉昌男の決断

そうした決断は、これまでの章で取り上げた事例で、さまざまな形で登場している。ここでは、一人の経営者の決断が日本人の生活を大きく変えた例として、ヤマト運輸の小倉昌男の決断を、最後の決断にいたるまでの長い彼の思考プロセスも含めて、具体例としてあらためて紹介し、それを本章全体の議論の中心的例示としてみよう（以下の小倉の決断については、彼自身の『小倉昌男　経営学』と沼上幹『小倉昌男　成長と進化を続けた論理的ストラテジスト』がくわしい）。

小倉が一九七五年に宅急便事業を開始するという、「未来への設計図」としてきわめて大胆な行動に出たのは、すでに六〇年代半ばから業績不振に悩みはじめていたヤマト運輸が七三年に勃発したオイルショックでさらに窮地に追い込まれたときだった。

ただし小倉は、窮地に追い込まれてからあわてて宅急便事業の構想をつくりはじめたのではなかった。すでに七〇年代に入る頃から、路線トラック運送業の構造的問題を深刻に受け止め、個人の小荷物の配送という、当時は郵便局の小包と国鉄の小荷物運送しか扱っていなかった事業への進出の可能性を探りはじめていた。しかし当時、集配に手間のかかる個人相手の荷物運送業は採算に乗らない、というのが業界の常識であった。

小倉の発想は、すでにヤマト運輸の事業の一部であった百貨店荷物の配送業（三越のお中元・お歳暮の配送をヤマト運輸は行っていた）の、個人への荷物「配達」という点では延長線上にあった。しかし、個人からの荷物「集荷」という点からすると、百貨店荷物輸送とはまるでちがう。百貨店荷物は、集荷といえば百貨店の倉庫へ行くだけなのである。一カ所あるいは少数の集荷点から多数の個人への配達なのである。

小倉は、どう工夫すれば多数の個人宅からの集荷を採算ベースで行えるかを、懸命に考えつづけた。すでに親を継いで七一年には社長になっていた小倉ではあったが、会社のプロジェクトとして構想を練りつづけたのではなく、一人で考えていたのである。それは、個人相手の運送業が採算的に成立するという仮説をさまざまな形で検証するプロセスだった。

そこへ、オイルショックが来た。小倉はその段階で、宅急便に将来の事業の重心を置こうと、大きな方向性についての決断をしたと思われる。宅急便システムの具体的詳細の本当の詰めはまだだったが、大きな構想として「いけそうだ」という感覚を持ちはじめていたのである。

その頃別な仕事でニューヨークに行った際に、マンハッタンの摩天楼の四つの角のすべてにアメリカの小荷物配送会社のトラックが止まっているのを見て、集配の「密度」がキーワードだとひらめいた、と自分自身で語っている。

しかし、社内の空気は冷たかった。役員会も労働組合も反対だった。「個人相手の集配送は採算に合わない」という常識が、それだけ業界に深く浸透していたのである。それでも小倉は宅急便構想の精緻化を論理的につづけ、ついに七五年八月に役員会で、小倉自身がつくった「宅急便開発要綱」が承認された。

そこから猛スピードで、小倉は若手のグループとともに宅急便のビジネスモデルの詳細設計に邁進した。顧客を主婦に、価格は単一、翌日配達を基本とする、酒屋や米屋に荷物の受付取り次ぎを依頼する、集配送のトラックを何台用意するか、集配センターを何カ所どこに置くか、など詳細に決めるべきことが山ほどあった。

しかし、早くも翌年（七六年）一月に実際の荷物の受付を開始することにこぎつける。実際のビジネス開始に踏み切ったのである。この踏み切りが、大きな決断であった。ただし、首都圏に営業地域を限定した出発で、初日の受付個数は一一個、最初の三カ月でも九〇〇〇個という小さなスタートだった（二〇二一年度のヤマトの宅急便取り扱い個数は、三カ月換算で五億個を超えている）。

その後、宅急便は小倉の期待を大きく上回るスピードで順調に成長を重ね、全国規模に拡がっていった。そこで小倉は一九七九年に、つぎの大きな決断をする。三越の仕事から撤退し、宅急便に資源をさらに集中することにしたのである。三越は、長年にわたるヤマトのもっとも大切な顧客だった。

その後、宅急便は監督官庁である運輸省との公然の闘いなどの歴史を経て、真の全国ネットワークとなった。そして、ヤマトの宅急便に触発されて多くの競争相手が宅配便産業に参入してきた。そうして立ち上がった宅配便産業全体は、日本人の生活を根底から変えた巨大な社会インフラのイノベーションになったのである。

この小倉の宅急便での決断の歴史には、すべての決断に共通する基本構造が見てとれる。

一つは、すべての決断が流れのなかで行われ、その流れには大きな決断と小さな決断がともに含まれているという構造。

小倉の場合、宅急便に乗り出すという、方向性の決断がもっとも大きな決断である。そして、資源集中のために過去の事業から撤退する（三越からの撤退）というもう一つの方向性の決断も、大きな決断であろう。

そして、宅急便のビジネスモデルの詳細をつくりあげる際の、さまざまなより小さな決断もある。顧客のターゲット設定、価格設定、集配網の設計、配送システムと配送組織の設計などである。それぞれに重要な決断であるが、方向性の決断と比べれば、ディテールの決断でより小さな決断といっていい。

小倉の決断にいたるまでの流れのなかに表れているもう一つの「決断の基本構造」は、発想から最終的な踏み切りにいたるまでの、「発想・検証・跳躍」という三つのステップという構造である。

まず、とるべき行動についての発想を生み出す、という「発想」のステップが必要である。そしてつぎに、その発想の良否をさまざまに論理的にチェックをする、という「検証」のステップが必要である。その検証を経て、「これでいこうか」となったら、最後に実行へと踏み切る、というステップがある。この最終段階になっても、その前段階での検証の結果として未来の不確実性のすべてをつぶせているわけではない。そこに不確実性が残っていることを覚悟して、あえて実行へと踏み切るのである。それは、「跳躍」すると言い換えてもいい。

つまり、発想、検証、跳躍、という三つのステップがきちんと存在するのが、いい決断の基本構造なのである。そして、この跳躍という最後のステップが必要だからこそ、決断という言葉がふさわしくなる。その意味で、跳躍こそが決断の本質なのである。

しかし、跳躍という最後のステップだけが決断ではなく、そこにいたるまでの発想も検証も大切だということもまた、深く認識される必要がある。つまらない発想を雑な検証プロセスにかけて、最後は無謀にも跳躍してしまう、というのでは、きちんとした成果をもたらす決断になるとはとても思えない。

決断＝判断＋跳躍

小倉昌男の宅急便の例をつかって決断にいたる三つのステップを説明したが、その決断までの流れをあえて式のように書けば、

――決断＝発想＋検証＋跳躍――

となる。発想した行動案をきちんと検証すればそれで決断になる、と思ってはならない。最後に跳躍がある、というのがきわめて大切なのである。

じつは、決断という言葉の語感にぴったりする英語の表現が、あまりない。decision という言葉はあるが、それは「決定」であり、決断とはニュアンスがちがう。決断には、断行、つまりあえて行う、というニュアンスがある。もちろん、judgment でもない。それは、「判断」であって、やはり決断とはちがいそうだ。判断は知的な作業だが、決断には決心するというような「思い切る」ニュアンスもある。

決断という言葉のニュアンスには、判断のうえにさらに思い切ること、思い切って実行に踏み切ること、が加わっているのである。その踏み切ることを跳躍と表現して、

――決断＝判断＋跳躍――

と式を書き直すと、そのニュアンスが表現できるだろう。はじめの式の最初の二つの項（発想と検証）をあえてまとめて、「判断」と表現したのである。跳躍の重要性を浮き彫りにする式である。

なにをすべきかを判断するという知的作業と現実世界で行動をおこす決断の間には、深い溝があると考えた方がいい。淵といってもいい。その淵は、判断にいたるまでの知的作業では埋め切れない、不確実性が大きく残る深い淵である。その淵をはさんで、こちら側には知的判断の領域があり、あちら側には行動の領域がある。決断は、その行動の領域へと「跳ぶこと」によって、完成する。

つまり、決断の本質は、判断の先の最後の跳躍にある。いきなり浅慮のままに跳躍するのではない。それは無謀というものである。考え抜いた果ての覚悟の跳躍、それが決断である。

そして、跳躍＝決断－判断、と式をさらに変形してみると面白い。

判断と行動の間に横たわる「深い淵」を跳ぶことが跳躍だ、と書いたが、その「淵を跳ぶこと」が、この式でのマイナス記号の意味なのである。その大切さを十分に意識しない人もいるようだ。跳躍ゼロの人である。

たとえば、判断したらすぐに行動に移す人がいる。その人は、判断と決断のちがいをきちんと認識していないようにみえる。だから、行動をおこせば、それはすべて決断になってしまう。それでは、おかしい。決断と判断のちがいを明確に理解し、認識することは、実際に意味のある決断ができるためにきわめて重要だと私は思う。

たとえば、このちがいの認識がないから、「かなり安全な判断」だけをして、それだけを実行する人がいる。決断をじつは避けている（跳躍をしない）という経営者・リーダーである。そんな人も、言葉のうえでは、自分は決断をしている、というだろう。決断＝判断（しかし、跳躍部分ゼロ）になっているからである。

あるいは、あやふやな判断から、自覚なき跳躍をして、その後でゴタゴタで苦労する、という事例も多そうである。ここでも、跳躍が無自覚に行われているから、跳躍ゼロという感覚なのである。あやふやな判断＝いいかげんな決断、になっているのである。

ただし、きちんと覚悟した跳躍でも、深い淵を飛び越えた後で行動の世界でおきてくるであろうさまざまなゴタゴタを自分が処理することは、覚悟しなければならない。ゴタゴタは、今は見えていない不確実な現象がさまざまにいずれはおきるから、つき詰めた判断をしても自然に発生する。だから、覚悟せざるを得ない。いわば想定外という必然なのである。

しかしそのゴタゴタを処理する覚悟を持てなければ、いつまでも「検討をつづける」ということになり、決断回避になりかねない。まさに、跳躍ゼロになってしまうのである。

さて、決断＝判断＋跳躍という式で決断を表現して、判断と決断のちがいと跳躍の重要性を強調したが、そこでは発想と検証をまとめて判断という言葉で表現したことになっていた。つまり、

―― 判断＝発想＋検証 ――

となる。それが、われわれが何気なく使っている判断という言葉の「構造式」だと思われる。発想や検証のプロセスをきちんと考えるためには、助けになる式として使える。

まず、判断にいたるためには、そもそもどんな行動をとるべきかの案が発想できなければならない。発想が大切なのである。その発想の豊かさがない、あるいはそもそも発想が生まれないから苦労して

いる人も多い。発想のプロセスを適切に行うための議論は、大いに必要だ。

つぎに、発想された行動案の適切さを、誰しも知的作業として検証するであろう。当然に、なるべく適切な行動をとるような判断をしたいからである。ただ、乱暴な検証しかしない人もいそうだし、その逆に検証にばかり時間をかけて、いつまでも結論を出さない人もいそうだ。その検証作業をどう行うのが適切か、それも適切な判断を得るために深く考えるに値する問題である。

直感で発想、論理で検証、哲学で跳躍

発想、検証という判断の二段階を中心的に支えるものについて、そして跳躍という決断の最後の切り札を支えるものについて、私はつぎのように考えている。これが、決断の全体像についての私なりの一つのまとめである。

・直感で発想する
・論理で検証する
・哲学で跳躍する

直感も論理も哲学も、人間の知的思考のツールあるいは方法である。この三つの知的思考の方法のそれぞれを、三つのステップのそれぞれで使い分け、重点を変えることが、経営者や組織のリーダーが決断と実行の連続をきちんとこなしていくためには必要だと思われる。

発想のステップでは、直感が中心的役割を果たすだろう。発想とは、少し硬いいい方をすれば、仮

説をつくる、ということである。こんな行動案が自分がめざすべきものではないか、という仮説を生み出すのである。

それは基本的には、直感をベースにした「ひらめき」である。小倉の場合、集配効率を上げるためには車両を密度濃く配置することが鍵、という発想がマンハッタンの街角でひらめいた。アメリカの配送会社のトラックがきわめて密に配置されている姿を見ての、直感的ひらめきである。

密度濃く、多くの車両を同じ地域に配置すると、車両の効率は下がるように見える。しかし密度が濃いと荷物を出す人にはより便利だから、荷物を出す量が多くなる。だから、結果として集荷量が増えて最終的な集荷効率は高くなる。そんなひらめきである。そのひらめきは、小倉が部下たちにその後もいいつづけた、「サービスが先、利益が後」という言葉の原点であろう。

したがって、直感をいかに働かせるか、直感が働くベースになるものをいかに自分で準備するか、が適切な発想プロセスの基盤になるだろう。

つぎに発想を検証するステップでは、論理が中心となる。論理的に詰めて、仮説検証するのである。なぜその仮説が機能して望ましい経営成果につながるのか、という仮説を成立させてくれる論理を考えるのである。その論理を自分がつくれなければ、その発想はあきらめた方がいい。

小倉のマンハッタンでの発想の例でいえば、車両を密度濃く配置するとはどのように具体的にすることか、その具体的配置をするとなぜ採算効率が上がるかの論理的検証である。

仮説を検証する、という表現をすると、まず「データによる検証」を思い浮かべる読者が多いかも知れない。しかし、その仮説がなぜ現実に機能するかの論理的ストーリーもなしに、データに仮説の適否を聞く、という姿はまちがいであろう。論理が分かっていなければ、その仮説を現実に展開する行動の具体案としてなにをすればいいのか、分からないからである。論理が、具体案を教えてくれる。

そして最後に、判断から実行へと跳躍するステップでは、哲学がおもな支えになる。なぜ、哲学が跳躍に必要かといえば、「思い切る」「踏み切る」という跳躍らしい行為を人が行うためには、論理的な正しさの感覚に加えて、哲学の支えが必要だと思うからである。大きな決断であればあるほど、哲学の支えを経営者やリーダーは必要とするだろう。

経営者やリーダーが行う決断は、さまざまな事情をすべて飲み込み、総合判断をしたうえでの、決断である。むつかしい総合判断がつねである。その判断の結果を実行に移すということは、ある意味でおそれ多いことである。その跳躍を正しく行う、あるいは心のよりどころを持って行うためには、哲学の支えが必要となると思われる。

小倉自身がこう語っている。

「考え抜いた末の決断（宅急便への進出）であったが、不安がないわけではなかった。理屈では必ず儲かる事業になると信じていたものの、儲けが出るまでに苦難が続くであろうことは間違いなかった」（小倉昌男『小倉昌男　経営学』p.118）

この苦難を受け止めようと覚悟するために、哲学が必要なのである。

つまり、簡単にまとめてしまえば、直感で発想あるいは仮説がひらめく、論理で仮説の適切さをつき詰める、哲学で実行への跳躍を覚悟する。それが、三つのステップでの思考の重点の正しい姿だと思われる。

この三つの思考の重点について、二つの指摘が必要だろう。

第一に、各ステップでの思考の重点をまちがえると、思考の機能不全が

おきそうだ、ということ。

たとえば、直感中心でなく論理中心に発想しようとすると、常識的になりやすい。分かりやすい論理に頼って発想する危険が大きいからである。しかし、それでは「思いもかけない」意外な発想など、生まれそうにない。

もちろん、直感の源泉が過去の論理の集積である、ということもある。しかしそれは、直感のひらめきとなるほどに、その人の頭のなかに過去の論理の集積体が「こなれた形で」蓄積されていてのことである。だから、過去の論理がひらめきの源泉になれる。そしてその場合でも、ひらめきの直接の源泉は直感というべきである。

思考の重点についてさらにいえば、直感で跳躍しようとすると、無謀になりやすい。根拠なき跳躍になってしまう危険が大きいからである。さらには、哲学で検証しようとすると、言葉遊びになる危険が高くなりそうだ。哲学という抽象的なものに導かれての検証が、現実離れして宙に浮きやすいからである。

三つのステップについての第二の指摘は、発想、検証、跳躍は、一度それぞれのステップをこなせばそれで終わるものではない、ということである。

たしかに三つのステップは時間的に一直線に並んでいるように見えるが、実際には相互にからみ合う関係、行きつ戻りつする関係があるのがふつうであろう。

まず、発想と検証の間には、高速のフィードバックのプロセスがありえる。最初の発想を論理的に検証するプロセスで、その発想の欠陥に気がつき、すぐに修正をして、その修正された発想をさらに論理的に検証する、というフィードバックである。

このフィードバックを駆動させることを狙う「論理による仮説検証プロセス」の一つのポイントは、「仮説を育てる」という姿勢を持つことである。仮説は、検証してダメなら捨てる、というだけのものではない。むしろ、論理的検証によって「育てていく」ものなのである。

小倉の例でいえば、個人用の貨物輸送という発想を思いついた後に、その具体的形態を彼はさまざまに検証している。一つの仮説を思いつき、それを検証して「ダメ」となると、つぎの発想へと向かうのである。そして、つぎの発想のタネは、最初の発想の論理的検証プロセスにしばしばあった。小倉は、仮説を育てて宅急便の構想にまで練り上げた。

もう一つの三つのステップが相互にからみ合っている例として、判断への検証を重ねるプロセスが最後の跳躍の準備プロセスにもなっている、という例がある。最後の判断で最終行動案を得た後に、それで跳躍すべきか時間をかけて悩む、というのではなく、どんな行動案なら跳躍できるかを考えつづけていくつも案を練り、そして最終の行動案にたどりつく頃には、跳躍がもはや自然となっていることも多いだろう。

この場合、判断のための検証プロセスが、跳躍のための準備プロセスにもなっている。跳躍のための哲学を自分として明確にするプロセスがこうして行われている、といってもいいだろう。そして、その果てに、哲学を確認した後、ある意味で自然に跳躍を最終的に決めるのである。

小倉の例でいえば、宅急便の構想を練り上げるためにさまざまな検討を何年も重ねたプロセスの一部を紹介したが、そうした検討プロセスが生み出す蓄積が、最後の跳躍をさせる「踏み切り板」づくり、哲学的な基盤づくり、のような役割をしている。だから、構想が固まった時点から時間的にはすぐに跳躍ができた。宅急便進出の構想が役員会提出のレベルになって半年もしないうちに、具体化案をまとめ、実行に踏み切っているのである。

しかしそれを、「判断したのちには跳躍など必要がない」と表現すべきではないだろう。跳躍のための哲学（その必要性を後ほどふたたび強調する）を自分なりに固めるプロセスとしても、念の入った検証プロセスが貢献しているのである。それでも、最後の跳躍には覚悟とそれを支える哲学が必要なのは、先の小倉の言葉にある通りである。

跳躍のための哲学

本来なら、発想、検証、跳躍という三つのステップすべてをこの章で議論したいのだが、紙幅の制約もあるので、以下の項ではおもに決断の一番の本質である跳躍に議論の中心を置いて、そのために必要な哲学を議論することにしたい（発想と検証については、拙著『直感で発想、論理で検証、哲学で跳躍』にくわしく解説してあるので、そちらを参照してほしい）。

さて、跳躍である。

この言葉の二つの漢字は、うまく組み合わされている。漢字の大家・白川静博士の『字通』（平凡社）によれば、「跳」という字の意味は、はねあがることであり、「躍」という字の意味はおどること、進むこと、である。つまり、跳躍とは、まず跳ぶこと、そしてその後に躍り進みつづけること、その二つの行為が意味されている。

経営の世界での決断の第三ステップである跳躍も、まさしくこの二つがつながっていなければ意義はうすい。第一に、まず踏み切って前へ向かって跳ぶこと。そして第二に、跳んだ方向で目的を達成すべく懸命に（躍るが如く）走りつづけること。つまり、「踏み切る」ことと、ゆるがぬ実行をして

「走りつづける」こと、この二つがそろわなければ決断を成功に導く真の跳躍とはなりそうにない。

まず、踏み切って跳ぶことは、いわば不可逆の（つまり後戻りのできない）ジャンプである。取り消しの利かない行為である。たとえば、宅急便事業をはじめてしまうと、簡単にやめることなどできない。だからそもそも事業を首都圏限定でも開始すると踏み切る覚悟がいるのだが、その後に走りつづける覚悟、歯を食いしばってでも宅急便を全国規模にもっていくまで努力をしつづけるという覚悟も同時に必要である。

そうした走りつづける覚悟をそもそも持てなければ、とても踏み切る覚悟も生まれないだろう。踏み切った後には、事前には想定がむつかしいゴタゴタがおきるのがふつうで、それらの処理も含めてきちんと実行の世界で走りつづけなければ、成果を生みだすゴールには到達できない。

最初の不可逆なジャンプとその後の走りつづけるプロセス、この二つが跳躍全体を構成している。そのいずれの行動にも成果がそこから生まれてくるかどうかの不確実性があることを承知のうえで、跳躍せざるを得ない。不可逆なジャンプにあたっては、その方向と大きさがそもそも適切なのかという不確実性。そしてその後の走りつづけるプロセスでは、きちんとした組織的努力を踏み切った方向で継続できるかという不確実性。

その二つの不確実性を承知のうえであえて跳躍するのには、二つの覚悟がいるだろう。

---

1. 不可逆なジャンプへ踏み切ることによる、大きな資源投入のリスクの覚悟
2. 踏み切り後の実行プロセスを完走するまでの、長い努力の覚悟

第一の覚悟をきちんと持つためには、最初のジャンプを行う「踏み切りの哲学」が必要だろう。そして第二の覚悟をきちんと持つためには、踏み切り後の長い実行プロセスでの「走りつづける哲学」が必要であろう。

しかも、その走りつづけるプロセスは、経営者あるいはリーダーが一人でやればいいことではない。組織全体が走りつづけなければならない。それは、「組織的努力」の持続のプロセスである。この「組織として走りつづける」哲学がないために、つまりは長い実行プロセスでの継続的努力の覚悟がないために、踏み切りそのものができない、ということもありそうだ。

まず、踏み切るための哲学から考えてみよう。

その哲学とは、むつかしい思弁的な観念などではなく、「自分よりはるかに大きなものに受け入れられる感覚」といってもいいように思う。大きなものに受け入れられると感じたとき、跳躍に踏み切れる。

その大きなものに受け入れられるかどうかの見極めの感覚を、多くの経営者が、「天命に問い掛ける」（花王の創業者・長瀬富郎）とか、「自然の理法に合っているか考える」（パナソニックの創業者・松下幸之助）と表現する。

天命とか自然の理法と表現されているものは、世の中を動かしている大きな原理、と言い換えられるだろう。小さな存在としての自分たちがいくら努力しても、世の中の大きな原理に反していれば、成果など上がるはずがない。その大きな原理がどのようなものであると自分は考えているか、というのがその人の持つ哲学である。その哲学に照らして、この跳躍はしていいものか、と考える。

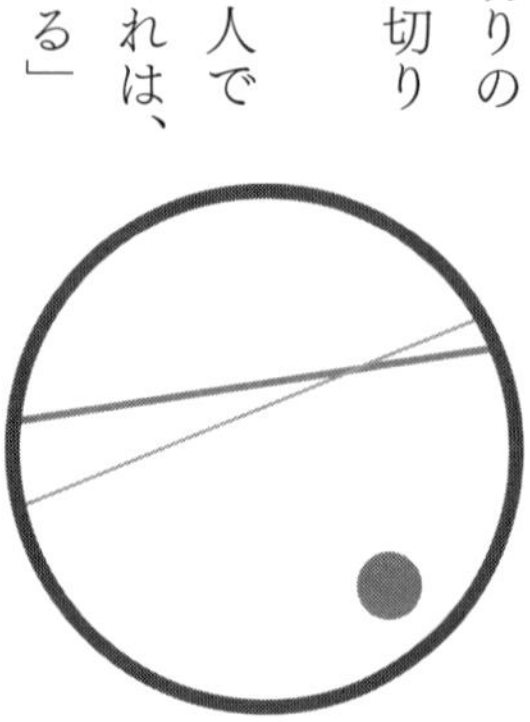

だから、跳躍とは自分たちの力の小ささをよく知ったうえでの跳躍、というべきだろう。たしかに力は小さい、だがしかし世の大きな原理に受け入れられるものなら、跳躍をした後でなんとかできるだろう、と考える。決して、自分たちならこれもできる、あれもできる、と傲慢に考えての跳躍ではないのである。

「世の中を動かしている大きな原理」をより現代企業風に翻案すれば、それはしばしばつぎの「二つの道理」のいずれか、あるいはその組み合わせであろう。

・人間社会の道理
・自然と技術の道理

たとえば、小倉昌男の場合、人間社会の道理として、小さな荷物を便利に送りたいという欲求は基礎的にある、それを郵便局と国鉄がきちんと対応していないのは社会的に望ましくない、と彼は考えた。そうした人間社会の道理の哲学があったからこそ、彼は踏み切れた。さんざんに採算計算をしたうえでも、しかし最後はそうした哲学がなければ、みんなが反対する宅急便事業に踏み切ることはできなかっただろう。

あるいは、西山彌太郎の場合、戦後復興のための基礎素材としての鋼材の供給を日本が必要としている、重機械工業分野での貿易立国の基盤整備として鋼材の国際競争力確保が重要と考えていた。それが人間社会の道理である。また、高炉がない製鋼工場は熱エネルギーのムダ使いがあるから、銑鋼一貫が技術的に望ましい、という技術の道理も彼は知っていた。そうした哲学を彼が持っていたからこそ、銑鋼一貫製鉄所の建設へと踏み切れたのである。たんに設備投資の採算計算だけの話ではない。

つぎに、走りつづけるための哲学について。

踏み切った後に「走りつづける」こと自体は、じつは迷いのなかの動きであろう。その迷いを振り切りつつ、リーダーは前へ前へと進む必要がある。しかも、決断した経営者やリーダーだけではなく、その人が率いる組織もまた同じ方向に動きつづける必要がある。したがって、決断をし、かつ組織を率いる経営者やリーダーにとっては、二つの「走りつづける」ための哲学が必要になる。

一つは、自分自身に走りつづける必要があることを覚悟させる哲学である。自分自身を説得するための哲学といってもいい。それは、迷いのなかをぶれずに走りつづけるために、そしてエネルギーを自分で供給しながら走りつづけるために、必要となるだろう。

そのための哲学として、もちろん「踏み切る」ための哲学がここでも意義を持つだろう。技術の道理にせよ人間社会の道理にせよ、あるいは日本の産業への志にせよ、踏み切ったときの基本的信念は走りつづけるためにも役立つのは、当然である。

しかし、迷いながらも日常的に走りつづけるよう自分を説得するためには、もっと目立たない「継続をさせる」哲学も必要そうだ。西山の場合、彼の座右の銘でもあった「勤むるを以て拙を補う」という精神が、走りつづけるために意義があったろう。地道な努力の継続をさせる哲学である。

走りつづけることを「組織として」きちんと行うために必要な第二の哲学は、組織を走りつづけるように説得する哲学である。走りつづけるためのマネジメントを組織に納得させるための哲学、といってもよい。

もちろん、跳んだ後に走りつづけるためのマネジメントは、通常のマネジメントと重なるところが多いだろう。ただ一つちがうとすれば、大きく跳ぶことが生み出す大きな揺れや想定外の事態が生み出すであろう「困難」に挑戦しつづけるためのマネジメントがとくに必要になる、ということである。

ここでも、踏み切るための哲学がやはり意義を持つだろう。技術の道理に合っている、人間社会の道理に合っている、と組織の人々が思えれば、困難があってもそれに立ち向かいつづけることを納得しやすい。

しかし、困難に立ち向かいつづける組織には、もう一段上の刺激が必要なことも多そうだ。だから、組織に刺激を与えるマネジメントが必要となる。そのマネジメントのための哲学を経営者やリーダーが持っているかどうかで、組織が走りつづけられるかどうかが左右される。つまり、組織に刺激を与える行動についての哲学を持っているかどうか、である。

本田宗一郎の場合、第4章ですでに説明した「洪水の哲学」がその例になっていると思われる。組織にときどき洪水をおこして、それで組織を刺激し、走りつづけるように仕向ける。そんな組織経営の哲学を彼は持っていたようだ。

哲学がもたらすのは構想の奥行きと心の安定

では、跳躍の哲学を持つとなぜ、踏み切ることと走りつづけることに大きなプラスのインパクトがありうるのか。言葉をかえれば、跳躍の哲学がもたらしてくれるものはなにか。

その答えが、この項の見出しになっている、「構想の奥行き」と「心の安定」である。

踏み切る前の将来構想を考えている状況を頭に描いてみよう。その踏み切り前の「事前」の時点では、将来とるべき行動のなかで、踏み切りの時点よりもかなり遠い将来の行動についてはまだ具体的に描けていない部分があるだろう。事は複雑すぎて、すべての手を読むのが不可能という将棋のようなものである。

しかし、哲学を持って跳躍をしようとしている人は、まだ具体的に描けていない将来の行動の部分についても、ある程度の信頼を置くことができるだろう。なぜか。

不確実な未来のなかに飛び込んだとき、今はまだ具体的には見えていないのだが、きちんとした市場など環境からの反応が自分たちの行動に対して生まれ、自分たちの将来の行動もまた動いていく事態に合わせて適切に変えていける。そんな可能性を、哲学があれば、あらかじめ信じることができるからである。

それは、哲学のもたらす構想の発展可能性あるいは拡がりへの信頼性とでも呼ぶべきものである。その拡がりの可能性をここでは、「構想の奥行き」という言葉で表現したい。

人間社会の道理、あるいは技術の道理に合った行動をとっていくのだから、という理由で生まれる、発展可能性である。その奥行きへの信頼を哲学がもたらしてくれる。哲学がなければ、事前に考えた具体案で突き進むだけになるか、あるいはその場の出たとこ勝負になるかである。それでは、発展可能性はなく、奥行きは生まれない。

その奥行き感は、不確実な世界へと踏み切るためのプラスの材料になる。また、跳んだ後も走りつづけられるエネルギーの源にもなる。平たくいえば、哲学が構想の背後の奥行きを感じさせてくれるから、大丈夫だと思える、ということである。

さらに、こうした哲学ある構想の奥行きは、周囲からの理解を生み、必要なときに助けの手が周りから出てくる一つの要素にもなりそうだ。構想の奥行きが、大きなポテンシャルを感じさせ、また哲学が構想を分かりやすくもする。だから、救いの手が出てくるのである。

それが、じつは西山が臨海銑鋼一貫大型製鉄所という大きな構想へと跳躍したとき、官界の一部からも金融界の一部からも、支持が生まれ、救いの手が出てきた理由だったと思われる。正しいと理念的に思えることには、人がついてくる、ということだろう。

こうした奥行き感があるから、跳躍にかかわる人々の間に、心の安定が生まれやすくなるのだろう。これで大丈夫だ、と信頼できるという安定感である。その安定感は、跳躍を決断する経営者あるいはリーダーのためにも、彼についていく組織の人々にとっても、大切である。

決断する本人にとっては、心の安定があるからこそ、覚悟が定まり、大きく踏み切れる。ぶれずに走りつづけられる。組織の人々にとっては、その安定感があるからこそ、大丈夫だと感じて組織としてまとまれる。そのまとまりから組織として動きつづけるエネルギーが生まれる。

こうした心の安定は、哲学がもたらしてくれる構想の奥行きが必ずしもなくても、哲学を持って決断をした、ということだけでも生まれることもあるだろう。哲学が、人間社会の道理が自分の側にはある、それをもとに自分は考えている、という安心感をもたらしてくれることから生まれる、心の安定である。

哲学とは、ものごとの、世間の本質を考え抜くことによって生まれる、基本的考え方である。だから、本質を考え抜いたという安心感が生む心の安定、本質がさらに先へのつながりへと導いてくれるという奥行き、この二つを哲学がもたらしてくれるのである。

哲学がもたらしてくれるものとして「心の安定」というような要因を指摘すると、データによる証拠の方が跳躍する人の心の安定に貢献するのではないか、という意見も出てきそうだ。データがあれば跳躍ができる、と主張する人もありそうだ。

しかし、私にはそう思えない。データは論理的検証のプロセスでは使い方を誤らなければかなりの意義を持つが、跳躍にはそれほど意味を持たない、と思う。

それには、基本的に二つの理由がある。

第一に、データは跳躍を迫られているような状況では、エビデンスとしての意味が小さいからである。過去の類似事例が少ないことをやるのが本当の跳躍であろうが、データはすべて過去の数字の集まりである。その過去のデータの動向から将来の動きを予測するということには貢献するかも知れないが、それとて将来の動きが過去の動きと構造的に類似していると仮定してはじめて可能になる予測である。しかし、未知の将来へと不確実性を覚悟して跳躍する、というような状況では、将来の構造は過去と類似していると仮定できないことの方が多いだろう。だから、データのエビデンスとしての役割は限られているのである。

データが跳躍にはそれほど意味を持たないと私が考える第二の理由は、データは人の心をふるわせることが少ないからである。人間は、データには共感しないが、魅力的な考え方には共感する。その共感のベースを与えてくれる可能性について、哲学はデータよりかなりすぐれている。

大きな跳躍・小さな跳躍、大きな哲学・小さな哲学

この章で跳躍と哲学を語るとき、私が実例に取り上げたのは小倉であり西山であり、ともに社運を賭ける大投資の「大きな跳躍」の例であった。分かりやすいから取り上げたのだが、しかし、経営の世界では大きな跳躍だけが大切なのではない。小さな跳躍が組織のあちこちで正しく行われることの

集積の効果も、また大きい。現実には、大きな跳躍も小さな跳躍も、ともに大切なのである。

大きな跳躍とは、組織のトップが行う大きな決断の背後の跳躍をイメージすればいい。小さな跳躍とは、トップが大きな決断の後の流れのなかでしなければならない小さな決断の背後の跳躍でもあるが（小倉の例にあったように）、多いのは組織の下部組織のリーダーたちが行う小さな決断の背後の跳躍であろう。

後者の跳躍は、跳躍する本人にとっては相対的に大きな覚悟を要求する跳躍であっても、組織全体へのインパクトとして小さいので、「小さな」跳躍と呼んでいる。こうした小さな跳躍の集積が、組織全体の進歩の質を決めている。だから、小さな跳躍が大切なのである。

大きな跳躍を支えるために哲学が必要であることは、これまでの議論から明らかであろう。そうした哲学を大きな哲学と呼ぼう。そして、小さな跳躍もまた、それなりの哲学に支えられていなければできないだろう。

もちろん、小さな跳躍を支える哲学は、「大きな哲学」よりスケール感の小さなものであることが多いだろう。小さな跳躍なのだから、それほど大げさに構えなくても跳躍はできることが多いからである。そんな小さな跳躍を支える哲学を小さな哲学と呼ぶとすれば、組織のなかのさまざまな跳躍のための哲学としては、大きな哲学と小さな哲学の両方があることになる。組織のなかの影響力や責任の大きさに応じて、哲学もまた大きな哲学と小さな哲学がある、ということである。

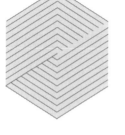

こうして責任やインパクトの大きさによって大きな跳躍と小さな跳躍、大きな哲学と小さな哲学、と分けて考えた方が分かりやすいのだが、跳躍へ

の基本や跳躍に必要となる哲学のあり方については、基本構造はあまり変わらないと思っていい。哲学がなければまともに跳ぶことができず、また走りつづけることもできない、ということである。

小さな哲学というと、下部組織のリーダーの多くは「そんな大それたことは必要ない」と思うかも知れない。しかし、それはもったいない。彼らがしなければならない小さな決断がじつは多いからである。その小さな決断の経験から、自らを育てるポテンシャルを彼らは持っている。それを、下部組織のリーダーたちは明確に認識した方がいい。

そう私が考える理由は、小さな決断をあえて引き受けることから生まれる、「自分が自ら育つ」という機会を活かすことが大切だと思うからである。そこには、「決断から自分が育つ」というポジティブフィードバックのサイクルがある。その決断の機会を積極的に活用することから、将来に大きな決断ができるための基礎を下部組織のリーダーはつくりあげるポテンシャルを持っているのである。

決断＝判断＋跳躍、という式の二つの項目それぞれについて、組織のトップではない下部組織のリーダーが小さな決断を経験する機会が増えると、二つのフィードバックが彼らに働く可能性が生まれるだろう。

一つは判断という項目で、つき詰めた判断の経験が、判断能力を高めるというフィードバックである。もう一つのフィードバックは跳躍という項目で、跳躍の経験が跳躍のための哲学を育む、というフィードバックである。それはいずれも、「実地に体験したことで人は学習する、自ら育つ」という普遍性の高い基本論理に従ったフィードバックサイクルである。

この二つのフィードバックサイクルは、小さな決断でも生まれうる。したがって、その機会に恵まれた人、あるいはこの機会を活かそうとする人が、より大きな決断をできる人に育っていく。

さらに、小さな決断であれ、すべての決断の結果としてほぼ必然的に生まれるだろう事後的なゴタゴタの処理の経験が、想定外対処の判断能力、想定外への哲学、そして想定外対処の基礎としてのリーダーシップのいい訓練になる。

こうして、決断から人は育つ。そのサイクルに乗るためには、小さな決断でいいから、まず決断すること、決断を経験することからはじめなければならない。

小さな判断の経験が、論理をつき詰める能力を育てる。そして、小さな跳躍の積み重ねから、小さな哲学が育まれ、より大きな哲学へと育っていく。とくに、跳躍のための哲学を育むことが大切である。そうして哲学を育む機会を持った人のなかから、大きな哲学を持てる人が出てくる。

その大きな哲学が育まれるからこそ、経営者として大きな決断・大きな跳躍ができるようになるのである。そのために、小さな決断をあえてする努力、そのために小さな哲学を持つための努力をはじめよう。それが、すべてのはじまりである。

決断できるリーダーの条件

この章の締めとして、決断できるリーダーの条件について、これまでの議論をまとめておこう。真の決断ができるためには、リーダーにつぎの三つの条件がそろっている必要があるだろう。

---

1. 判断への論理的つき詰めができる
2. 正しい跳躍ができる
3. 誰のための決断か、公正な思いがある

ここで、「真の」という形容詞がついているのは、リーダーが率いている組織の長期的な健康に貢献するところが大きい、というほどの意味である。

最初に、判断への論理的つき詰めについて。

これができる人は、少なくとも三つのサブ条件を整えている人だろう。第一は、論理的思考力である。これは、自明に近いであろうが、論理的に「かなり」考えられるという程度の思考力ではダメである。つき詰めが必要なのである。それには、いわば論理的体力というべき粘りとエネルギーが必要になるだろう。考えるということは、体力が必要なことなのである。

判断への論理的つき詰めを可能にする第二のサブ条件は、現場情報の豊かな集積を持っていることである。そうした情報を持っていればこそ、あれこれと考えられるのである。

それを、現場情報に沈潜すること、と表現してもいい。些細な現場情報をさまざまに集め、その情報の「深い風呂」のなかに自分をどっぷりと浸けることである。そうして沈潜することから、なにが大切か見えてくるものがある。多くの些細な現場情報のなかから意味のあるものを、「聞き耳を立てる」ごとくに、ピンと張り詰めた脳がキャッチしてくる。

神は細部に宿る、という。現場情報はその細部なのである。その細部をつなぎ合わせて、論理的に全体像を構築（あるいは想像）するのである。多くの経営者が現場を歩くことを重視するのは、そうした現場情報への沈潜の重要さを物語っている。

論理的つき詰めの適切さを確保するための第三のサブ条件は、やや逆説的だが、不確実性をなくせるまで考えつづけるという非生産的なことをしないことである。石橋を叩いて壊してしまうことはやめよう、といってもいい。つまり、どこかであきらめることである。そしてあきらめたうえで、それでも残る不確実性の淵をどう跳躍すべきかを考える、という思考ができることである。

つぎに、決断のできる人の第二の条件である、正しい跳躍ができる、ということについて。この条件を満たすには、つぎの三つのサブ条件を持っている必要があるだろう。

第一に、跳躍のための哲学を持っていること。哲学がなければきちんとした跳躍ができないことは、すでにこの章で一貫して強調してきた。しかし、これ以外にも、第二、第三のサブ条件がある。

第二のサブ条件は、すでに説明したことだが、跳躍の後でほぼ必然的に生まれる大小のゴタゴタを処理できる自信があること。トラブル解決能力の高さ、といってもいい。それは、想定外への対処能力でもある。ゴタゴタがおきるとは、事前には想定していなかったトラブルがおきるということだからである。

第三のサブ条件は、性格である。

跳躍への性向をかなり持っている人と跳躍をためらう性向を持っている人と、二種類ありそうなのである。たとえば、ネアカゆえに多少のリスクをものともせずに、跳躍をためらうことの少ない人。あるいは、責任感が強いゆえに、跳躍をためらってはならないと思う人。いずれの性格でもいいが、そうした人が跳躍に向いている。

跳ばない性格の人を無理に跳ぶようにさせるのは、難事である。それよりも、跳ぶことをあまり気にしない性格の人に判断の知識・論理と跳躍の哲学をきちんと学んでもらう方が、真の決断ができる人に育つ可能性があると思われる。

真の決断ができるリーダーが備えるべき第三の条件は、そもそも誰のために、なんのために決断を行うかについて、明確で公正な思いを持っていることである。

　公正な思い、というところに力点がある。自分の利害や組織の短期的な利益というような、「ゆがんだ」思いを持つ人の決断には、組織の内外の多くの人々がその「ゆがみ」を敏感に察知して、本気で長い期間にわたってはついていかない可能性が高いからである。

　たとえば、多くの大型の企業買収の決断の背後に、それによって経営者が歴史に名を残したいという秘かな思いが最大の語られざる目的として存在することがある。明確に企業の歴史が変わる案件だからである。それが、経営者の名誉心に秘かに火をつけてしまう。それでは、決断にいたるまでの判断の論理的プロセスで偏りが生まれそうだし、跳んだ後に組織として走りつづけることもむつかしいだろう。

　さて、以上のように、真の決断のできるリーダーが満たすべき条件は、少なくなく、また重い。読者のなかには、こんなに条件、サブ条件があっては、自分はとても無理、と感じる人もいるかも知れない。しかし、そう思わないでほしい。

　前項の最後で強調したように、小さな決断、小さな跳躍からはじめて、自ら育つためのポジティブフィードバックのサイクルに乗れるように努力すれば、育つ部分も十分にあるからである。

　生まれながらにして決断のできるリーダーという人も例外的にいるかも知れないが、多くの決断のできるリーダーは、そこまで育つためのフィードバックのサイクルに自分を乗せることのできた人だ、と私は思う。この項でまとめた諸条件は、そのサイクルでめざすべき方向を書いたものである。

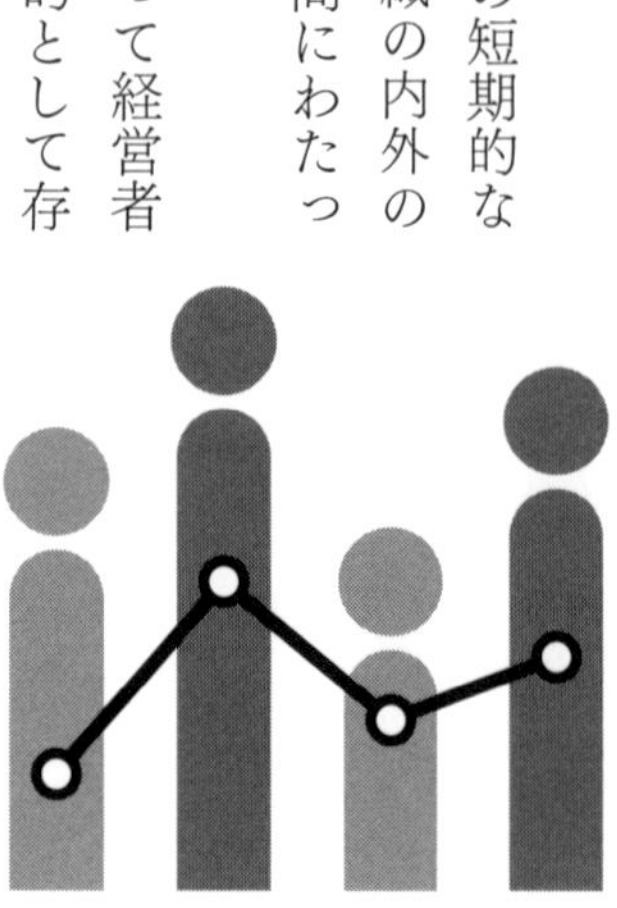

経営者コラム

小倉昌男

Masao Ogura

小倉昌男は、父親が創業したヤマト運輸というトラック路線運送を中心業務としていた会社の、二代目社長である。しかし、並の二代目ではまったくなく、本章でも解説したように日本人の生活を変えてしまった大イノベーションを成功させた経営者であった。

小倉は論理の人であり、また決断の人だった。

彼は経営リーダーの十の条件の第一に論理性をあげている。

「経営者にとって一番必要な条件は、論理的に考える力をもっていることである。なぜなら、経営は論理の積み重ねだからである。……論理の反対は情緒である。情緒的にものを考える人は、経営者には向かない。」(『小倉昌男　経営学』p.272)

幸運にも私は、小倉さんと面識を得る機会があり、ある企業の幹部研修の講演に来ていただいたことがあった。

小倉さんの講演の直前に、小倉さんの経営について私の後輩である沼上幹さん（当時、一橋大学）から小倉さんの著書を使っての講義があった。それも会場で聞かれたうえで登壇された小倉さんに、講演後に受講者の一人がストレートな質問をした。「なぜ、三越の業務から撤退する決断ができたのですか」。なぜ宅急便に早い段階で全力集中の決断ができたのか、という質問でもある。

小倉さんは、間髪入れずにこう答えられた。

「最後には、神様に聞くんです。それでいいかなとなったら、まず、やってみればいい。やってみれば、分かります。やってみて、まちがっていれば、ごめんなさいと謝ればいい」

その時の小倉さんの顔が、私には仏様のように見えた。すっきりとして、迷いがなく、美しい顔つきだった。

小倉さんがいう、「神様に聞く」という言葉にはいろいろな意味がありそうだ。小倉さんはキリスト教信者であったが、「神様」という言葉はたんにキリスト教的な意味ではないように私は感じた。

その意味の一つは、自分をはるかに超えた大きなものに照らして大丈夫かと考える、ということであろう。この章の言葉でいえば、跳躍の哲学である。だから、もう一つの意味は、人知でいくら考えても仕方のないことがある、という一種のあきらめであろう。だから、「やってみれば分かる」ということにもなる。

そして、「まちがっていたら、ごめんなさいと謝ればいい」というのは、行動の結果について覚悟するということであろう。すべては自分の責任と覚悟するから、「謝る」ということに自然になる。逆にいえば、謝ろうと思えなければ、それは覚悟がまだできていないということなのである。

小倉さんは、論理の人だからこそ、決断の人になれた、ともいえる。この章の最後の項で決断のできるリーダーの条件を述べたように、第一の条件は論理的つき詰めができることで、小倉さんはこの条件を文句なく満たしていた。だからこそ、本気の跳躍というステップに移れたのである。もちろん、彼は跳躍の哲学を含めた正しい跳躍への第二の条件も疑いもなく満たしていた。

そして、決断への公正な思いも、宅急便の成長とともに、ますます明確にかつ大きくなっていったように思われる。宅急便の構想を練っていた頃は、会社を立ち直らせる、従業員たちの生活を守る、という思いが中心だったのだろう。しかし宅急便の想像以上の成功が、この事業がじつは社会インフラを提供する事業で、利益を会社が上げるためだけの道具ではもはやない、と小倉さんに確信させていったようだ。だから、社会インフラとしての宅急便を充実させるための投資（たとえばクール便への投資）を積極的に決断していったのである。

そうした「公正な思い」の一つの象徴が、第4章で紹介したような「運輸省と公然と闘う」という事件である。運輸省が、公正でないのである。その不公正と闘うという決断は、小倉さんにとっては跳躍などという意識もないような、公正への思いの自然の発露だったのかも知れない。

小倉さんの公正への思いのもう一つの発露を、私はパネルをご一緒したシンポジウムでの小倉さんの発言から感じたことがある。二〇〇〇年からしばらく経った頃の（小倉さんはヤマト運輸の経営を退いてかなりの時間が経っていた）、アメリカ型経営に押される日本型経営、というテーマのシンポだった。小倉さんと私が日本型経営派という色分けだったようだ。

そこでパネリストの一人だったアメリカーT企業の日本法人の社長が、いかにその企業が利益を上げ、経営者が大きな報酬をもらっているかの自慢めいた話をした後の発言の機会に、小倉さんは憮然とした表情でこういった。

「自分の後継の経営者たちを一番褒めていいと思うのは、一〇万人に近い雇用を生み出したことだ」

誰のために経営者は決断するのか。自分や株主の利益のためだけで、公正な思いになるのか。それでは大きな決断はできない、と小倉さんはいいたかったのだろう。

第Ⅱ部

企業という存在の本質

経営学とはなにか

第7章 企業という存在の本質

三つの本質

第Ⅱ部では、議論の基本的視点が第Ⅰ部とはがらりと変わる。

第Ⅰ部の議論は、経営者あるいは組織のリーダーによる経営行動の原理の議論であった。組織を経営するとはなにをすることか、リーダーとしてとるべき経営行動の原理を六つの章に分けて考えてきたのである。

リーダーとはもちろん、トップだけでなく下部組織のリーダーも含んだイメージですべて考えてきた。また、組織という場合、たしかに企業の例で説明することが多かったが、議論の本質としては企業に限定していたわけではない。『孫子』などを引いて、軍事組織の議論をしたのがその一例である。

しかしこの章からはじまる第Ⅱ部では、企業という存在そのものの本質を議論したい。経営行動を必要としている多くの組織のなかから、企業組織をとくに取り上げて議論したい。

それは、社会全体のさまざまな経営行動のきわめて大きな部分が、企業組織でとられているからである。また、現代社会での企業という経済組織体の果たしている役割の巨大さを考えると、経営学の本として企業そのものに焦点を当てた議論があって当然だと思うからである。

企業というもののイメージを聞かれると、多くの読者から「利益を追求する組織」という答えが返ってきそうだが、それは企業をどのように定義するかによる。ふつうの国語辞書を引くと、事業を行う営利体、という定義がのっている。営利とは、利益目的を持つ、ということである。しかし、企業という言葉は、公共目的のための事業体にもたとえば「公企業」という形で使われる。空港を運営する会社などである。

では、より広い意味で捉えられる企業という存在は、どのように定義されるものなのだろうか。この本では、つぎのように定義することにしたい。

「製品・サービスの提供をおもな機能としてつくられた、人と資源の集合体で、一つの管理組織のもとに置かれたもの」

この定義は、三つの部分から成り立っている。まず、企業の果たしている基本的機能は社会に対する製品あるいはサービスの提供であること。第二に、企業は人と資源から構成されていること。第三に、その集合体は「一つの」管理組織のもとにあること。

第三の部分が、企業の境界をある意味で決めている。たとえば、日本の電力産業全体は人と資源の集合体とみなせるが、その集合体全体が第二次世界大戦中は一つの管理組織のもとに置かれていた。だから、産業全体が一つの企業だった。しかし、戦後に東京電力をはじめとする九つの地域企業に分割されて、同じ人と資源の集合体が、九つに分割された管理組織のもとに置かれることになった。企業が九つになったのである。

逆に、法律上の人格としての法人という形では複数に分かれていても、一つの企業とみなした方が「一つの管理組織のもとにある資源の集合体」という意味では適切な場合がある。グループ連結経営を行って、複数の会社を一つの本社組織が束ねているような場合である。法人としての法律的境界と、企業としての実質的境界はちがうと思った方が分かりやすい。

こうして定義された企業には、この本でたびたび例として使ってきたグーグル、ヤマト運輸、ホンダなどがもちろん入るし、中小企業や商店も入るだろう。あるいは、新東京国際空港会社のような公企業まで入る。じつにさまざまな企業がわれわれの周りで、われわれの生活を支えている。彼らによって日本の経済活動の大半が行われているのである。

その企業という経済組織体の存在の本質を、企業が活動している社会や市場経済という大きな視野のなかで考えると、つぎの三つの「特徴」が本質的であると思われる。

・企業が果たしている役割の本質――技術的変換
・企業の構成の本質――カネの結合体とヒトの結合体の二面性
・企業と社会との関係の本質――社会からのさまざまな恩恵のおかげで生きている存在

ここで「本質」という言葉をあえて使うのは、この三つの特徴を深化・追求することが企業の長期的な健康や発展に大きく貢献すると思われるからである。したがって、経営者や組織のリーダーがそうした本質を深化・追求するように経営行動を考えるべき、という経営行動の指導原理にもなるのである。

以下の項でそれぞれの本質についてよりくわしい議論をするが、ここではそれぞれの本質の簡単な説明をして、読者にイメージをまず持ってもらおう。

まず、技術的変換について。

企業は社会のなかでなにをしているのか、という問いに対する答えは、先にあげた企業の定義にすでに部分的に出ている。それは、「社会への製品・サービスの提供」であるが、さらに踏み込んで、その提供のために企業はなにをしているのであろうか。

誰にでも容易に手に入る製品やサービスであれば、企業が存在してその提供を業とする必要はない。その提供プロセスになんらかの困難さが伴うからこそ、その困難さを解決する努力が企業の「提供プロセス」の中核になるのである。

その中核とは、「技術的変換」と呼ぶべきものである。それが企業が社会のなかで果たしている役割の本質である。たとえば、鉄という金属材料を考えてみよう。鉄鋼企業の中核的実体は、鉄鉱石や石炭・石油といったインプットを鉄というアウトプットに変換する技術的プロセスなのである。

その技術的変換を実行するために、企業はさまざまな資源を必要とする。資本、人、生産設備、技術などである。そして、そうした資源を、統合的な管理のもとに置いてこそはじめて効率的な技術的変換が可能になる。だからこそ、「一つの管理組織のもとに置かれた資源の集合体」という企業の実体が生まれるのである。

そうしたさまざまな資源のなかで、カネとヒトはとくに本質的な意味を持っている。そして、カネもヒトも、多様なかたちで企業活動の成立に必要である。

カネについていえば、大半の企業がとっている株式会社という法人形態の場合、資本金というカネを提供する株主もいれば、貸付金という形でカネを期間を限って提供する銀行もある。つまり、そうした多様なカネの結合体として、企業はできあがっている。

ヒトについても、さまざまなタイプのヒトを企業は必要としている。現場の作業者も必要だし、営業関係者も必要だろう。また、管理職の人々も経営者も、企業は必要とする。そうした多様な人々のヒトの結合体として、企業はできあがっている。

そして、カネもヒトもともに存在しなければ、企業活動は成り立たない。だから、「カネの結合体とヒトの結合体の二面性」を持っている、というのが企業の構成としての本質なのである。

さらに企業と社会との関係に目を転じると、企業はさまざまな恩恵を陰に陽に社会から受けているからこそ、活動できている。政府が提供する社会インフラ、法制度などなどがあればこそ、企業は活動できる。それがなければ、秩序立った企業活動などは無理である。また、地域社会からさまざまに助けられて企業は活動できている。地域社会の貢献は、労働力の提供基盤だったり働く人々の生活基盤の提供だったり、じつに多様である。

そうした「社会からのさまざまな恩恵のおかげで生きている存在」というのが、社会との関係における企業の本質なのである。

こうした三つの本質を考えると、それらの本質を深化させる、追求する方向に機能するような経営行動の指導原理として、つぎのような内容が自然に出てくるだろう。

第一の本質からは、今やっている技術的変換の効率を上げること、新しい技術的変換を提案すること(つまりイノベーションを生み出すこと)が経営の仕事である。第二の本質からは、二面性があるゆえにカネとヒトが対立関係になる危険がある。そうならないように調和・融合させることが経営の仕事である。そして第三の本質からは、社会からの大きな恩恵へのお返しとして、社会への貢献をすること、社会的責任を果たすことが経営の仕事である。

この章の以下の議論の目的は、そうした「経営の仕事」の内容をさらにくわしく解説することである。**その議論を、第一の本質から第三の本質へと順を追って説明し、最後にそうした三つの本質と利益という指標の関係を考える、という順序で行いたい。**

PREVIEW

▼**技術的変換が基本的役割**
▼**情報蓄積体としての企業**
▼**カネの結合体とヒトの結合体の二面性**
▼**株式会社制度と株式市場**
▼**お天道様に恥じない経営**
▼**三つの本質と利益という指標**

技術的変換が基本的役割

インプットを市場から買ってきて、それを市場で売れるアウトプットに仕上げる、その中間のプロセスである技術的変換が、企業が社会のなかで果たしている役割の本質、と説明すると、鉄鋼企業の場合は分かりやすいだろう。たしかに、鉄鉱石や石炭・石油などを外部から買い、鉄鋼技術を使ってさまざまな形の鉄鋼製品に変換して、製品市場で売っている。

では、サービス業や銀行での技術的変換とは、どのようなことをイメージすればいいのか。

身近な例としてコンビニエンスストアを取り上げれば、コンビニは適切な供給業者を見つけて適切と思う商品を仕入れて、それらを適切な形で店舗に置くためのさまざまな作業をしている。そしてしばしば商品企画にも主体的に参加しているし、商品の広告やプレゼンテーションの仕方、店舗内の配置の工夫をしている。

それは、大変な作業である。世界のあちこちに存在する商品を買い付け、それを店舗に一まとめにして毎日のように集結させ、さらに商品をタイムリーに魅力的なパッケージングや並べ方で供給する。果ては、おでんや唐揚げの店頭「生産」すらもやっている。商品の空間的移動、パッケージング、タイムリーな配送、魅力的な品ぞろえ、ときに若干の調理が、コンビニの仕事で、その全体のシステムは技術的内容がなければ実行できない。すべて、硬い言葉でいえば、「技術的変換」なのである。

銀行の例をとれば、資金の出し手（預金者）と借り手（貸し付けを受ける企業や住宅ローンを組む消費者）の間に立って金融仲介を行うのが、銀行の仕事の中核である。そこでは、資金に対する期間的なニーズ（短期か長期か）でも、資金の単位の大きさという点でも、あるいは許容できるリスクの大きさという点でも、資金の出し手と借り手のニーズは千差万別にバラバラに存在している。

そのなかで銀行は、資金の出し手からインプットとしてのカネを受け取り、借り手が借りやすいようにカネのパッケージングを行ったアウトプットを借り手に売ることによって、世の中の資金需給をうまくバランスさせている。

その巧みなパッケージングで適切な金融商品をつくりだす作業は、まさに技術的変換で、最近はそれをIT技術を使って行うようになっている。銀行が社会で果たしている役割の本質は、「カネの技術的変換」という仕事なのである。

この本でたびたび例として取り上げたグーグルもヤマト運輸も、社内で行っている作業の中核は技術的変換と呼べるだろう。グーグルの場合、すでにあちこちにあるソフトウェアやプログラムを部品のように集め、さらに新たなソフトをつくりあげて、全体として提供したいインターネットサービスの製品に仕上げている。すべてソフトウェアづくりの作業が中心となるが、それはインプットソフトをアウトプットソフトに変換している作業なのである。

ヤマト運輸という運送業の場合は、顧客の荷物の集荷システム、全国的な輸送システム、さらに各地での個人への配送システム、という膨大なシステムをつくり、個人に宅急便サービスを提供している。その作業システム全体をつくり、遅滞なく運営するのは、大変な技術的な仕事なのである。

技術変換が下手な企業には、企業の本質的な役割を果たしていないという理由で、市場や社会が退場を命じるであろう。存在できなくなるのである。

変換効率が悪くてアウトプットに比較してインプットにおカネがかかりすぎれば、利益が出なくなる。利益が出なければ、資金的に企業は存続できない。それは、市場が企業に退場を命じていると考えることができる。

あるいは、変換方法に技術的な問題があって公害などの社会的害悪を流しはじめると、公的な制裁を受ける。それは社会が企業に退場を命じているケースと考えればいい。

企業がこうした技術的変換の努力をするのは、付加価値と呼ばれる経済価値を生み出すためである。そして、その付加価値から利益が生まれる。

企業は、インプット（原材料など）を市場から買ってきて、それに技術的変換を加えてインプットよりも価値の高いアウトプット（製品あるいはサービス）をつくりだし、それを市場で売って収入（つまり売上）を得る。その売上から、技術的変換のインプットとして企業が外部から購入したものの金額を差し引いたものが、付加価値と呼ばれる指標である。

それは、企業が生み出す経済的価値の基本指標である。この概念は、一国の経済でいえば国内総生産（GDP）に当たる。企業の「企業総生産」が、企業の付加価値なのである。

外部から購入したインプットから技術的変換によって付加価値を生み出すために、企業はヒトとカネを使う。つまり、労働投入と資本投下をする。そして、この付加価値を原資として、投入されたヒトへの分配（人件費）や資本への支払い（金利や配当）がなされる。

付加価値と似た概念に利益という概念がある。利益とは、付加価値から人件費支払いを差し引いた残りの金額のことである。人件費は、付加価値を計算するときに差し引く「外部」インプットへの支払いには含まれない。なぜなら、働く人々は、企業というものを構成している内部要素だからである。

企業会計で計算される数字に営業利益という数字がある。営業活動から生まれる利益、という意味の言葉である。この数字は、企業の売上から「人件費」も含んだインプット総費用を引いたもので、金融費用などはまだ差し引いてない数字である。

したがって、付加価値の額は会計データから逆算できる。

――付加価値　＝　営業利益　＋　人件費――

というものである。つまり、営業利益に人件費を足し戻して、付加価値を逆算できる。

営業利益を計算するときになぜ人件費を差し引くかといえば、会計上の「利益」という概念がそもそも資本の投下に対する成果の計算のための概念だからである。企業が付加価値を生み出すためにカネとヒトを投入するといっても、資本（カネ）を出した人たちにとって最終的に興味があるのは、人件費を付加価値から差し引いた後の、自分たちの取り分になる金額である。それを会計上は「利益」というのである。

したがって、利益を企業という経済組織体が生み出していると考えるのは、厳密には正しくない。経済組織体である企業は、働くヒトと資本の両方から構成されるもので、その組織体は付加価値を生み出している。利益はその付加価値のなかで資本が生み出したはずの部分、と捉えるのが正しい。

この付加価値から、人件費が働く人々への分配として払われ、金融費用（支払利息など）が金融機関が拠出した資本に対して支払われる。そうした支払いをした後の企業の最終損益から、配当が株主への利益処分（つまり株主が出した資本への対価支払い）として行われ、その後の残る額が企業の内部留保となる。それが株式会社の企業会計のあらましである。

情報蓄積体としての企業

では、技術的変換を企業が行うための能力の源泉になるものはなんだろうか。それは、企業内に蓄積されるさまざまな知識やノウハウ、情報、の集積である。これをシンプルに「情報蓄積」と総称しよう。

上手な技術変換のできる企業は、その変換を可能にする技術情報を蓄積している。そしてさらに、市場でなにが求められるかの市場情報も蓄

積している。そうした情報蓄積を活かして、顧客の望む製品やサービスを提供するように技術的変換を行っている。それを、企業は需要と技術をつないでいる、と表現してもいい。

ただし企業は、需要や技術を受動的に受け止めてただ反応しているだけではない。もっと能動的な存在である。

企業は、新しい需要の動きを発見しようとする。さらには、新規需要の創造ができないかと考えてさまざまな働きかけを行う。そのために多くの新製品が開発されている。それが、イノベーションである。

そうした開発のためにも、企業は技術のポテンシャルを発見し自らの技術蓄積を拡大しようとする。なかには基礎研究所を持って大学と変わらないような基礎研究に大きな資源を投入する企業もある。

さらに面白いのは、こうした知識や情報の蓄積がとくに蓄積自体を目的として資源投入をすることによって実現されるばかりでなく、事業活動のための通常業務を行っているなかでもおきることである。

製品を顧客に使ってもらっているプロセスで、さまざまな意見が顧客から寄せられる。ときにはクレームもある。それらは、顧客のニーズについての貴重な情報源である。あるいは、生産方法を改善できないかと考えて仕事をしている従業員が、生産工程の不具合などについてさまざまな観察をするようになる。それが工程改善の知恵になる。あるいは、その製品を少し変えれば別の用途に使えそうだと思いつくようになる。

これらは、市場や技術に関する情報蓄積が仕事をするプロセスを通じて増えていく例である。それが可能になっているのは、ヒトが学習する存在で、その学習が仕事の場で「仕事のついでに」行われるからである。

こうして、ヒトの集団が組織としてチームとして情報を学習し、蓄積する。その蓄積が、新しい創造の源になる。新しい技術的変換の知識の源になるのである。そうした情報蓄積とそこからの知識創造が社会のなかで意義あるものとなるとはじめて、企業という存在は長期的に社会のなかで生きていけるのである。

表面上は情報蓄積のためと思えないような組織としての活動が、情報蓄積体としての企業の情報蓄積に厚みをもたらしている例は案外と多い。二つの例を考えてみよう。一つは、設備投資を行うことによる情報蓄積。もう一つは、部品や重要な作業をアウトソースせずに、自社内の業務として自分で行うことから生まれる情報蓄積。

設備投資をすれば、新しい技術が新しい設備とともに取り入れられ、またその設備の運転技術を人々が学ぶ。それが技術蓄積の拡大につながる。

そのやや極端な例が、企業ではないが、伊勢神宮にある。式年遷宮という儀式が、一三〇〇年以上昔から二〇年間隔で行われている。一回の遷宮ごとに、七年間の月日を使って古い社殿の隣の敷地に新しい社殿がそっくり同じようにつくられるから、建築工事やさまざまな神具の製作もまた、二〇年ごとに同じように行われることになる。

なぜ二〇年ごとに社殿の新築工事や神具の新規製作が行われるのか。それは、「常若《とこわか》を維持するため」といわれている。常若とは、モノとしての社殿や神具の常若だけではなさそうだ。木造建築の寿命はふつうは二〇年よりもはるかに長いし、礎石の工夫などで耐用年数は長くできるのである。

専門家の間でも「なぜたった二〇年で」という疑問に対する推測はいくつかあるようだが、私には社殿や神具をつくりあげる「技術の常若」を維持すること、という目的がもっとも説得的に見える。二〇年に一度、同じ建築を大規模に繰り返すと、一人の技術者（大工さんや細工師）は若い頃に見習いを兼ねてまず一回、現場を経験できる。その二〇年後には、油の乗った年齢になり、中堅から棟梁格で二回目として参加する。そしてさらに二〇年後には、まだ元気な年寄りとして現存している人は後見役として、役に立つ。三回目である。

三回すべてに参加ができる人の数は多くはないかも知れないが、二〇年間隔なら二回参加できる人は昔の平均寿命でも多かったろう。それで、技術の伝承ができるのである。それは、この項の言葉で表現すれば、技術蓄積の継承・発展のための新規設備投資、といえるだろう。

つまり、現場の仕事経験は学習をもたらす。同じ論理が、ある特定の業務（たとえば主要部品の生産）をアウトソースしないで自社内で「あえて」行う、というような場合にも成立しうる。部品を企画し、設計し、生産するという仕事の経験が、その部品の生産技術や利用技術の学習をもたらすのである。

この点はすでに第2章でくわしく解説した。自分で仕事をすれば、自分が学習する。他人に仕事を任せれば、他人が学習する。だから、アウトソースをしてしまうと、技術蓄積の根が枯渇していく危険があるのである。

こうして、技術的変換を基本的役割とする企業は、情報蓄積体となるからその基本的役割を維持・拡大していけるのである。

企業が情報蓄積体となる基本論理は、シンプルである。遷宮と部品のアウトソーシングの両方の例に、共通の論理が働いている。それは以下のようなものである。

人間には、さまざまな器官がある。それらをフルに使って、仕事の現場で日々、学習がおきている。

小さなことに気づき、なぜかを考え、新しいやり方を工夫する。手と目と耳と脳の同時存在が大きな意味を持つ。たんに指示された仕事をこなすという「手だけの存在」では、人間はないのである。

さらに、個々の人間の手と頭脳への知識の蓄積だけでなく、現場の仕事の経験から組織にさまざまな技術や市場についてのデータベースの元が蓄積されている。それを利用可能な形にできると、それがさらに意義のある情報蓄積となり、技術蓄積になる。

こうして、企業組織が意味のある情報蓄積体となりうるのである。仕事の場を通して蓄積される情報は、技術情報だけでなく市場情報もあるだろう。その両方の情報蓄積こそが、企業の発展のためにもっとも大切な基礎能力基盤なのである。

この基本論理の普遍性は高い。ここでは説明はしないが、グーグルでもヤマト運輸でも同じようにこの基本論理が成立していることを読者はすぐ確認できるであろう。だから、情報蓄積体としての企業という特徴が、技術的変換という企業の本質から派生する企業の重要な特徴となるのである。

カネの結合体とヒトの結合体の二面性

その情報蓄積体を基盤から支えているのは、ヒトの結合体としての組織である。その組織のヒトのネットワークのなかで、人々が学習し、情報を伝達し、そして教え合うことによって、企業としての情報蓄積は大きくなっていく。

そして、この情報蓄積体と働く人々の心理的エネルギー(つまりやる気)こそが、企業の競争力の源泉である。

しかし、いい技術的変換の実行には、そして情報蓄積の充実にも、カネが必要である。そのカネをさまざまな形で調達して、企業は必要な資金の全体をつくりあげている。その意味で、企業はカネの結合体でもあるのである。

大半の企業がとる法人形態である株式会社の例でいえば、株主が資本金という形のカネを出している。銀行が貸し付けという形でカネを出している。あるいは、仕入先への支払いを商品の供給を受けた後しばらくの猶予をしてもらえるのであれば、その猶予期間中はその仕入先から借金をしているのに等しい（こうした取引への支払いの猶予という形での資金供給を、企業間信用という）。

株主が出している株主資本は、逃げないカネである。満期があるわけではなく、その企業が続く限り、そのカネが提供されつづけることを最初から約束して株主は出している。それとは対照的に、銀行借入も企業間信用も、その返済の期日が最初から決められている。つまり、そのカネは企業から引き揚げられることが最初から想定されている。その意味で、逃げるカネである。

株主資本というカネは、企業がピンチになっても「返してくれ」と請求する権利が株主にあるわけではない。返還を要求しないという約束をして出すカネなのである。だから、企業が倒産しても、出資額が返ってくる保証はない。企業の清算（つまり会社としての解散）をするときにはじめて、債務などの返済を済ませた後の残額（残余財産）が株主に出資額に応じて分配される。だから、株主資本は「逃げないカネ」なのである。

逃げないカネを株主が出すことによって、株式会社という法人がはじめて成立する。株主は会社という法人を構成する設立メンバーなのである。会社法に「社員」という言葉が登場するが、それは株主のことを指す。会社という「社団」の「構成員」という意味での、社員である。会社法での社員とは、働くヒトのことではない。

しかし企業は、資本金だけで成り立っているのではなく、カネが出発点でもない。あくまでもヒトが出発点である。企業の活動をその出発点で構想するのは、創業者というヒトである。そして、創業者に加えて多くの人々がその企業で働こうとするから、企業活動がはじめて実行可能となる。

グーグルがその典型的な例で、ラリー・ペイジとセルゲイ・ブリンという二人のスタンフォード大学大学院生が事業を興すアイデアを持ち、ベンチャーキャピタリストに出資を仰いだのが、グーグルの出発点であった。

こうして企業はカネの結合体であると同時に、ヒトの結合体でもある。そのカネとヒトの二面性が、企業という存在の構成の本質である。

その二面性は、二つの結合体の協調関係となって企業という存在の発展に貢献することが、もともとの想定であろう。ヒトの結合体が競争力の源泉である働く人々の知恵とエネルギーを提供し、カネの結合体が技術的変換を行うために必要な資金を提供している、という協調関係である。

しかし、資本の論理とヒトの論理は、企業という場でせめぎ合ってもいる。必ずしもつねに矛盾せずに両立するものではない。そのせめぎ合いが、カネの結合体とヒトの結合体という二面性を、緊張をはらんだものにしている。

もっとも単純にせめぎ合うのは、資本に対する金銭的見返り(配当)と働くヒトに対する金銭的報酬(賃金)である。ともに企業が生み出す付加価値から分配されるので、一方を多くすれば、他方は少なくならざるを得ないという、ゼロサムの関係がある。「取り合い」というせめぎ合いが、付加価値の分配をめぐって生まれるのである。

また不況が来たときにも、資本の論理とヒトの論理はせめぎ合う。資本の論理としては、景気が悪くて販売が低迷すれば、十分にやる仕事のないヒトが生まれるから、その解雇を要求するだろう。出費を抑えるためである。しかしヒトの論理としては、解雇でなく賃金水準を下げても雇用を維持するという対応を要求するだろう。働くヒトの生活を守る、雇用維持によって熟練蓄積の外部流出を防ぐ、などのためである。

さらにいえば、資本の論理は、結果の論理であり、経済的成果の論理である。企業活動が経済的成果を結果として生み出し、提供した資本に対する金銭的見返りがあること、それが資本提供者の最大の、そしてしばしば唯一の関心事である。

しかし働く人々のヒトの論理は、たんに経済的成果（たとえば雇用やボーナス）という結果だけでなく、仕事の内容や職場の共同体機能など、企業活動のプロセスが生み出すものをも重視することが十分ありうる。人々は企業という職場で仕事を一緒に行う、しかもかなりの時間を職場でともに過ごすのだから、自然にそこから二つの「働く人々にとっての企業活動の非経済的意義」が生まれるのである。

一つは、仕事の内容そのものである。仕事が面白い、社会的に意味がある、自分の人生に意義がある、と思えば、金銭的報酬を超えて人々は働く可能性がある。第二の意義は、職場社会という共同体である。長い時間を同じ職場で人々が過ごすのだから、そこには職場での人間関係、社会関係が生まれる。一種の共同体が否応なしに人々の間に生まれるのである。その共同体に属して、その社会関係に包まれていることを求める心理を、多くの人が持つ可能性がある。

金銭的報酬は結果の論理だが、仕事の意義、共同体への所属欲求という非経済的意義は、企業での人の活動のプロセスそのものに意義があるという、いわばプロセスの論理である。それらをヒトは、大なり小なり個人差はあるだろうが、求めている。

こうして、金銭の取り合い、結果の論理とプロセスの論理のせめぎ合い、という二つの緊張関係がカネの結合体とヒトの結合体の間にあるのだが、もう一つ大切な緊張関係がある。それは、企業という経済組織体の命運を決めるような重要な決定をする権利をめぐるせめぎ合いである。

カネの結合体としての普遍的法人形態となっている株式会社では、株主だけに企業の運命を決める最終決定権を与えている。株主総会の決議である。そこでの議決で取締役会メンバーが選ばれ、この取締役会が経営者を決める権利、財産を処分する権利（配当の決定や事業の買収・売却など）を持っている。

すでに情報蓄積体の項で強調したように、働く人々は企業の競争力を実質的に左右している重要なプレーヤーなのだが、こうした企業の運命を決める決定への参加の権利を持っていないのが、通常の会社法である。

つまり、カネの結合体の頂点に立つ株主（債権者たちよりも大きな権利を持っているという意味での頂点）が、ヒトの結合体の頂点に立つ経営者を決め、さらには重要な事業上の決定をする権利を持っているのである。それは、企業組織を統治する権利と呼んでいいだろう。

念のためにいえば、会社法はヒトとカネの重要性を比較考量して、株主に独占的な統治権を与えているのではない。あくまでも、逃げるカネを提供している債権者よりも逃げないカネを提供している株主が優位、とカネの結合体のなかでの権利関係を規定しているだけである。したがって既存の会社法では、ヒトの結合体という側面を視野の外に置いて、カネの結合体としての企業の統治の権利を決めていることになる。

そこから、働く人々（とくにその企業にコミットして働いているコア従業員たち）の意思が企業の統治に届く仕組みになっていない、という状態が生まれている。それが果たして企業の長期的発展と健康に望ましいことか、という素朴な疑問が生まれるのは、自然なことであろう。

つまり、カネとヒトの二面性があるのが「企業という存在の本質」の一つなのに、企業の統治権ではその二面性が無視されている、という矛盾があるのである。この矛盾は、株式会社という制度が持っている本質的な矛盾ともいえる。

株式会社制度と株式市場

株式会社が本質的に矛盾を抱えていると前項の最後で述べたが、私は株式会社制度を否定しようとしているのではない。株式会社制度の社会的意義は大きい。この制度は、守られるべき制度である。ただ、むき出しの株主主権だけ（企業の統治権を主権と呼び、株主が主権を持っていることを株主主権と表現している）でいいのか、と問われるべきだと思っているだけである。

中世ベネチアの冒険航海への出資の制度としてはじまったといわれる株式会社制度は、歴史の風雪に耐え、世界中のさまざまな国に広がってきた。旧共産主義国が市場経済へと移行しようとした一九九〇年代に、彼らがまっさきに取り入れようとした市場経済の制度は、株式会社制度だった。

株式会社制度の意義については、有限責任での資金出資を可能にし、リスク分散を可能にしたために、幅広い資金調達を可能にした、と教科書的にはよくいわれる。言い換えれば、危険資本の企業への供給を社会の幅広い人々にとって可能にした、ということである。

しかし私は、株式会社制度の本質的意義はもっと深いところに、二つあると思う。そして、この二つの意義があるからこそ、旧共産主義国は争って株式会社制度を導入したのだと思われる。決して、幅広い危険資本の調達のためではなかった。

第一に、株式会社制度は経済活動の世界で「法人」という存在を容易にかつ多様に形成することを可能にした。それは、経済活動を物理的寿命のある自然人だけの世界から解放し、多様な永続性のある経済関係を可能にした、と言い換えられる。

第二に、株式会社制度は、資本多数決の原則（株主資本を出した金額によって議決権の大小が決まる）を持つことによって、企業の支配権を量的に確定し、さまざまな株主の持つ権力に明確な大小関係をつけられるようにした。つまり、自然人の「人間一人としての平等」という民主主義的な概念から経済的な権力を解放し、ある人が他の人より多くの支配権力を手に入れることを可能にした。

第一の意義についていえば、株式会社という法人は、それ自体が一つの存在としての生命を主張できるようになり、株式の譲渡によって株式会社を創設した自然人たち（創業者）の物理的寿命の限界（つまり死）とは関係のない、ゴーイングコンサーンとなることが可能になっている。

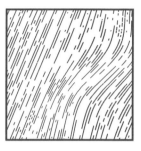

そのうえ、その法人が資産も持つことも可能になったし、契約を結ぶことができるし、他の会社の株式も保有できる。さらには持ち株会社という存在が傘下の株式会社を一〇〇％所有する、ということも可能になる。そして、株式会社の一部を別法人化してそれを売却することも可能になるし、二つの

法人を合体させて一つの法人にすることも可能になる。すべてが、株式の譲渡・所有関係を複雑につくることによって可能になるのである。

そうした複雑な関係を自然人の間につくろうとすると、ふつうはこんがらがってしまう。人間関係の泥沼が生まれる危険も大きい。しかし、株式会社制度は、資本多数決の原則によって、最終的にはすっきりとした整理ができるようになっている。株式会社制度が株式の保有量による議決権の大小関係をつくりだしていることが、企業の支配権力の保有量を量的に確定できることを意味しているからである。その意義は、きわめて大きい。

ふつうの人間の世界で権力の大小関係を量的に確定できるようにするのは、じつはやっかいなことである。民主主義とは、みんなが等しく同じ権力を持つという発想の政治体制で、その結果、民主社会の経済活動もついつい平等主義に傾斜する危険があり、しかも悪平等に堕する危険もある。株式会社制度は、それを防ぐ意義もあるのである。

株式会社制度がベネチアで誕生してから数世紀も遅れて、株式市場がオランダではじめて生まれた。株式会社は、株式の所有者が株券を他人に譲渡する際に会社や他の株主の承認を必要としない法制度だから、株の取引を自由にできる株式市場というものが存在するのが、便利なのである。そして、株式市場は資本主義の象徴の場のような位置づけとなり、多くの企業が株式市場に上場して、公開企業になっている。

しかし、株式市場の存在は、株主という逃げないカネの提供者をやや矛盾した立場に置くことにもなった。株を売る株主は、新しい株主に株券（株主がそもそも企業に拠出していた株主資本の出資証書）を渡して、その企業から離脱できる。つまり、逃げられるのである。しかし株主は交代するけれど、企業に拠出した株主資本そのものは企業から引き揚げられるわけではなく、カネは逃げない。

だから、株主が企業の統治権を持つと会社法が規定している理由を逃げないカネを提供しているからだ、と前項で述べたが、そこには、逃げないカネを提供している株主が企業から逃げる自由を持っているのである。株主資本というカネは逃げないが、株主その人は企業から逃げられる、という妙なねじれがある。それでいて、株券を保有している間は、企業の統治権を持っているのである。

さらに、株式市場という株式を自由に売買する市場が生まれると、もう一つのねじれが生まれる。

株式市場では、多様な目的を持った人々が自由に株主になれる。長期にその企業の発展に興味を持ち、「資本を投下して果実が生まれるのを期待する」という意味での「投資」をする投資家がもちろん株主になれる。しかし、「短期的な価格変動の目論見から、利ざやを得ようとする」と表現される「投機」をする投機家もまた、株主になれる。つまり、自由な株式市場では、投資家と投機家という二種類の株主が必然的に生まれてくる。

株式市場に限らず多くの売買の簡単な商品で価格変動がある市場では、投機が生まれ、巨大化する。外国為替市場も、むかしは貿易取引を決済するための実需としての為替売買が主体だったが、今では通貨価値の変動そのものを利ざや稼ぎの対象にしようとする投機が圧倒的に多くなってしまった。石油や穀物など、さまざまな商品市場も、大変な投機市場になっている。投機は、市場の性《さが》なのである。

しかも、機関投資家と一般には呼ばれる人々も例外ではない。「資本を投下して果実が生まれるのを期待する」という意味での「投資」をする人が真の投資家であろうが、多くの機関投資家の平均的な株式保有期間は長くても半年ほどである。それが「果実が生まれる」のに適した時間の長さなのだろうか。機関投資家と呼ばれる人々の多くの実態は、週単位・月単位の値動きで利ざやを稼ごうとする機関「投機家」ではなかろうか。

それでも、ふつうは会社法がすべての株主に株主総会での一株一票の議決権を与えている。議決権の大小がある株式の種類も法的には許されているが、現実にはあまりない（その例外の一つが、グーグルである。具体的には本章末の経営者コラムで紹介したい）。つまり株式市場は、投資家も投機家も等しく持っている企業の支配権を売買している市場なのである。

支配権があるのだから、その支配権のある人々が企業から不当に扱われないようにと、会社法も証券取引関連法規も、株主を保護する側面を多く持っている。大半の株主が真の意味での投資家であれば、ある意味で当然の保護である。

だが、投資家だけではなく、外形上は区別がつかない投機家もまた同じように保護される。そこにねじれの本質がある。投機家が企業の支配権の一部を持つことができれば、それを利用して株価上昇を狙うために企業への圧力をかける（配当を増やせ、自社株買いをせよ等）といった多様な「利ざや稼ぎ」を行おうとするのは、ほとんど論理的に不可避な帰結である。

こうして、カネの結合体の中核に投機家株主がかなりの規模で入り込む危険を、株式市場で株式公開している企業は持っている。

私は前項の最後で、働く人々（とくにコア従業員）の意思が企業の統治に届かない株式会社制度の矛盾を指摘した。カネの結合体とヒトの結合体という二面性との矛盾である。そしてそこにさらに、株式市場の広範な存在という事実（つまり株主その人はいつでも逃げられる）と、株式市場での投機家の存在の大きさという事実の二つを上乗せして考えると、その矛盾は「カネの結合体のなかの投機家とヒトの結合体のなかのコア従業員」という二つの集団の間のせめぎ合い、あるいは対立関係につながる可能性を示唆しているのである。

そうしたカネとヒトのせめぎ合いの総合的な調整がなんらかの形で行われなければ、企業の健康は維持できず、長期的発展も望めないであろう。カネとヒトの協調関係が、企業という技術的変換体にはどうしても必要だからである。その総合的調整は、経営者の重要な役割である。

経営者が資本の方だけ（つまり株主だけ）を向いて経営してしまうと、ヒトがついてこなくなる危険が大きい。しかし、ヒトの方だけを向いて経営をすれば、カネがついてこない危険があり、さらには統治の権利を持っている株主の圧力で経営者自身がその地位を追われる危険がある。

どうもカネの結合体が優位になるように、株式会社制度と株式市場の仕組みはできているようである。そのなかで、経営者はカネとヒトの二面性をプラスに働かせるための総合的調整をしなければならない。簡単な仕事ではないだろう。

お天道様に恥じない経営

この章で扱う「企業という存在の本質」の第三は、企業と社会との関係の本質である。企業は自分一人で生きているのではない。さまざまな社会的なつながりのなかで、「社会からのさまざまな恩恵のおかげで生きている存在」なのである。

そのもっともわかりやすい例が、社会インフラである。教育、道路、交通機関、警察がある。電気・水道が供給され、電話や通信網がある。さらに、法制度が社会の動きを安定させ、軍事的な安全保障が企業活動の安全の基盤をつくっている。こうした多様な社会的なインフラの恩恵を受けて、安定的な企業活動が可能になっている。

こうしたさまざまな社会からの恩恵なしには、企業は存在できない。だから当然に、社会に対するお返しとしての貢献が、企業に求められる。企業は、以下に説明するような社会的責任を負っているのである。

こうした議論に対して、「企業は利益を上げることを最優先すべき。その利益から税金を納めて、それによって地域社会や政府に貢献すればいい」という反論がしばしば主張される。それが利益を上げることを目的とする経済組織体としての企業の本筋だ、と論じる人々もいる。

しかし、利益という企業活動全体の最終的な経済的成果は、一定期間（たとえば年度）が終わった後にその期間の成果として計算される指標である。だが、企業と社会との接点は、その期間の間のすべての日に存在する。

たとえば、公害物質を出しそうな生産工程を持っていれば、毎日、その公害を出してしまう危険がある。それを、「公害を軽視してもまず利益を上げ、その利益から納税するからその税金で公害処理をしてくれ」といっても、無理な話である。公害はすでに現場で発生してしまっているのである。しかも大気汚染のように、誰が出したものかを特定しにくい公害も多い。だから企業は、日常的な企業活動の現場で自分の行動の社会的インパクトを考える責任があるのである。

企業の社会的責任の内容は大きく分けて三つあると考えると分かりやすい。

---

1. 社会の公器として、ときには利益を犠牲にしても社会のなかの自社の有用性を大きくする責任（社会的有用性責任）
2. 社会のなかの重要な存在として、社会の規範を守り社会の安定のために努力する責任

（社会規範責任）。

3．社会のなかの市民としての責任（市民責任）

第一の有用性責任は、さらに二つに分けることができる。一つは「経済活動を通じて社会に貢献する」という責任である。よりよい製品・サービスの提供によって人々の生活を豊かにする。付加価値の大きな企業活動によって雇用や納税で貢献する。こうした貢献をより大きくしていく責任である。

もう一つの側面は、「地球環境維持など、企業にしかできない社会のための貢献を行う」ということである。たとえば温暖化防止に資する自動車の開発がそれに当たる。自動車メーカーに蓄積された多様な技術ベースがあってはじめて、こうした貢献は可能になる。

第二の社会規範責任とは、「社会の規範を率先して守り、社会の安定のために努力する責任」である。その大きな部分は、社会の安定の基盤である社会的規範としてのルールや慣行を守ること、すなわちコンプライアンスである。コンプライアンスは単に法令の遵守と狭く解釈すべきでなく、より広く法律で定めのない事柄についても、社会の安定を考えて社会的規範を守ることと解すべきであろう。公正な取引、人権の尊重、男女共同参画などのさまざまな社会的規範をめぐって、企業が取り組むべき課題は多い。

自然環境への配慮も、この責任の範疇に入る。工場から出る産業廃棄物を適正に処理するといったことは、当然の社会的規範であるし、「社会の安定のための貢献」のベースとして企業に課された責任である。ただし、そうした規範責任を超えて、さらに企業が積極的に地球環境保護のためにその技術的ポテンシャルを使おうとすることもありうるだろう。それは、社会的有用責任を果たす企業の姿として、望ましい姿である。規範責任とは、そうした積極的な有用性責任以前の、社会の重要な一員として最低限果たすべき責任である。

第三の社会的責任は、市民責任である。企業は、社会のなかの市民である。他の個人としての市民と同じように、あるいは企業の重要性を考えれば個人以上に、文化やスポーツの振興、あるいは従業員のボランティア活動支援といった広い意味での「社会支援」をする責任がある。

このように三つの社会的責任があるが、第一の「有用性責任」こそが中心であるべきだろう。それは、決して、他の二つの社会的責任をないがしろにしていいということではない。とくに、第二の規範責任は、社会的責任のベースとでもいうべき重要性を持っている。そうしたベースをきちんと確保したうえで、しかし、企業の社会的責任としてもっとも社会性が強く、中心を占めるべきは、有用性責任だと私は思う。しかも、「ときには利益すらもある程度は犠牲にしても、社会的有用性を優先する」という覚悟が、この有用性責任の本質である。

なぜそこまでいうか。二つ理由がある。

一つには、企業は製品・サービスの供給が社会的な有用性を持つからこそ、経済的にもまた（法人として）法律的にも、社会のなかで存続していくことが許されているからである。それが、技術的変換体としての企業、というこの章で説明してきた企業という存在の第一の本質である。

第二に、たとえば技術蓄積を活かした公害防止製品の開発のように、企業にしかできない社会的に有用な事業活動が多いからである。企業は、社会のなかでも最大の技術蓄積体なのである。その蓄積は、社会のおかげで可能になっている部分も多い。だからこそ、技術的変換体として、その技術蓄積をベースに社会にお返しするよう事業活動を行う責任がある。

「ときには利益をある程度は犠牲にしても」という社会的有用性責任を強調すると、営利追求という企業の目的に反するという批判が出てくるであろう。その企業に出資をしている株主の私的財産権に対する侵害だといわれそうである。たしかにある意味での私的財産権の制限と受け取られかねない面がある。しかし公益がときに私的権利よりも優先されるのは、日本国憲法でも認めている考え方である。

もちろん、私的財産権の制限が濫用されることは好ましくない。利益を犠牲にする際には、きびしい説明責任が求められてしかるべきである。しかし、それだけの公益性があると説明責任を果たせるような場合には、「ときには利益をある程度は犠牲にして」ということが許されていい。

むかしから日本の商家には、「お天道様が見ている」という言葉があった。お天道様という言葉に象徴されるような社会の目を意識することの重要性、その目を自分の内に感じる経営者のモラルの重要性を物語る言葉であろう。

市民責任を果たしているか、お天道様は見ている。もちろん、社会規範責任を果たしているか、お天道様はお見通しである。さらに、社会有用性責任まで果たせば、それはお天道様に誇れるであろう。

つまり、「お天道様に恥じない経営」という言葉が、企業の社会的責任の分かりやすい表現なのである。そしてそれが、社会に生かされているという本質を持つ企業の経営者の行うべき、経営の仕事の一つなのである。

三つの本質と利益という指標

本章の冒頭で企業のイメージについて触れたとき、私は「企業とは利益を追求する組織」というイメージで企業という経済組織体の本質を考えるのは適切でない、と書いた。それは、利益を最大にすることが企業が追求すべき究極の目的だとは思わない方がいい、という意味であった。

しかし私は、企業にとって利益という指標に意味がないと思っているわけではない。利益追求を究極の目的とする、と企業の「本質」を規定しない方がいい。かえってそうせずにこの章で述べた「三つの本質」に磨きをかけるように経営者も企業で働く人々も努力を集中すると、結果として利益は大きくなるだろう、と考えているのである。そこで、この章の締めとして、利益という指標の意義、および企業の三つの本質と利益との関係について、整理しておこう。

利益計算の出発点にある売上は、顧客が企業へくださっているものである。売上が大きいということは、多くの顧客が自社の製品に購入という形での「支持投票」をしてくださっていることに等しい。そして、その売上を実現するために企業はさまざまなインプットを使っている。技術的変換のためのインプットであり、顧客サービスのためのインプットである。

そのインプットの総支出（人件費も含めて）を売上から差し引いた利益という数字がもしマイナス（つまり赤字）なら、企業は社会から受け取っている支持以上の支払いをしてしまったということになる。つまり、企業は社会との関連では、差し引きのネットで持ち出しになっている。

それは、裏を返せば、使っているインプットの費用ほどに社会からの支持がなかったということを意味している。逆に大きな利益が上がっているという状態は、企業が自分の使っているインプットの費用をはるかに超える社会の支持を得ているということになる。あきらかに、利益はその意味で企業と社会との関係の「よさ」の一つの指標なのである。

経営学の元祖のような存在になっているピーター・ドラッカーは、『現代の経営』という主著の一つのなかで、利益の機能を二つに分けて説明している。一つは、企業あるいはそのなかの組織単位の「仕事ぶりを判定するための尺度」である。もう一つの機能は、不確実な将来に向けて組織を存続させるためのカネという資源の確保状況の尺度、である。

そして彼はつぎのような、洞察のある発言をしている。

「利益の最大化が企業活動の動機であるか否かは定かでない。これに対し、未来のリスクを賄うための利益、事業の存続を可能とし、富を生み出す資源の能力を維持するための最低限の利益をあげることは、企業にとって絶対の条件である」(『現代の経営(上)』p.61)

市場経済がカネというものを取引や富の蓄積の媒体として使い、したがってカネの大小が価値判断や価値貯蔵の基本的道具として使われる経済の仕組みなのだから、ドラッカーのいう二つの機能は重要だと私も考える。

また最低限の利益を上げることが企業にとって絶対条件ということも、その通りだろう。企業が自分が使うインプットの費用も賄えないような売上しか上げられないのであれば、企業が長く存続できるわけがないし、その企業は市場から退場を命じられているに等しいからである。しかし、最低限の利益を上げることが企業の絶対条件だということと、利益の最大化が企業の目的だということは、明確にちがうのである。

そして私は、「企業という存在の三つの本質」と利益との関係について、三つの本質を追求するような経営行動を経営者がとれば、じつは最低限の利益を上げられる可能性は大きくなるし、さらに、より大きな支持を社会から得ることも可能になって利益は大きくなるだろう、と考えている。

まず、技術的変換という本質を考えてみよう。この本質に磨きをかける、ということは、たとえば現在の技術的変換の効率を上げることや、将来の技術的変換のイノベーションをめざして技術的変換のタイプや質を変えるということを意味するだろう。

その場合、より少ないインプットでより大きなあるいはより価値のあるアウトプットをめざせることになり、最低限の利益を上げる可能性も、さらに最低限を超えた大きな利益を上げる可能性も大きくなるだろう。

カネの結合体とヒトの結合体の二面性にきちんと対応するということは、二つの結合体の協調関係をつくりだすということがその内容になるだろう。そうなれば、ヒトの結合体がより大きな努力と知恵を出す方向に機能する可能性は高くなる。あるいは、カネの結合体としてより少ないカネの投入で企業活動を行える方向（たとえば借入金の返済を大きくする）に企業全体が動くことを意味するだろう。

いずれの状況でも、結果として同じ人件費でより大きな売上を上げるとか、売上確保のために必要なカネのインプットを減らす、というような効果が生まれ、利益の額は大きくなる方向に動く可能性が高い。

社会的存在としての企業という本質への対応として社会的責任を果たすことが求められるのだが、その場合、社会からの高評価が大きな売上につながったり、あるいは社会的責任を果たすための費用負担を小さくする方向で社会の協力が得られたり、という形で利益に好影響が出る可能性が十分ある。

そして、社会的責任を果たすための活動自体は費用支払いを伴うものが多いであろうが、その活動を行っていることによって、さらに大きい費用分担を社会から求められることが避けられたりするといった効果もあるのである。

こうして私は、利益を大きくする経営行動と三つの本質の間に、基本的な矛盾関係はないと考えているのだが、そうした利益の意味合いを「利益とは社会からのお布施、あるいは社会からいただくお役立ち料」と表現する経営者たちがいる。

この表現は、花王の中興の祖といわれた丸田芳郎氏の表現を借りたものだが、松下幸之助氏にも同じ趣旨の発言がある。また、ヤマト運輸の小倉さんも、同じような意味合いで、つぎのようにいっている。

「宅急便を始めてみて、会社は営利を目的とするという言い分は間違っていたのではないかと思う。私達はお客様を喜ばすことを目的に仕事をする。お客様はそれに感謝しその仕事が長続きするように会社を儲けさせて下さる。それが正しいのではないだろうか」（沼上幹『小倉昌男』p.374）

企業組織の究極の目的が利益最大化かどうかは疑問だが、利益という指標がドラッカーのいうように「仕事ぶりの評価尺度」として広範に認められているために、面白い社会的機能を利益という指標は果たしてきたと思われる。利益を大きくすることが、企業が優れているかどうかの社会全体でかなり共有された評価指標となっているために、じつは資本主義は進歩した、という説があるのである。

利益は資本主義での企業間競争を激しくして、企業が少しでもより優

れた存在になろうとする努力の源泉となり、それがために社会全体が進歩する原動力となった、と喝破したのは、ドイツの歴史家であるウェルナー・ゾンバルトであった。会計は、そしてそれが計算する利益は、社会の進歩に役立った、と彼は『近代資本主義』という本で書いている。

その理由は、単一のしかも共通の評価数値の存在というまぎれのなさが、人間の努力をその一点に集中させる効果を持つからである。たとえば、企業の例ではないが、陸上競技の一〇〇メートル競走を考えてみたらいい。この競走の結果を、時計で計る。九秒台で走ったという数字が出る。その数字で世界一が決まる。そのまぎれのなさゆえに、競技者は少しでも速く走る工夫を無数にすることになる。

もし一〇〇メートル競走の成果を見るのに、たんに走行時間の計時だけでなく、スタートの機敏さ、走り方の美しさ、ゴール時の姿勢、などといくつも定性的評価項目を加えていったら、人類が一〇秒を切る時期はもっと遅くなっていただろう。

数字で業績を測られると、人々は自分の行動を変えることがしばしばある。利益という指標は、その普遍性ゆえに、「それだけを」追求する行動には疑問符がつくものの、企業の三つの本質により磨きをかける方向へと経営行動を誘導する大きなインパクトを持っている。

経営者コラム

ラリー・ペイジ

Management Column ⟶ Lawrence "Larry" Page

ラリー・ペイジ（Lawrence "Larry" Page）は、この本でたびたび紹介してきたように、グーグルの二人の創業者のうちの一人であり、CEOの立場に長くいた経営者である。彼はこの章で書いた企業の三つの本質の高度な実践者である、と私は思う。

第4章でグーグルの経営理念を説明したが、グーグルはその事業の目的を世界中にデジタル情報をきちんと届ける、と設定している。この章の言葉でいえば、デジタル情報のインターネットでの提供を広範に行うための技術的変換を徹底的にやりたい、ということである。

そもそも、ペイジがもう一人の創業者セルゲイ・ブリンとスタンフォード大学の大学院生の頃にウェブ検索の効率的システムを開発した背後の動機が、そのもっともいい例である。あるいは、衛星からの写真技術を導入してGoogle Earthというシステムを仕上げるという技術的変換をしたのも、もう一つの例である。

さらにペイジは、社会への貢献（つまり社会的有用責任）をしたいと明言している。それが、「グーグルの10の事実」のところで紹介した、ユーザー第一（顧客第一ではない）、というグーグルのスタンスに表れている。広告の顧客が売上をくれる人なのだが、その人よりもグーグルの提供するサービスを無料で使うユーザーをもっとも大切にするのである。

しかも、ときには利益につながるかどうかの見通しがはっきりしなくても、ペイジは社会的有用責任を果たそうとしている。だから、世界中の図書館の本の内容をデジタル化する、などというプロジェクトに大きな資源を投入する。

ペイジたち創業者は、グーグルという組織で働く人たちの自律的思考を徹底的に重んじようとするスタンスで経営してきた。この章の言葉でいえば、カネの結合体であることは二の次で、ヒトの結合体であることを最大限に生かしたい、と考えたのである。そして、まるで大学キャンパスの学生サークルのようなノリの経営スタイルをつくってきた。その典型例が、第4章で紹介した毎週金曜に開かれるTGIFという場だった。

こうしたヒトの結合体優先の企業という本質を守るために、ペイジたちはカネの結合体としてのグーグルの設計でかなり極端な手段をとっている。

グーグルは二〇〇四年にニューヨーク証券取引所に上場したのだが、その際にしぶる取引所を説得して、かなり特殊な「種類株」を発行する会社として上場を認めさせた。創業者の株式の議決権を普通株式の一〇倍にしたのである。だから、グーグルはその後にアルファベットといういわば持ち株会社へと変貌していくのだが、そのアルファベットという企業の議決権の五一％を創業者が持っているのである。

つまり、投機家がグーグルの株式を市場で手に入れて支配権を獲得しようとしても、創業者の賛成がない限り、不可能なのである。それは、そうしたカネの結合体としての設計をすることによって株式会社制度をたくみに使いつつ、株式市場のマイナス影響からグーグルのヒトの結合体を守ろうとする行動、と理解していいだろう。

ペイジは、コンピュータサイエンスの大学院生がそのままCEOになったような経営者である。決して、ビジネススクールの教育を受けているわけではない。その彼が、じつに理にかなった経営、しかし当時のアメリカの経営の常識とはちがう経営をしてきた、と私は思う。その素朴な、しかし人間をよく理解した洞察のある経営が、経営の真理を掘り当てた、と私には見える。

第8章 本質と原理の交差点、そして企業統治

交差点に立つ経営者の二つの顔

前章で議論した三つの企業の本質は、いずれも企業という経済組織体を外から見て、そして社会のなかに位置づけて、その特徴を三つの観点から考えたものであった。企業の社会のなかでの役割としての「技術的変換」、企業の構成の特徴としての「カネの結合体とヒトの結合体の二面性」、そして企業が社会に対して果たすべき義務としての「社会的責任」、という三つの本質である。

一方で、第Ⅰ部で議論した経営行動の原理は、組織の経営のあり方を決めるリーダーの立場に立って、つまり組織内部の観点から、組織の立ち位置を設計することからリーダーとして決断することにまで及ぶ、六つのタイプの経営行動のあるべき姿の原理を考えたものであった。

そこで、第Ⅰ部と第Ⅱ部を総合する議論として、企業という存在の本質と経営行動の原理の二つをどのような関係として考えたらいいのか、その全体像を描いておこう。

その全体像を考える視点は、企業という経済組織体の経営者（トップリーダー）の視点である。経営学の本として、当然の視点であろう。それが「交差点」に立つ経営者、という視点である。企業という存在の本質と経営行動の原理、その二つの「大通り」の交差点、という意味である。

前章の冒頭部分で「企業という存在の本質」として企業の三つの特徴を書いた際に、「本質」という言葉をあえて使う意味を、つぎのように説明した。

「ここで『本質』という言葉をあえて使うのは、この三つの特徴を深化・追求することが企業の長期的な健康や発展に大きく貢献すると思われるからである。したがって、経営者や組織のリーダーがそうした本質を深化・追求するように経営行動を考えるべき、という経営行動の指導原理にもなるのである」

つまり、企業という経済組織体の頂点に立つ経営者は、企業という存在の本質の深化・追求を目的として、経営行動をさまざまに工夫する人、というのがあるべき姿だと考えてよい。その意味で、企業存在の本質という観点と経営行動の原理という観点、その二つの観点（つまり大通り）の「交差点」に経営者は立っているのである。

言い換えれば、企業存在の本質と経営行動の原理という二つの観点の複眼を持って企業という経済組織体のあり方を考えている人（あるいは考えるべき人）、それが経営者なのである。

こうして交差点という視点、その複眼の視点を持つことの意義は、組織の内なる構造と組織活力を考える眼としての経営行動の原理と、社外との関係・存在意義を考える眼としての企業の本質、その二つの眼をともに持って、経営行動をより広い視野で考えるようになれることである。

たしかに、経営行動を選択し、決めるのが、経営者の基本的な仕事である。しかしその際に、企業というものの社会的意義を考えることを、交差点という視点は要求する。企業という存在の本質が要求する、「社会からの眼」である。社会のなかで生かされている企業を率いる経営者としては、企業の長期的健康のためにぜひ持つべき視点である。

したがって、こうした複眼を持つことを要求される経営者には、つぎの二つの顔があることになる。企業の内と外との微妙な境界線上にいる存在としての、二つの顔である。

・社外に対して――企業という存在の代表者
・社内に向かって――企業という階層組織のトップリーダー

一つの顔は、社外に対して企業という存在を代表する人間という顔である。企業の社会のなかでの行動について、説明責任を負う人、といっていい。

そこには、企業という存在の本質との関連で、二つのおもな役割がある。一つは、カネの結合体でもある企業の、その結合体の頂点に位置する株主への、直接的な説明責任を負うという役割である。経済的成果を上げることへの責任者である。この株主への説明責任の延長線上に、資本市場という社外の市場への説明責任がある。

もう一つの経営者の社外への役割は、企業の社会的責任の実行責任者であり、社会への説明責任者という役割である。企業の代表者として、逃れられない役割である。

しかし経営者は、企業組織というヒトの結合体の頂点に位置するリーダーでもある。それが、経営者のもう一つの顔である。それは、社内への顔といっていいが、そこには二つの役割がある。

一つの役割は、経営行動全体を決める責任者という役割である。責任者とは、経営行動の設計者であり、かつ最終的な決断者である、ということである。どんな経営行動が適切かを設計し、最終的にその行動をとることを決断するのである。そうした設計と決断の原理を説明してきたのが、この本の

第I部であった。

そして、そうして決断された経営行動は、現場の人間集団によって適切に実行されなければ、意味がない。その実行の際には（あるいは設計のプロセスでも）、現場がきちんとしたチームワークで動かなければならない。そうしたチームワークの基礎に、人間集団の求心力がある。求心力があるからこそチームとして成立する、といってもいい。

求心力を現場にもたらすのも、階層組織のトップリーダーとしての経営者の大切な役割である。それは社内への経営者の第二の役割で、企業というヒトの結合体の「求心力の中心」という役割である。

こうした二つの顔を使い分け、あるいは統合して、経営者は経営行動の原理と企業の本質の間の「総合調整者」としての総合判断をすることが求められている。それが、交差点に立たざるを得ない経営トップの責任である。しばしば、むつかしい総合判断になるだろう。

そして、類似の総合判断は、小さなスケールで、企業の下部組織のリーダーたちにも求められていると考えるべきだろう。彼らはその下部組織の経営を任されているという意味で経営者の代理者であり、いわばミニ経営者と考えればいい。最終責任こそないが、経営者と類似の思考を迫られる場面が多いであろう。

たとえば、自分に任されている分野での経営行動の判断が、企業全体の技術的変換の効率にどう影響するか、社会的責任を企業として果たすことにどんな貢献があるか、それを考えるのは組織のリーダーたちの仕事でもあろう。

あるいは、カネの結合体とヒトの結合体という二面性にも、経営者よりは小さなスケールではあろうが、下部組織のリーダーたちも現場という立場で経験するだろう。自分の担当分野の現場でカネの論理とヒトの論理の融合を工夫しなければならないのが、リーダーたちなのである。

こうして交差点で企業全体のための総合判断をせざる得ない立場の経営者のことを考えると、そのむつかしい判断をよりよい方向へと導くための「企業統治」の問題が自然にクローズアップされてくる。したがって、この章の前半では企業の本質と経営行動の原理の間の関係を論じ、後半は企業統治を議論する、という以下のような議論の順序が出てくるのである。

PREVIEW

▼企業の本質を考えると、とるべき経営行動が見えてくる
▼企業の本質に潜む矛盾が経営行動の選択をむつかしくする
▼経営者への影響システムとしての企業統治
▼ステークホルダー資本主義
▼働くヒトを企業統治にどう位置づけるか
▼ドイツと日本の企業統治
▼経営者が自らを律するための二つの鏡

企業の本質を考えると、とるべき経営行動が見えてくる

しかし、経営者としての複眼の総合判断のむつかしさばかりを強調すべきでないだろう。経営者が自分たちの企業の本質を深く考えることによって、とるべき経営行動が見えてくることも十分ありうる。つまり、企業の本質が経営行動の選択を助けることがしばしばある。なぜか。

その基本的理由は、企業の本質の深化・追求に貢献することの大きい経営行動なら、さまざまな環境変化を乗り越えて、企業の長期的な発展に貢献する可能性が高い、ということである。

たとえば、未来への設計図を描くという経営行動を考えてみよう。

その第一の原理（第1章）である組織の立ち位置の設計とは、結局は自分たちが行う技術的変換をどのようなものとするか、という設計である。この立ち位置設計の判断基準はしばしば、当面の利益の見込みになりがちである。しかし、もっと大きく構えて考えて、どのような技術的変換を選択すると長期的に社会に受け入れられるかを考えた方が、企業の発展に貢献する立ち位置設計になりやすいだろう。

なぜなら、選択される技術的変換の社会的意義への配慮が大きければ、未来の顧客の支持を幅広く得られる可能性が高いからである。たとえば、ＳＤＧｓに貢献できるような技術的変換を選ぶ、ということを立ち位置設計の大きな判断基準の一つにすれば、そうした技術的変換をやってくれる企業への社会の支持は集まりやすいだろう。

こうした「技術的変換の社会的意義」とここで呼んでいるものが、しばしば優良企業の経営理念のなかで表現されている。第4章で紹介した経営理念に例をとれば、グーグルの「すべてのデジタルデータをすべての人に」という経営理念、京セラの「人類、社会の進歩発展に貢献する」という経営理念は、いずれも自分たちが行う技術的変換の社会的意義を強調している。

こうした理念にもとづいた具体的な立ち位置設計の例としては、グーグルはGmailやGoogle Earthに乗り出し、京セラは現在のＫＤＤＩの前身になる第二電電の設立へと動くのである。当面の利益計算だけでは選択されにくい、立ち位置設計である。

もちろん、こうした技術的変換の選択が、将来の大きな付加価値を生み出す源泉となり、そこから利益も生まれてくるという想定はあるだろう。しかし、その想定はある意味で予測計算にすぎず、大きな選択を決断するための材料としては、むしろ技術的変換の社会的意義の大きさの方が経営者の背中を押したと思われる。

未来への設計図の第二の原理（第2章）は、未来への流れを設計することである。その具体的内容の一つの大きな部分は、どんなイノベーションをこれからおこそうとするか、というイノベーションの設計である。それは自社の技術的変換の内容をどう発展させていくかという設計だ、と表現していい。

その選択は、予想利益計算だけではとてもできそうにない。不確実なことが多すぎるのである。しかし、どんな技術的変換を社会は将来望むことになりそうか、を技術のトレンドのなかで考え、自社としてどの技術的変換なら自分たちが貢献できそうだ、社会的責任を果たすことにも貢献するだろう、という思考があってこそ、イノベーションへの流れの設計を選択する最後の決め手になるだろう。たとえば、グーグルが、なぜ自動車の自動運転技術というイノベーションをめざすか、なぜ世界中の図書館の本のデジタル化とそのアーカイブづくりをやろうとするか。技術的変換の本質と社会的貢献・責任の本質を考えなければ、理解がしにくいだろう。

経営行動の原理の第二である、他人を通して事をなすという原理での組織内プロセスの選択でも、企業の本質を深く考えることが選択を助けることはかなりありそうだ。

たとえば、組織的な影響システムの工夫（第3章）の際に、カネの結合体でもあり、同時にヒトの結合体でもある、という企業の本質を考えることが意味を持つ。利益中心に考えすぎると短期的にカネを生み出すような影響システムばかりを考えてしまうが、ヒトの結合体が現場で動いていることを大きく配慮すれば、ヒトの活性化あるいは心理的刺激をめざす影響システムのあり方を深く考えるようになるだろう。

そうして、資本の論理としての「結果の論理」を追うのみならず、ヒトの「プロセスの論理」にもきちんと目を配ることによって、現場の士気が高まり、現場の努力水準が上がり、その結果として利益もついてくるのである。カネとヒトの二面性という企業の本質を配慮した組織内プロセスの選択、という例である。

あるいは社会的な貢献が大きい、つまり社会的な責任を果たす機能が大きなプロジェクト（たとえば、地域からの雇用を大きくすることを含む地方での工場建設プロジェクト）の実行部隊に、若い世代の社員を積極的に参加させるという「他人を通して事をなす」工夫がありうる。それによって、彼らの世代に社会的責任の重要性を自覚させる意義もあるだろうし、そうした公共目的への積極的貢献の経験が彼ら世代の自発的刺激につながることもあるだろう。そうなれば、そのプロジェクト以外でも、彼らの企業活動への参加意欲が大きくなる可能性が十分ある。

第5章で考えた「想定外に対処する」という経営行動の実践の際にも、企業という存在の三つの本質へのさまざまな目配せが加わることの意義は大きいだろう。

たとえば、想定外の対処だからといってあわてて考えると、社会への責任をないがしろにして「短期的対処コスト最小」だけを対処方針としてしまうことになりかねない。そうなってしまうと、その想定外がおきてしまった状況で企業が持っている戦略（たとえば技術的変換プロセスの選択）がいいも

のであっても、それへの社会の信用を一気に落としてしまいかねない。

むしろ、一種の緊急事態でもある「想定外対処」のときこそ、企業の本質に立ち返った判断が重要になりそうである。一事が万事、となりやすいからである。

第6章で考えた「決断する」という経営者あるいはリーダーの行動についても、私は決断のための跳躍に哲学が必要、と強調したが、その哲学を「大きなものに受け入れられる感覚」あるいは社会的な倫理感が支えていることが多い、と書いた。それはまさしく、企業の社会的な存在としての意義（技術的変換の社会的貢献や社会的責任を果たす企業行動）にじかにつながる部分が決断にとって重要、と書いたことに等しいのである。

以上、いくつかの例をあげただけだが、さまざまな面で「企業の本質を考えると、とるべき経営行動が見えてくる」ということがしばしばなのである。

企業の本質に潜む矛盾が経営行動の選択をむつかしくする

前項で強調したように、企業の本質への大きな配慮は経営行動の選択を助けることもたしかにあるが、しかしその本質そのものに内在している潜在的矛盾が、経営行動の選択をむつかしくすることもある。企業の本質のどこを重点に考えるべきか、で経営者が悩むことになるからである。

企業という存在の本質には、つぎの二つの矛盾のタネが潜んでいる。

・技術的変換と社会的責任との間の矛盾
・カネの結合体とヒトの結合体の二面性ゆえの矛盾

こうした矛盾は、決して必然と思うべきではない。矛盾にならないような経営行動の選択は十分ありうる。しかし、矛盾が顕在化して経営者を悩ませることも、またたしかである。そこから目をそらすべきではない。

技術的変換と社会的責任との間の潜在的矛盾とは、一つの企業にとってさまざまな技術的変換プロセスの選択がありうるとき、変換プロセスの技術的あるいは経済的効率の追求だけでは企業の社会的責任との間にすれちがいをもたらしかねない、という矛盾である。

典型例をあげれば、経営が選択しようとする技術的変換プロセスが、公害や温室効果ガスを排出する場合である。あるいは、ジョギングシューズのメーカーが発展途上国で子どもたちの労働力を使って安価に靴をつくっている、と非難されたことがあった。人権問題での社会的責任を果たしていない、という非難である。これも、靴をつくるという技術的変換プロセスでの労働力の使い方の部分で、経済効率のいい方法をとることが企業の社会的責任と矛盾をおこしかねない、という例である。

企業という存在の本質の一つである「技術的変換」は、本質的には「よりよい製品を提供できる」という意味で社会への貢献になる部分も大きい。しかし、その変換プロセスが社会にもたらすマイナスがありうる、という悩みである。そんなとき、企業の技術的変換プロセスと社会的責任の間の矛盾が顕在化するのである。

第二の潜在的矛盾、カネの結合体としての企業とヒトの結合体としての企業という二面性がもたらしかねない潜在的矛盾については、すでに前章でかなりくわしく触れている。あえて結論だけをここで再録すれば、企業が生み出す付加価値からの金銭的な報酬の取り合い、資本の「結果だけの論理」

とヒトの「プロセス論理」のせめぎ合い、そして企業の統治権を株主だけが株式会社では持っているという「二面性に反する」という問題、この三つの潜在的矛盾である。

とくに第三の統治権についての矛盾は、そもそも株式会社制度そのものが持っている統治権の規定の特徴であるだけに、かなり矛盾の解決がむつかしいかも知れない。しかし、金銭の取り合いと結果の論理とプロセスの論理のせめぎ合いについては、カネの結合体とヒトの結合体の双方がそれなりに満足のいく解決を図れる可能性は十分にある。カネとヒトの二面性を企業が持っているということは、双方とも他方を必要としていることを意味するからである。

さて、こうした二つの内在的矛盾を潜在的に抱えながら、経営者は経営行動を選択していかなければならない。それが、企業の本質と経営行動の原理の交差点に立たざるを得ない経営者の役割なのである。

そのとき、二つの潜在的矛盾を経営者のなかで「内部化」して（つまり頭のなかで総合判断をして）、なるべく潜在的な矛盾が顕在化しないように経営行動を選択しなければならないのである。つまり、経営者の総合調整者としての役割に矛盾の解決が任されることになるのが、ふつうなのである。

その解決とは、たとえば技術的変換という本質と社会的責任の本質との潜在的矛盾の場合には、イノベーションを設計し、実行することによってより矛盾の少ない技術的変換のプロセスへと高度化していく、というような解決である。社会的責任を重視しすぎて、技術的変換がもたらす社会への本質的貢献を軽視するのは、企業という存在の本質的意義からみて、おそらく望ましくない。

そして、社会的有用責任を前章で議論した際に述べたように、「ときには利益を犠牲にする」部分が出る、という解決が必要な場合もあるだろう。それは、技術的変換の経済的効率を一部犠牲にして、社会的責任を優先する、という「総合判断」である。

あるいは、カネとヒトの二面性の潜在的矛盾を解決するような経営者による「総合判断」として、不況期でも雇用を維持し、そのための人件費負担を覚悟する、ということもありうる。日本企業の経営者の多くがしばしばとる総合判断である。

その総合判断の背後には、たんに「ヒトにやさしく」という心理的配慮ばかりではなく、雇用を維持することによって人々が持つスキルやノウハウを企業内に確保しつづける方が長期的に企業の健康に貢献する、という論理もありうる。前章で述べたように、企業は情報蓄積体なのである。

ただし、こうした論理に名を借りた甘えの構造が企業の長期的健康をむしばむ、という不健康が成熟産業、あるいは衰退産業などではおきる危険もある。経済効率を考えればとうに撤退せざるを得ないような不採算事業を「切る」という決断を、その事業で働く人々の雇用維持の声に押されてついつい先送りする、というような例である。

不採算事業自体から撤退したとしても、そこで働いている人々の雇用の確保を別な形で考える、という選択がありうるのに、その選択をしないでいたずらに問題の先送りをする、という事態になりかねない。働いている人々の現状維持の望みや労働組合からの反発を考えて問題の先送りがおきる、ということが多いようである。

しかし結局は、問題の先送りは資本の論理からしても望ましくないし、働くヒトの論理からしても望ましくないことがしばしばである。なぜなら、問題の先送りによってそうした「競争力のない不合理な事業状況」に働くヒトがいつまでも縛りつけられてしまい、働く意義の小さな仕事に従事させられる危険があるからである。そんな不健康な状況が生まれてしまいかねない。

経営者への影響システムとしての企業統治

企業の本質を深化・追求するような経営行動の選択にせよ、企業の本質に内在する潜在的矛盾をうまく調和させるような経営行動の選択にせよ、そうした選択が経営者による総合判断、総合調整に委ねられている、というのが企業のマネジメントの実態であり、それが経営者の役割なのである。

その役割をきちんと経営者が果たすようにするために、経営者への「影響システム」を企業は必要としている。影響とは、経営者がそうした望ましい経営行動の選択をするように仕向ける、ということである。すでに第3章で組織内のマネジメントでの、「(部下という)他人を通して事をなす」ための基本が、組織への影響システムであったのと同じような意味で、企業にとって望ましい経営行動の総合判断と選択を経営者がするように仕向けるための影響システムが必要なのである。

経営者がせざるを得ない総合判断が決してやさしいものではなく、しばしば企業のさまざまな利害関係者の誰かの不満足を覚悟せねばならないような選択だからこそ、そのつらい選択をきちんと行ってもらうための影響システムが必要になるのである。

さらにいえば、経営者も人の子である以上、甘えや緩みも自己保身もついつい出てくる危険がある。それを防ぎ、かなりきびしい経営者の役割を果たしてもらうためには、そう仕向けるための仕組みが必要なのである。

私は、経営者性悪説を信じているからこうした仕掛けの必要性を考えているのではない。むしろ、「人は性善なれども弱し」と考えている(これを私は性弱説と呼んでいる。終章で解説する)からこそ、弱さからくる緩みへの防波堤が必要だ、と考えているのである。

そうした経営者への影響システムをいかにつくるべきか、という問題が、企業統治という名のもとに議論されていることの本質である。企業を統治することの本質は、経営者が企業のためになるきちんとした行動をするように仕向けることなのである。それは、国を統治することの本質が為政者が国民のためになるきちんとした国政をするように仕向けることである、ということと同じである。

企業統治の内容としては、つぎの二つのタイプの影響の仕掛けがおもなものであろう。

・経営行動選択の際の経営者の目的に影響を与える
・経営行動の結果をチェックして、経営者の任免をする

第二の影響は、経営者の立場そのものを左右するという「かなり強い影響」である。

こうした影響システムとして株式会社制度は、きわめて明確な仕組みを「経営者が株主の利益を優先して考える」よう仕向けるために、持っている。それが、株主総会での議決による取締役の任免である。さらに、企業の重大事項についての株主総会での議決というチェックであるし、配当の支払いなども株主総会の承認事項である。それらがすべて、株主の利益の代理人として経営者が行動するように仕向ける影響システムとして機能している。

さらに、経営者の行動目的が株主の利益と整合的になるように、たとえばストックオプションというインセンティブが考案されている。これは、株主が経営者に業績次第で株式の割安取得権を与えるという仕組みである。つまり、経営者を株主の一員にすることによって株主の利益を経営者が自己の行動目的とすることを促す仕組みである。

この説明でも明らかなように、こうした株式会社制度が用意している影響システムは、経営者が株主の利益を体現して行動することを促し、そしてチェックする仕組みである。しかしそれは、企業の本質を考えた経営行動を経営者にとらせるための仕組みではなく、企業の本質に内在する潜在的矛盾を前向きに総合的に調整するよう経営者を仕向けるための仕組みでもない。

企業の本質としての「カネの結合体とヒトの結合体の二面性」という点からみると、「株主の利益を経営者が体現するような仕組み」は、この二面性をカネの結合体優先へと導いていくであろう。さらに、社会的責任を持つ企業という点からみても、株主利益の優先は企業の社会的責任と矛盾する危険がある。

したがって、ヒトの結合体でもある企業、あるいは社会的存在、という企業の本質に照らしてみたとき、企業の経営者に影響を与える仕組みとしての企業統治を「株主志向だけ」に委ねるのが本当に正当なのか、という疑問が当然に生まれるであろう。カネの結合体の頂点に位置する株主が相応の権利を持つのは当然としても、もう少し広い視野で企業統治を考える必要がありそうだ。

ただし、こうした「株主志向の強い」経営者への影響システム、あるいは企業統治の仕組みがさまざまに工夫されてきた背景の事情も、理解しておく必要がある。

じつは、株式会社の制度のもとでは、「経営者による会社の実質的支配」という現象が自然と生まれてしまう危険がかなりあるのである。

たしかに、株式会社の理念モデルでは、経営者は株主の委託を受けて経営の実務を担当する株主の代理人、という位置づけではある。しかし、いったん経営の実務を担当すると、現場から遠い株主に代わって経営者が会社の権力機構の実質的なトップの地位を占めることになる。とすると、もし株主からの影響や任免のメカニズムをなんらかの形で抑制あるいは無力化できれば、会社を実質的に支配する権力を経営者が掌握できるのである。

もちろんその危険があっても、株主にはできない現場感覚のある「効率的な経営」で企業全体を大きく発展させる経営を経営者が行っているのなら、問題はない。しかし他方で、経営者は自己の利益をより優先する危険もあり、自己保身や規律の緩みが発生する危険もある。そこから、経営者としての不祥事（たとえば会社の財産を食い物にする）すら発生する危険がある。

それが株式会社の経営者支配の問題として、古くから（たとえば、有名なバーリとミーンズの一九三二年刊の古典的著作『現代株式会社と私有財産』）問題になってきた現象である。経営者資本主義、という言葉すらあるほどである。したがって、株式会社の企業統治の最大の問題が、株主による経営者の行動のチェック（さらにいえば、圧力）ということになるのである。

その影響システムを株主の法的権力（株主だけが企業の主権を持つ）をベースにきちんと働かせるのが、株主主権原理主義的な企業統治の潮流である。ある意味で、株式会社の原理としては自然の流れである。その潮流は、欧米で二〇世紀終盤に高まり、日本でも二一世紀に入って強い流れになってきた。官主導ともいえるコーポレートガバナンス改革がそれである。

おそらくそうした流れがこの時期に強くなってきた基底には、一九九一年のソ連邦崩壊と共産主義の挫折がある。この世界史的大事件は、一般的には資本主義の勝利と受け止められ、とりわけ東西冷戦の勝者となったアメリカの資本主義が世界の模範と考えられるような風潮が生まれてきたのである。

しかしその潮流に対して、株主と株式市場からの過度のプレッシャーのもとに経営者を置くことになる、という批判もしばらくすると生まれてきた。経営者が株主の利益、それも短期的な利益だけを自己の行動目的としてしまうことの弊害が、世界的に社会のあちこちで議論されるようになったのである。

つまり、世界的な潮流として、すでに株主主権原理主義への反省の波がおきている。その波は、「株主からの過度のプレッシャーから、社会に意味のある企業目的へと経営者を解放する」という志向への波である。

それは原理的には、企業を支える存在である社会からの視点、企業という組織体の不可欠な構成要素であるヒトの結合体からの視点、という二つの視点からの企業統治の議論でもある。以下この章では、次項で前者の視点からの議論を、次々項以下で後者の視点からの議論をしていこう。

ステークホルダー資本主義

株主主権原理主義的な企業統治への抵抗の波は、ステークホルダー資本主義とも呼ばれる。ステークホルダー（利害関係者）という言葉が企業統治に関連して使われはじめたのは一九八〇年代のイギリスだが、shareholder（株主）との語呂合わせのようにstakeholderという言葉（ステークつまり利害を持っている人）が使われはじめた。おもな利害関係者として労働者を想定しての議論が多かったが、労働者という言葉を真正面から株主に対抗する言葉として使うと、マルクス主義の「資本対労働」という対立関係を想起してしまう人も多いために、そこを和らげるためにステークホルダーという言葉を使ったのであろう。そして、そのなかに労働者以外にも地域社会などを入れたのである。

こうしたステークホルダーのことを真剣に考えるべきという企業統治の議論が二一世紀になって大

きな世界的潮流となってきたのは、経営者が短期的利益の拡大に走るあまりに社会全体への企業活動のインパクトとして社会にはマイナスの行動をとりがちだ（たとえば、温室効果ガス排出の軽視のように、地球環境にやさしくない企業行動をとる）という批判が、多くの人の共感を呼んだからであろう。

その意味で、株主主権原理主義への批判として、社会（ときとして自然そのものを含めて）を企業活動のステークホルダーに含めて、彼らの利害をきちんと考えるべき、というのが、ステークホルダー資本主義である。

この考え方が社会的にも影響力を持つ明示的な形で打ち出されたのが、二〇一九年にアメリカの有力企業経営者たちの団体・ビジネスラウンドテーブル（Business Roundtable）が発表した、「企業の目的についての宣言」と題された文書である。

この文書で彼らは、企業は株主の利益を追求するのみならず、顧客に価値を提供し、従業員に投資をし、サプライヤーとも公正な取引を行い、地域社会をも支援すべき、と明確に宣言した。つまり、顧客、従業員、サプライヤー、地域社会を株主と並ぶステークホルダーと認定し、彼らへの価値の提供が企業の目的だとしたのである。当たり前のことのように聞こえるかも知れないが、この宣言が「株主原理主義」の総本山のアメリカから出てきたことは、それなりに意味がある。

同じ頃、ＥＳＧ投資という言葉も大きく叫ばれるようになった。ＥとはEnvironment（環境）、ＳとはSocial（社会）、ＧとはGovernance（統治）の頭文字である。経営者が企業行動の環境や社会への影響を深く考え、かつ企業統治（この場合は資本市場や株主からの統治）に心を砕くような経営をするべきだ、という考え方である。

ビジネスラウンドテーブルの宣言と比べると、環境と株主による統治が強調されているところが少しちがうが、社会を志向する方向性は似ている。そして、投資という言葉がＥＳＧの後についている意味は、こうしたＥＳＧを志向する経営を実践する企業に株式投資するべきとアナリストが推奨し、またそうした企業を機関投資家が評価して株を買う、という意味である。

こうしたステークホルダーを重視するこれらのさまざまな主張に共通する特徴は、株主が持っている統治権力に直接介入するのではなく、経営者が経営行動を選択する際の「目的」にステークホルダーの利害を入れようとする、という点である。その意味で、前項で述べた第一のタイプの影響システムが意図されている。経営者の任免という企業の権力機構にじかに手を付けるのではなく、経営者の目的への影響を試みる「企業目的志向」なのである。

その志向が経営者の現実の経営行動に影響を与えられるとする論理回路としては、社会的意義の大きい企業目的に経営者たちが共感して経営行動が変化する、という回路が想定されている。あるいは、そうした経営行動をとるのが望ましいという一種の社会規範が生まれることによって、経営者への影響システムとして機能する、という論理回路もあるだろう。

しかし他方で、株式市場での株価への影響という論理回路も機能していそうだ。それは、ステークホルダーの利害を大きく考えないと「株式市場での評価が下がる」、したがって株価に悪影響が出る、という論理である。とくにＥＳＧ投資にはその色彩が濃厚である。株価メカニズムを経由して経営者に影響を与えようとする点では、株式市場原理主義の範囲のなかの論理回路ともいえるだろう。

そうした論理回路がどの程度に堅固なものか、それに疑問を生じさせかねない事件が、フランスの大手食品メーカー・ダノン（Danone）で二一年におきた。ステークホルダー資本主義の「弱さ」を示唆する象徴的な事件であった。

フランスでは、社会的貢献を自らのミッションの一つとする企業についての法制度（ミッション企業制度）が二〇年につくられた。そしてその五月に、ダノンはフランスの上場企業としては最初のミッション企業として登録した。国連の「持続可能な開発目標（SDGs）」に沿ったダノンの社会的目標と環境的目標の達成が定款に明記され、その目標の達成の検証は一〇名の有識者で構成される独立したミッション委員会によって行われることとなった。この定款変更は当然に株主総会での承認が必要で、二〇年六月に株主の九九％の賛成で承認された。

このときのダノンのCEOであったエマニュエル・ファベール氏は、一四年に同社のCEOに就任して以来、ステークホルダー資本主義の旗手のような世界的評価を受けていた人物であった。しかしその彼が、ミッション企業への転換承認の株主総会からわずか九カ月後の二一年三月に、取締役会によってCEOを解任されてしまう。アメリカとカナダのアクティビストファンドから、株価のパフォーマンスが悪いことを理由に退任の圧力がかかったのである。

しかも、ファベールはこの時期、彼の七年間の任期中の五度目となる雇用削減計画を発表しており、雇用も守れていなかった。そのうえ、研究開発費も競争相手に見劣りする水準で推移していたというし、社内の派閥抗争が背後でうごめいていたという報道もあった。つまりは、基本的な経営行動そのものに問題を抱える一方で社会的目標と環境的目標に邁進していたのが、ファベールの経営の一つの側面であったようだ。

それにしてもあっけない、「ステークホルダー資本主義の旗手」の解任であった。株式会社制度の

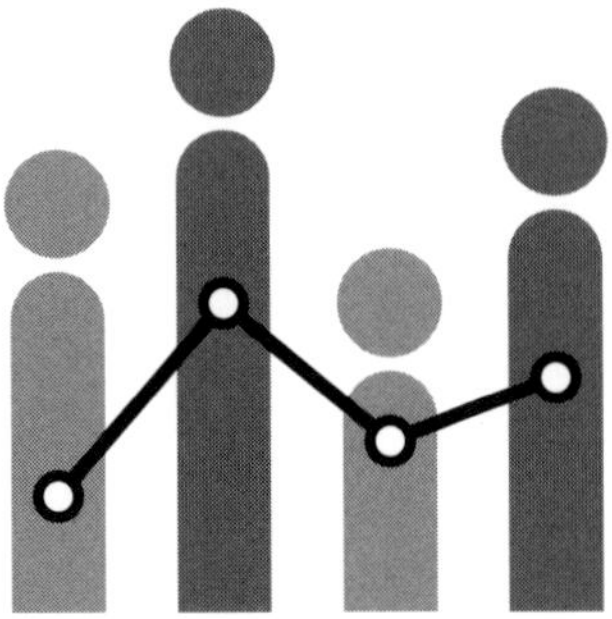

もとでの株主の支配権の強さ、そして株式市場の影響力の大きさを感じさせる。「経営行動の目的への影響」（前項の経営者への影響システムの第一）だけでは、なんらかの会社の権力機構・経営者の任免権への追加的アプローチ（前項の経営者への影響システムの第二）がなければ、株主支配の原理に対してもろい、という例といえそうだ。

働くヒトを企業統治にどう位置づけるか

ステークホルダー資本主義では、たしかに従業員もステークホルダーの一部として入っているのだが、しかし最大の特徴は企業を取り巻く社会がさまざまな形でステークホルダーに入っていることであろう。サプライヤーという取引相手、地域社会という企業を支える基盤、さらにはより広い社会的責任や自然環境への配慮まで、大きな意味での「社会」がステークホルダーの中心なのである。

その意味でステークホルダー資本主義は、「社会からの視点」を企業統治に入れるべきという考え方、と整理できるだろう。それは、前々項で指摘した「企業の本質に潜在的に存在する二つの矛盾」のうち、技術的変換と社会的責任の間の矛盾に直接に対応しようとする考え方、ともいえるだろう。技術的変換の経済効率やそこから生まれる株主の利益だけを志向するのではなく、社会的責任への志向もきちんと考えるべき、という主張だからである。

では、カネの結合体とヒトの結合体という二面性がはらむ潜在的矛盾には、企業統治の世界的議論はどのように対応してきたのか。それが、この項の見出しにした「働くヒトを企業統治にどう位置づけるか」という問題である。

この問題意識の原点は、シンプルである。株主の利益だけを叫ぶ企業統治で、働くヒトのやる気が生まれるのか、彼らの長期的な企業活動への貢献を期待できるのか、という素朴な疑問である。

もちろん、この疑問を真正面から受け止めたのちに、深い思考の結果として、やはり「株主利益最優先」はゆるがせにできない株式会社の原理である、という結論が出てくることは十分にありうる。それがアメリカという国の現在の結論と思われる。しかし、アメリカとはちがった結論にいたったと思われる国もある。

第二次世界大戦後に奇跡の復興をなしとげたといわれた国が二つあった。日本とドイツである。この二カ国は二一世紀の今もなお世界第三位と第四位の経済大国となっている。その日本とドイツは、働くヒトを企業統治のなかに位置づけることを真剣に考え、それぞれの異なるやり方で実践してきた。両国の経済発展と「企業統治でのヒトの位置づけ」は、おそらく無関係ではない。

日本とドイツはともに、第二次世界大戦の敗戦の後に、共産主義革命の脅威を敗戦の大混乱のなかで感じた国であった。ドイツ（当時の西ドイツ）は国のなかに東ドイツという共産主義政権を抱え、チェコスロヴァキアといった共産主義国家と直接に国境を接し、日本は戦後の労働組合運動の高まりと労使紛争の頻発が共産主義革命の前夜を思わせるような状況を経験している。トヨタ、日産、東芝など、名だたる日本の大企業の多くが労使紛争に見舞われた。

そんな歴史的状況がこの二つの国に、「資本と労働の対決」でなく「資本と労働の協調」ができる企業のあり方、もっと具体的には企業統治のあり方、を探らせる原動力になった、と私は考えている。以下、二つの国での働くヒトの企業統治での位置づけを考えてみよう（以下の議論の詳細を含め、企業統治の問題全般については、拙著『日本型コーポレートガバナンス――従業員主権企業の論理と改革』を参照してほしい）。

その前に、原則論を一つきちんとしておこう。なぜ、多くのステークホルダーのなかで、働くヒトが株主と並んで企業統治の権力機構にきちんと位置づけられるべき存在なのか、という原則論である。国の統治機構とのアナロジーで考えると、株主以外のステークホルダーのなかで、従業員（あるいはそのなかのコア従業員）だけが企業統治に参加する「資格」があると思われる理由が、二つある。

一つは、株主と従業員だけが、企業という経済組織体の「内部者」あるいは「構成メンバー」といえるからである。地域社会、取引先、自然などは、たしかに企業活動の基盤を提供はしているが、あくまで企業の外にいる存在である。企業活動への関与の仕方は、株主や従業員という内部者と比べて、はるかに間接的である。

それは、国の統治機構に参加できるのがその国の市民権を持つ国民である理由が、彼らが国の「内部者」あるいは「構成メンバー」であることと似ている。企業という経済組織体の「市民権者」候補となりうるのは、企業をカネとヒトの面から構成している中心となっている株主と従業員なのである。

もう一つの理由は、株主と従業員は企業の内部者であるがゆえに企業の経済的パフォーマンスに直接的な影響を与えることができ、またその意味で企業の経済的パフォーマンスを人質にとっている存在だからである。

企業にカネが十分に供給されなければ、投資ができず、経済的パフォーマンスを上げることへの支障になる。だから、株主に対して企業が貢献して（たとえば高配当）、その見返りとしての出資をしてもらうことがしばしば重要なのである。そして従業員も、彼らに対して好待遇や雇用の継続という形での貢献を企業がすれば、その見返りとしてモチベーション高い働き方が期待できる確率が高まり、その結果として企業のパフォーマンスの向上も期待できるのである。

その点、他のステークホルダーとはちがう。地域社会などのさまざまなステークホルダーは、彼らへの貢献を企業が行っても、それへの見返りとしての企業の経済的パフォーマンスの直接的な上昇はない。見返りがあるとすれば、それはその企業の社会的意義についての認識が高まり、企業の応援団として機能してくれる可能性が高まることである。

さらにいえば、そもそもステークホルダー重視という考え方の社会的な意義は、「社会に生かしてもらっている」企業がそうした見返りを要求せずに社会貢献することなのである。したがって、そうしたステークホルダーが企業目的の一部に出てくることはありえても、企業統治という企業の権力構造へ本格的に登場すること自体には、無理があるのである。

ドイツと日本の企業統治

さて、ドイツと日本の「働くヒトの企業統治での位置づけ」は、ともに重要な内部者として働くヒトをきちんと位置づけてはいるものの、その具体的あり方はかなり異なる。

ドイツの企業統治システムについて特筆されるべきは、ドイツが世界でも例外的に、株主主権だけでない会社法制度をつくったことである。ドイツの株式会社（有限会社を含む）で従業員二〇〇〇人以上の企業は、労資共同決定法（一九七六年制定）という法律により、ふつうの国の取締役会の任務を監査役会と執行役会とに分ける必要がある。執行役会がマネジメントを担当し、その執行役の任免権と企業の基本方針の決定権を監査役会が持つ、という二層構造になっている。

そして、監査役会のメンバー構成は、株主代表と従業員代表が同数、という規定になっている。その意味で、企業統治の主権を株主と従業員が等分に分かち合うという法律的な制度をつくって、法的に働くヒトを企業の権力構造のなかで位置づけているのがドイツなのである。

しかし、企業主権の株主と従業員への等分とはいっても、株主側の意向が最終的に優先される制度的工夫もなされている点が面白い。それは、監査役会の議長は株主代表が務めるという規定であり、そして議長は監査役会の議決が賛否同数となったときに追加に一票投じる権利を持っている、という規定である。

万が一、ある案件で株主側と従業員側が対立して賛否同数となった場合でも、必ず株主側が最後の一票で勝てるようになっているのである。それゆえに、実質的には企業主権は株主五一％、従業員四九％となるように制度ができている、というべきであろう。

ただし、従業員数が二〇〇〇人未満の企業では、監査役会での従業員代表の比重は三分の一でいい、という規定もある。これが一つの大きな理由となって、ドイツには従業員数が一九〇〇人程度で、二〇〇〇人にわずかに届かないという株式会社が多い。経営者たちが従業員の過大な参加を望んでいないようである。

こうしたドイツがとった「法制度による対応」はいかにも法律主義のドイツらしいのだが、日本の従業員を統治構造に位置づける対応もまた、日本らしい「法律は変えず、現場の慣行の積み上げ」だった。

その具体的な方法は、まず第一に、景気が悪化したときに利益を減らしても雇用を守るという経営姿勢が一種の社会規範になった。つまり、従業員の利益をかなり大切にする、という経営行動の目的を、多くの企業の経営者が共有してきた。それは一種の社会規範として、「経営行動の目的への影響」という機能が生まれた、ということである。

そうした経営姿勢の背後に、戦後の復興期の苦しい状況のなかでの労使紛争の多発があった。労使協調路線が自然の解としてその混乱のなかから生まれたのである。それは長く現在にいたるまでつづいている。

たとえば、バブル崩壊後の日本企業の苦境の時期に、その時の経団連会長でもあったトヨタ自動車会長が「雇用を守ろう。雇用を守れない経営者は、雇用を切る前にまず自分が腹を切れ」と公式の場で発言するほどであった。

だから、日本の失業率は低く、かつ景気変動があってもそれほど波動しない。実際、コロナショックの後のアメリカの失業率は五％から一五％近くにまで短期間で上昇した時期もあったほどだし、歴史的にもアメリカの失業率は大きく変動してきた。それに対して、日本の失業率は二・五％程度で安定して推移しているし、その安定はコロナショック後だけでなく、歴史的にも一貫している。

第二の従業員の位置づけの方法は、取締役会メンバーのほとんどを従業員からの昇進者にすることであった。もちろん、社長も例外ではない。それによって、役員でない従業員も自分たちの代表が取締役会のメンバーになっているという感覚を持てるし、また役員自身が自分の同僚や部下であった従業員たちを大切にするように自然に考えるだろう。ここでも、「経営行動への影響」が従業員出身者が大半の取締役会という形で生まれ、その結果として働くヒトをないがしろにしない経営行動がとられやすくなっている。

さらにこの取締役会構成は、経営者の任免を実際に決める取締役会の決議に対する株主の直接的影響を和らげる効果を持っている。もちろん、そもそも取締役になるかどうかは株主総会の決議だから、その点では株主のチェックメカニズムは存在する。それがストレートになりすぎないような緩衝装置としての役割である。つまり、経営行動への影響システムの第二である「経営者の任免」についても、内部出身取締役が大半という取締役会構成はある程度の効果を持っている。

そしてさらに、株主が法的に持っている支配権力の実行を減衰する手段として、株式持ち合いも広く行われた。企業同士がお互いの株主を持ち合い、お互いの株主総会で経営者提案に賛成するサイレントパートナーとなるのである。

こうしたさまざまな工夫は、法的な制度変更などをすることなく、株式会社制度の枠内での慣行としてはじめられ、積み重ねられたものであった。そして、株式会社としての株主主権はそのままであるから、いざとなれば株主主権を発動できる余地がもちろんある。

こうした慣行の積み重ねから生まれる経営は、「平常時は従業員主権をメインとし、非常時には株主主権がメインとなる」という経営といっていいだろう。従業員がこうして企業統治に位置づけられたのである。

このやり方のデメリットの最大のものは、経営者へのチェック機能が無力化する危険があることである。

内部出身取締役は、その人事権を実質的に経営者に握られていることがしばしばである。だから、経営者の行動への反対は表面化しにくい。持ち合い株主は、相互の沈黙の約束があるようなものなので、経営者へのチェックの行動はとりにくい。

したがって、最近の日本のコーポレートガバナンス改革が社外取締役の数の増加と株式持ち合いの解消を推進しようとしている目的は、まさに日本的な従業員の企業統治への位置づけが持つこうした弱点を解消することだと思われる。

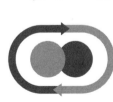

もっとも、この改革トレンドについては、その意図は理解できるが、実効が本当に期待できるか、かえってマイナスの効果はないか、と疑問を持つ人々もかなりいる。

さて、日本のやり方は、ドイツとはちがって、株式会社の法的な権力構造を変更しなかった。その点で、ダノンの悲劇のように、株式会社の「株主主権だけ」という法制度の前にもろさを持っている。それが、二一世紀に入ってからアメリカ型株主主権の主張が強くなるとともに、日本の従業員主権的な経営のやり方を「いいものだと思うが、公言するのははばかられる」と多くの経営者が感じるようになった(そんな声を私的な会話でしばしば私は耳にしている)、根本的な理由であろう。やはり法的制度の建前は強い。

したがって日本も、もしこれまでの従業員主権的な経営の本質的よさを認めるなら、さまざまな形でもっと制度的に働くヒトを企業統治に位置づけるような工夫をしていく必要が大きいだろう。たとえば、上級管理職による社長の無記名信任投票制度、さらには会社法の抜本的改革、などである。信任投票制度については次項の終わりに少し触れるが、会社法の抜本的改革などはこの本でくわしく解説する余裕はないので、興味のある読者は前掲の拙著をご覧いただきたい。

経営者が自らを律するための二つの鏡

この章の議論は、結局、経営者のあり方についての議論であった。企業統治も、その本質は「外から経営者を律する」ということなのである。外とは、経営者の外部からという意味である。

そして、企業の本質と経営行動の原理の交差点に立って総合判断をしなければならない経営者の大きな責任を考えると、経営者が適切な経営行動をとるように「影響システム」が必要なこと、しかしそれを社会が用意することがかなりむつかしいこと、いずれも理解できたであろう。

たしかに株主からの影響システムはあるが、株主と経営者との人間的距離がしばしば遠すぎるのに、利益や株価の数字という魔力が強すぎる。それで、利益や株価にだけ焦点が合いすぎるという問題がある。また社会からの影響システム（社会的責任論、ステークホルダー論、ＥＳＧなど）では、話が大きく拡がりすぎて、かえって焦点がぼやけ、抽象的議論で実効が小さい危険も大きい。

だから、つまるところは、外からでなく、経営者自らが自分を律することに期待せざるを得ない部分がどうしても残るのである。そうした「自らを律する」ことがどの程度促進できるかどうかを考える際に、一般的に意義が深いと思われる、一つの声と一つの眼がある。それが、顧客の声と上級幹部の眼、という二つの鏡である

交差点での総合判断を自分がきちんとできているのかどうかを自らを律して自己点検する際に、自らを映す鏡のようなものがあるといい。その鏡に自分の姿が結局どう映っているのか、それをベースに自分を律する自己点検を行うのである。その役割を果たす機能が大きいと思われるのが、顧客の声と上級幹部の眼だと思われる。

ステークホルダー資本主義の議論の際に、株主への価値を提供するだけでなく、企業は顧客、従業員、サプライヤー、地域社会に価値を提供すべき、と多くのステークホルダーがリストアップされていた。ＥＳＧ投資の志向では、さらに自然環境がそのリストに加わった。

しかし、そうしたステークホルダーをリストアップするだけでは、経営者の総合判断を自ら律する仕組みあるいは鏡としては、不十分であろう。むしろ、こうしたステークホルダーがそれぞれどのような意味で企業にとって大切かを、きちんと考える必要がある。

それを考えたうえで読者に提示したい思考枠組みが、「顧客の声と上級幹部の眼」という二つの「自分の外の鏡」を経営者はきちんと意識すべき、という枠組みである。さまざまなステークホルダーのなかで、顧客と上級幹部に自分を映す鏡を求めるのである。もちろん、他のステークホルダー（株主も含めて）を無視していいというのではない。しかし、この二つが経営判断を律する基軸になる声と眼だ、ということである。なぜか。

まず、顧客は神様である。ステークホルダーという名前などは不適切で、それよりもさらに上位の、企業の存亡を決める存在である。彼らは、自社の製品に直接手を触れて、気に入れば売上をくださる。それが企業が生存していくための原資である。彼らの声が、売上という紛れのない数字として表面に出るのである。彼らの不満をきちんと解消していくことが、あるいは彼らのニーズを満たすように心がけることが、経営判断のもっとも基本になるべきスタンスである。

つまり、企業経営の良し悪しの最終判定者は顧客であり、顧客の声を神の声として聞く、その声が彼らがくださる売上だ、と考えるのである。

他方、上級幹部が経営者を見る眼について。

組織の現場で経営者の公私にわたる行動・言動に触れる機会の多い従業員、とくに上級幹部たちの眼は、きびしいのがふつうであろう。もちろん彼らが、自分が観察したことをストレートに経営者に告げることは稀であろう。人事権を握られている相手なのだから、当然である。しかし、彼らは細かいことまで見ている。株主など外部への説明では経営者として適当にいい繕うことができるようなことも、その現場の真実をよく見ている上級幹部の眼はごまかしにくい。

だから、経営者は彼らの眼を意識した方がいい。声として外部に発せられるものでなくても、眼がなにを物語っているかを見ようとするのである。それは経営者の行動の裏表を映す鏡として、自らを律するのに大きな役割を果たしてくれるであろう。

ここで上級幹部だけに限定して、従業員全体の眼としていない理由は、経営の総合判断にかかわる経営者の言動・行動を現場で観察できるのは上級幹部だけだからである。従業員全部の眼を意識するというのでは、数が大きくなりすぎるし、感度の高い情報を彼らの眼が伝えてくれる可能性は小さいのである。

顧客と上級幹部以外のステークホルダーは、たしかに企業としては大切な存在だが、顧客と上級幹部ほどの「濃さ」のある関係はふつうはないであろう。

取引先（サプライヤー）と地域社会は、企業への応援団である。外部から応援してくれる人々である。自然そのものは企業の存続の基盤である。しかしいずれも、経営判断に意義のある声をしばしば届けてくれるような存在ではない。

株主は、外部から律する仕組みとして経営者への牽制装置が機能できるような基盤を、法制度が整えてくれている。だから、ことさらに株主を「自らを律するための鏡」としなくていいし、鏡としてまで意識するとかえってそこが過度に濃い影響力になってしまう危険がある。とくに、株式市場で株価が経営のよさのスコアカードのようについている上場企業では、株主への過度な意識はかえって経営の攪乱要因になりかねない。

さらには、その過度に濃い影響力を利用しようとする投機家株主に悪用されて、企業全体の長期的健康には反するような行動を迫られる危険すらある。アクティビストファンドの大きな配当の要求や自社株買いの要求のなかには、そうしたものが含まれていそうだ。もちろん、株式会社制度の根幹として株主を大切にするのは当然であるが、ほどほどの適切な対応が、一般的には株主への対応のもっとも健康的なスタンスであろう。こうして、顧客の声と上級幹部の眼が、経営者が自ら律する影響システムの二つの「外なる」鏡として適切だと思われる。

顧客の声が集約されてくるのは、苦情と売上高である。その両方の現状と変化に、経営者は最大限の注意を払う必要がある。顧客のなかに感度の高い顧客のグループを特定できるのなら、そのグループに焦点を絞ってもいい。そこから、神の声を聞こうとするのである。

お客様相談室に寄せられた顧客からのクレームのまとめと意味の深い個別クレームの生の声を、全役員に毎朝届ける企業がある。それをきちんと読んで顧客の真の声を考えようとするスタンスが、経営者が自らを律するための基本スタンスになっているのであろう。

また、この章の学者コラムで紹介するピーター・ドラッカーは、企業の目的は顧客の創造だ、と主著の『現代の経営』で喝破している。顧客の創造のためには、顧客の声なき声を聞き、その声に従った技術的変換の成果としての製品を顧客に届ける必要がある。それではじめて、新しい顧客を創造できる。顧客の声を聞くことが、あるいはきちんと想像することが、経営判断の原点なのである。

上級幹部の眼をきちんと意識し、そこから自らを律するための情報をくみ取ろうとするのは、決してやさしいことではない。会議の場、人事評価の場、あるいは廊下の雑談、取引先訪問の際の会話、などをふんだんに利用して、「自らはどんな眼で見られているのか」を意識して考えられる経営者が、自らを律することができるだろう。

前項で日本企業の「企業統治での従業員の位置づけ」の議論の最後に、上級管理職による社長の無記名信任投票制度という提案を書いたが、その投票の狙いはまさに上級幹部の眼の集約をすることである。これを全従業員の投票にしたのでは、人気投票になってしまう。経営者の総合判断のプロセスを見ている人たちに限定した信任投票なのである。また、記名にすると、人事権を持っている社長に対して本当の意見が出てこない危険がある。

そして結果を公表する必要はない。経営者が自らを律するための貴重な材料として、使えばいいのである。ただ、二割以上の不信任票があったら、不信任の背景を取締役指名諮問委員会や監査役会がきちんと調べる、というような内部ルールがあってもいい。また、これを信任投票でなく選任投票にしてしまうと、株主の経営者任免権を侵す危険もあるから、株式会社制度としてはまずいであろう。

上級幹部の眼の集約の仕方には、こうした投票以外にもさまざまな方法がありえていい。最近よくいわれる、三六〇度評価の経営者版も、その一例であろう。要は、そうした眼を真剣に受け止める姿勢が、経営者が自らを律する姿勢として大切なのである。

学者コラム

ピーター・ドラッカー

Scholar Column → Peter Drucker

ピーター・ドラッカー（Peter Drucker）は、この本の二つの基本テーマとして私が選んだ、「経営行動の原理」と「企業の本質」をともに深く考えた最初の学者であろう。経営学の巨人というべき学者で、経営するということをつき詰めて考えた、最初の学者（あるいは少なくとも最初の一人）といっていいと思う。

彼は、『企業とは何か』というそのものズバリのタイトルの本を、早くも一九四六年に書いている。また、経営行動の原理をおもなテーマとしていると私には理解できる主著『現代の経営』を彼が書いたのは、五四年だった。そして彼の経営についての著作の集大成ともいうべき『マネジメント：課題、責任、実践』を世に問うたのは、七三年、彼が六三歳の時だった。壮大な体系の本である。

こうした著作で、彼は企業の社会的責任をまだ誰も触れていない時期に書き、「公共の利益を経営者の行動目的にせよ」とも書いている。そして彼は、経営者の責任の大きさを、声を大にして語ってきた。

彼はまた、経営学者であると同時に、大きな視野の卓抜な社会評論家でもあった。だから、『断絶の時代』をはじめとする多数の時代評論になる著作を出している。その大半が世界的にベストセラーになっているという、希有な学者である。

その彼が、面白いことに、アメリカのビジネススクールの経営学者の間では、それほど尊敬されていない。彼の本がビジネススクールで教科書として使われることも、それほど多くないだろう。それは、今でもそうだろうし、私がアメリカのビジネススクールで博士号をとり、その後少し教えていた五〇年近く前でもそうだった。カーネギー・メロン大学の教授のなかには、「あれは学問ではない」とバカにしていた人もいた。

たしかに彼の著作は、データで仮説検証をするわけでなく、また論理的なモデルで理論展開をするのでもない。しかし、経営についての洞察の深さや体系化の見事さが際立っている。

そもそも彼の想定読者（顧客）は、経営者や現場のリーダーとして経営について悩んでいる人たちである。アメリカのビジネススクールで経営「学」の研究をしている研究者たちではなかった。アメリカの経営学は、経済学を「フォロー」して科学化に懸命になりすぎて、じつは経営の実践から遠ざかる傾向がかなりある、と私は感じている。学界の「本ではなく、論文重視」「論文の査読という相互監視制度」のもたらす、意図せざるマイナス効果というべきだろう。そんな学者たちには、ドラッカーは訴えようとも思わなかっただろう。

ドラッカーは、彼の想定した顧客（読者層）に、彼らに理解しやすい文体と事例で書いた。多くの経営学者のおもな顧客は学界の他の経営学者だから、すれちがって当然でもあろう。

企業は社会のなかできわめて重要な存在、その経営を担う経営者は社会のなかでじつに重要な機能を果たしている人たち。その経営を体系的に整理して考えることが、社会的にも意義の大きい仕事である。

三〇代まではドラッカーの本を読むこともなかった私も、彼のそうした思いをいつしか共有するようになっていた。だから今の私自身の多くの著作も、アメリカの経営学者とはすれちがいがおきていそうだ。

そして、この本を書く際にもっとも参考にしたのも彼の著作であった。彼の枠組みに従って本書の枠組みをつくったのではないが、枠組み構成の思考のプロセスでは、全体的視野のある彼の著作は貴重であった。

世界ではじめて経営についての体系的な本を出したのはドラッカーで、それが『現代の経営』である。ただ、この本の英語のタイトルは *The Practice of Management*（経営の実践）なのだが、邦訳のタイトルは『現代の経営』となっている。

The Practice of Management は、その書名通り、経営の実践を体系的に解説する、というスタンスの本である。概念整理の枠組みは私のこの本とはちがうが、彼のスタンスはこの本での私のスタンスとまったく同じである。天国でドラッカー先生が、「お若いの、あなたの枠組みはここがちょっとちがうんじゃないか」といっておられるかも知れない。

終　章

経営を考えるための一六の言葉

経営する覚悟

前章までの内容は、経営学の新しい体系を提案したものである。それが、「経営学とはなにか」というこの本のタイトルへの、私なりの一つの回答であった。

シンプルな体系である。経営行動の原理としては、未来への設計図を描き、その実行を他人にやってもらう。しかし、意図通りにはいかず、想定外がおきる。それへの対処も、経営の重要部分。また、すべての経営行動の通奏低音として、決断することが大切である。そして、企業の本質を考えたうえで、企業統治が経営者へのチェックとして存在する。

体系としてはシンプルかも知れないが、そのすべてを行わなければならない経営者あるいは組織のリーダーからすれば、経営するというのはこんなに面倒くさいことか、という印象になるかも知れない。経営行動だけでも六つの項目（各章）があり、そのうえ、企業の本質は潜在的に矛盾を抱えているし、企業統治で外部から牽制される（攻められる?）。

しかし、いかに面倒でも、経営を引き受ける方々がいないと、組織が困る、社会が混乱する。ドラッカーの言葉を前章のコラムで紹介したように、経営者やリーダーはわれわれの社会できわめて大きな役割を果たしている不可欠な存在なのである。

この終章では、経営を実際にしなければならない人たちを想定して、経営をどのように考えればいいのか、そのポイントを四つのパート、合計で一六の言葉にまとめてみた。

それは、私が経営というものをどのように見ているか、を断片で切り取った言葉で表現したことにもなっている。その意味では、この終章の一六の言葉が、「経営学とはなにか」という問いに対する私のもう一つの回答でもある。

この項でのパート1は、「面倒な」経営というものを引き受けようとするのは案外と覚悟がいるものだということを想定して、「経営する覚悟」についてつぎの四つの言葉を紹介したい。

---

1. 高い志と低い目線
2. 決断したら、まっしぐら
3. 独断の根拠を持つ
4. すべての人間は失敗する権利がある。ただし、失敗から学ぶという義務がついている

---

1. 高い志と低い目線

高い志があるとは、自分の組織と自分自身の人生でなにを達成したいか、どんな貢献をしたいか、それについて高い目的を持つ、ということである。たんに私利私欲を追うのではない公の心を持ち、大きなことを達成したいという気持ち、といってもいい。

それが経営することを覚悟するのに重要だと私が思う理由は、高い志が、組織としてなしとげたい

ビジョンの大きさを決め、さらにはそのビジョンを部下や周りの人たちが信じてくれるか、彼らがついてきてくれるかを決める、と思うからである。

高い志があるからこそ、曇りの少ない眼で歴史の流れを大きく捉えることができる。そこから、大きなビジョンが生まれてくるのである。その高い志を周りの人間も感じれば、ビジョンをゆがんだ思いでは受け止めない。

こうした高い志を持った経営者の典型例が、この本で紹介した経営者たちであるが、とくに第1章で紹介した西山彌太郎にはその色が濃い。日本という国を思い、鉄の未来を思う、そんな高い志が西山さんにはあった。たんに、個人の夢、企業としての欲得だけの話ではないのである。

志といういわば青臭い言葉をあえて使っているが、もちろん、単なる理想主義や言葉が空疎にすべる考え方が大切といっているのではない。信念といえる、しかもリアリティの核があるものでなければならないだろう。

そして高い志と同時に、現実のディテールをきちんと見る低い目線が必要である。目線を低くして現実的にさまざまなゴタゴタを処理していかなければ、組織の経営はできない。

いわば、遠くを見はるかす志の高い目線と、足下を見つめる低い目線、その両方を持っていないと、現実に機能するいい経営はできない。低い目線がなければ、リアリティのある経営はできない。しかし高い目線がなければ、いたずらに現実に拘泥するだけになりがちである。その高い目線は、志がもたらしてくれる。

さらに、高い志は経営者あるいはリーダーとして育つことにも大きく貢献するだろう。低次元での現状満足をその持ち主にさせないから、その人に多くのことを考えさせ、自己修練の契機をつぎつぎとつくりだしていく。だから、育つ。高い志はまた、その高さゆえに多くの人を惹きつける。さまざまに救いの手も出てくる。ときには、志とちがう行動を誤ってとったときには叱声も飛ぶだろう。そうした周りからのさまざまな刺激がある。だから、その人は育つ。

2．決断したら、まっしぐら

大きなビジョンを持っていても、そしてそのビジョンを実現しようと綿密な計画を低い目線で事前にかなり固めていても、実際に計画が動き出すと、事前の想定とはちがうことがかなりおきるのがつねである。第5章で扱った想定外である。

その対処の際に、「決断したらまっしぐら」というのが、いい経営者あるいは組織のリーダーの共通の特徴である。この本で紹介したすべての経営者に当てはまる。

柔軟な対応はするものの、大きな方向は変えずに、不屈の実行力でひたすらまっしぐらに走るのである。そのまっしぐらをあえてやろうとする覚悟、それが経営することの覚悟の一つである。

まっしぐらに進むとは、たんに信念を変えないというだけではない。前へ進む行動力、実行力がなければ、前へは進まない。それは、大きなビジョンをかかげる経営者としては、不可欠の要素である。不屈の実行力がなく、逡巡して動かないリーダーには、いくらビジョンが美しくても、人は怖くてついていけない。

もちろん、思いつきのようにふらふらと道を変えるリーダーにも、人はついていけない。ただ走りつづければいいのではない。「まっしぐら」感が必要なのである。想定外への柔軟な対応でありながら、しかしまっしぐらと周囲が思えるというのは、行き先の大きな方向性がぶれないからである。ぶれずに、しかし柔軟に走りつづける、というむつかしいことが「まっしぐら」には要求されている。しかし、そうした不屈の実行力が意図としてはあっても、まっしぐらに走るための現場の具体的工夫、あるいは想定外対処の現実的な知恵がなければ、走りつづけられない。まっしぐらに行きたいが、しかしどう走ればいいか分からないという壁にぶち当たるからである。ここで、低い目線がふたたび重要になってくる。そして、そうした現場の工夫の経験は、人を育てることにも貢献するだろう。

3．独断の根拠を持つ

私は、この深みのある言葉を、日本語ワープロの開発者として有名な森健一先生（元東芝）からお聞きした。研究開発プロジェクトの分岐点や行き詰まったときに、開発のリーダーに必要なものはなにかを議論していたときである。論理やデータがまだ不十分でも、開発をどちらの方向へ進めるか、プロジェクトメンバーの間で意見が分かれていても、リーダーは決めなければならない。データが集まってから、などと悠長なことはいってはいられない。開発のデッドラインがあるし、開発チームがいつまでも迷って動けないのでは士気にかかわるからである。

最後は、リーダーが自分の責任で「独断」するしかない。「独りで責任を持つ判断」、他人からの納得感は今一つかも知れない、という意味の独断である。しかし、独断とはいえ、なにかの根拠らしきものを自分自身を納得させるためにも持たなければ、その判断はできない。それが独断の根拠である。

開発の話だから、そのときの独断の根拠のなかには、部分的なデータや不完全ながらも用意された論理が、当然入っている。しかし、「それだけではダメだ」と森先生はいわれた。リーダーの「感性と教養、価値観のすべてに裏打ちされたものが必要だ」とおっしゃるのである。それが独断の根拠なのである。

その通りだろう、とそのときに私は思った。そして、その「独断の根拠」は、経営の世界での跳躍という決断にも必要とされる、と思う。すでに決断の章で述べた「哲学」と、本質的に同じものだが、あえて「独りで」というニュアンスを強調するために、「経営する覚悟」の議論ではこの言葉を使おう。


いわば独断をあえて最後にはする覚悟、そのための根拠をなにかの形で自分のなかに持つ努力をする覚悟、その二つの覚悟が経営するということには重要なのである。

その独断の根拠を哲学というかたちにまで昇華できると、さらに自他への納得性が大きくなりそうだ。哲学は、人間を動かす原動力になりうるからである。本田宗一郎さんに、「人間を動かすスパナは哲学だ」という名言がある。スパナ、といかにも工場の現場をイメージさせる言葉を使っているのが、現場たたき上げのエンジニアである本田さんらしくていい。

では、独断の根拠を自分の内面で積み上げるのには、なにが必要だろうか。最大の貢献要因はどうも「失敗」らしい。独断をして失敗する。そこから学ぶ。そのくり返しから、よりよい独断の根拠が、つまり自分の哲学が、自分のなかでできてくる。

それを語る本田宗一郎さんのつぎの名言が、「経営する覚悟」パートの最後の言葉である。

4．すべての人間は失敗する権利がある。ただし、失敗から学ぶという義務がついている

独断の失敗は、人間の権利なのだから当然にしてもいい。失敗を恐れてなにもしないより、はるかにいい。しかし、失敗から学ぶ義務がついている、と付け加わるのが本田さんの深さである。

そして失敗は、独断の失敗ばかりではなく、経営していればさまざまな状況で失敗がありそうだ。それを恐れては経営はできない。だから経営する覚悟の一つは、失敗する覚悟ともいえるだろう。

もちろん、本田さんがいうように、失敗から学ぶ義務がある。ただ、その学び方には、さまざまな工夫があっていい。そこでは、プロシアの鉄血宰相ビスマルクの有名な言葉が役に立つだろう。

「愚者は経験に学び、賢者は歴史に学ぶ」

自分の失敗の経験だけが、学びの材料ではない。歴史上のさまざまなできごとから、あるいはその歴史のメカニズムの理論から、人間は豊かな学びをできる可能性がある。

自らの失敗の原因をふりかえる。そしてそれが、歴史のなかで他の人々が経験した失敗のメカニズムや原因と似ていないか、どこがちがうかを考える。それで学びが深まり、自分の独断の根拠が磨かれていく。

歴史に学ぶといっても、歴史の理論書から学ぶことに限定する必要はない。毛沢東について、こんな話がある。文化大革命という中国共産党内での権力闘争での戦略を彼が考えていたとき、寝室につねに置かれていたのは『三国志演義』という有名な古典小説だったそうだ。

現場の本質

「経営する覚悟」パートにつづいて紹介したいのは、「現場の本質」についてのつぎの四つの言葉である。

―― 5. 人は性善なれど、弱し ――

6. 現場には、カネ、情報、感情がつねに同時に流れている
7. 日常の仕事の場は学習の場でもある
8. 活力方程式：活力＝知力×（意力＋体力＋速力）

なぜ、現場の本質について語るのか。それは、経営することによって成果を生み出すために動かすべきは、現場だからである。すべては、現場でなにがおきるか、おきないか、によって決まる。だから、現場が経営の直接的な対象となり、その本質についての言葉が「経営を考える」ための参考になることが期待できる。

5. 人は性善なれど、弱し

当然のことながら、現場では人々が働いている。その「人」について、どのような基本的な前提、想定を置くかは、経営のあり方の根幹を決めることになるだろう。たとえば、人の本来の性質は善なのか、悪なのか。

古代中国で性善説を唱えたのは孟子であった。それに対して性悪説を唱えたのが荀子ということになっている。孟子の性善説は、「すべての人は善人だ」というような楽天的な意味ではなく、「人には善の兆しが備わっている」という意味であるという。荀子の性悪説も、すべての人間の本質は悪である、という単純な性悪説ではなかった。

『荀子』という本の第一巻は「勧学」、つまり学ぶことの勧めである。とても、単純な性悪説の本の出だしではない。荀子は、人間は自然の欲望を持っている、そのために努力をしないとついつい悪い

面が出てくる、それを出さないために学ぶことが重要、といいたかった。

おそらく、性善説も性悪説も、ともにその本質は正しいのである。つまり、多くの人間が、善の兆しを持っているが、しかし放っておけば自分の欲望に負けてしまうことも十分ある。そのため、ついつい緩む危険も持っている。つまり、弱いのである。どこかに弱さを持ったうえで、しかし善いことをしたいと思ってはいる。それが多くの人の姿ではないか。したがって、「人は性善なれども弱し」。

私はそうした人間の見方を、「性弱説」と呼んでいる。私の造語である。それが、組織の経営を考える際の人間の捉え方として、適切な想定だと思う。たとえば、性悪説だけで見られて、人のモチベーションが上がるだろうか。ただ決められた範囲のことだけやればいい、と思ってしまうのが自然ではないか。しかし性善説だけで、ついつい多くの人が少しずつ緩みかねないことを防げるだろうか。それもできそうにない。

6．現場には、カネ、情報、感情がつねに同時に流れている

仕事をしている生身の人間はたんにカネと引き換えに労働サービスを提供するだけの、ロボットのような「物質的存在」ではない。人間には、感覚器官があり、頭脳があり、心がある。彼らはみんな、情報的存在でもあり、心理的存在でもある。仕事の場でさまざまな情報を受け取り、感じ、そこから学習をしている。さらに、他人と情報交換や情報共有している。つまり、情報の流れが現場ではつねにおきている。

そして人は、仕事のなかで喜んだり、落ち込んだり、仲間に共感したりする。それは、感情の流れが現場にはある、ということである。

しかし、カネの流れは、もっともイメージしやすい。市場に製品を送り出したその対価としての販売収入というカネが入ってくる。その生産に必要なさまざまなモノを買えば、そこでもカネが流れる。さらに、仕事の場は人々が労働サービスを提供して対価として賃金をもらう場になっている。

こうして、さまざまなカネの流れが仕事に伴って発生している。それをきちんと記録する会計のシステムもある。数字で出てくるだけに、そのカネの流れだけに人間の注意は集中しやすい。

しかし、人間は学習する存在、情報処理をする存在でもあるから、仕事をしながら情報がついでに必ず流れている。たとえば研究開発や市場調査の仕事をしている場合には、それは意図的に情報の流れを起こすための仕事になっている。しかし、生産や販売という、情報の流れとは無縁に見える作業をやっている人たちも、仕事のプロセスのなかでさまざまな観察をし、学習をしている。そして、誰かが獲得した情報を別の人に伝達しようとするコミュニケーションもおきる。

そうした仕事をしている人々はまた、必ず感情を持ち、心理的な動きを自分のなかに抱えた存在である。仕事をしながらやりがいを感じることもある、つまらないと思うこともある。さらには、人々の間に感情の相互作用がおきることも多い。たとえば、多くの気の合う仲間と一緒に仕事をしていると、高揚感を感じる。こうして、「仕事の場には感情が流れている」とでも表現すべき現象がつねにおきているのである。

仕事の場で三つのもの（カネ、情報、感情）が自然に同時に流れているという事実は、こう考えてみると自明のことに見える。しかし、カネの流れについつい多くの人の注意が集中するために、情報の流れと感情の

流れに十分な注意が行かなくなる。

そして、三つの流れのなかには活発な流れもあるだろうし、活発でない場合もあるだろう。あるいは、おきるはずの流れが悪くなっているという現象もありうる。三つのものの流れを活発にし、それを組織の成果にどうつなげるべきか。それは、マネジメントの本質の一つである。

さて、情報が仕事の現場では流れているということから派生してくるのはつぎの言葉である。

7．日常の仕事の場は学習の場でもある

第1章でこの言葉について、不用意なアウトソーシングが生み出しかねない悲劇（自分の組織のコア能力の緩慢な枯渇）に関連して議論した。そこで書いた、「自分で仕事をすれば、自分が学習する。他人に任せれば、他人が学習する」という表現は、この言葉のエッセンスの別な表現形である。

この言葉のさらなる派生形として、「現場での学習を軽視すると手配師の力学が生まれる」ともいえる。

コスト効率重視だけの目的で下請けにさまざまな業務を依頼することが多くなると、メーカーの技術の現場で、自社の技術者はあまり技術本来の仕事をしなくなり、下請けなどに仕事を振ることが自分の仕事になってしまう。つまり、「手配師」が多くなりすぎる危険がある。そうなると、肝心の技術は誰が担うのか、という問題が生まれる。技術は下請けに、手配のノウハウだけは親元に、という笑えない話が出てくる。

手配師の力学は、技術的な現場に限定された力学ではない。事務系の現場でも発生する。たとえば、経理の仕事をアウトソースすると、経理部に残った仕事は「経理アウトソースの手配」になってしま

うだろう。それで、影響システムとして微妙な機能を生み出せるような管理会計システムをつくれるだろうか。

これとは逆に、仕事の場を学習の場として活用して成功した日本企業の経営のいい例が、QCサークルなどの現場での品質管理活動であろう。

品質管理活動は、現場で仕事をやっている人たちに、その仕事の内容の改善の方法を考えてもらうための集団活動である。もともとは「アメリカ流の統計的品質管理」を現場に浸透させるための道具としてはじまった現場活動だが、その内容を日本企業の現場が換骨奪胎して、現場の知恵を活用する方法に仕立て上げた。

それが自然に、人々に現場の仕事から改善のアイデアを考えようとする学習行動を促すようになる。つまり、日常の仕事の場が学習の場として活かされているのである。

さて、現場の活力を大きくしたい、と誰しもが思うであろうが、その時のポイントを面白い形で教えてくれるのが、土光敏夫さん（元経団連会長で、政府の行政改革臨調会長）のつぎの言葉（方程式）である。

8．活力方程式：活力＝知力×（意力＋体力＋速力）

この言葉は、経営者やリーダーにとって自分の活力の源泉はなにかを考えさせてくれるものでもあるが、現場の人々の活力の源泉にも当てはまる。

現場の人々に仕事をやりとげる執念や気持ちの大切さを好んで演説する経営者やリーダーが、しばしばいる。まちがってはいないが、それはこの方程式でいえば、「意力」の部分の大切さだけを強調していることになる。意力はたしかに（　）のなかのたし算の最初の変数ではあるが、しかしかけ算の相手の一つにすぎない。

もっとも大切なのは知力で、それがかけ算的に活力全体を決める根源になっている、と土光さんはいうのである。知力が低ければ、どんなに意力や体力があっても、真の活力は低くなってしまう。

この方程式で知力がかけ算になっているのは、知力の内容としての論理の大切さゆえだと私は思う。小倉さんの言葉、「経営とは論理である」を思い出させる。また、ＱＣサークルの成功の本質も、現場の人々に論理的に考える方法を教えて、結果として彼らの知力を高めたことではないか、と考えられる。

もちろん、現場の活力には体力も速力も必要である。とくに速力が入っているのが面白い。とにかくスピーディに事をこなすことが活力を生む一つの大きな要因なのである。現場の業務実行のスピードが上がれば、成果が生まれるスピードも上がるし、それが活力に影響しそうだ。

さらに、体力が入っている点も、「財界の山法師」といわれて強靭な体力を誇った土光さんらしい。体力が業務実行のエネルギー源になることはたしかだが、体力は知力を陰で支える要因としても大切だと思われる。体力が衰えると、知力もまた衰えてくるのがつねなのである。考え抜くためには、体力が必要だからである。だから、体力はこの方程式の表面に見えるよりも重要である。

この土光方程式は、現場の活力を鍛えるには、現場の知力も意力も体力も速力も、すべて鍛える必要がある、と語っている。したがって、仕事の場をこの四つの力の学習の場として活用することの重要性も語っているのである。

「不」常識の経営

そんな現場を率いて、結果としてどんな経営をめざすべきか。それがパート3の内容である。いい経営とは、すこし常識を外れる、ユニークさがしばしば必要という意味で、「不」常識の経営である。非常識ではない。常識をくつがえすような経営、というほどの意味である。紹介する言葉は、つぎの四つである。

---

9. バカなとなるほど
10. そこまでやるかのつるべ打ち
11. 捨てる決断：2−1＝3
12. 戦いは正を以て合い、奇を以て勝つ

9．バカなとなるほど

『「バカな」と「なるほど」』とは、私の畏友である神戸大学名誉教授の吉原英樹さんの本のユニークなタイトルである。この本での吉原さんの主張は、いい経営の特徴は、聞いた瞬間には「バカな」と感じるような要素がその内容に含まれていて、しかしきちんと説明を受けると「なるほど」と思えることだ、というものである。

不常識を象徴する経営の部分が、「バカな」で表現されている。しかしそれが、きちんとした合理性、思いつきにくい合理性を背景に持っているということが、「なるほど」である。だから、「バカな

を許す」というスタンスを持つことによって、ふつうはとられにくい経営行動への発想をうながし、しかし一方でたんなる変な思いつきにすぎないものを退けるために「なるほどを求める」というスタンスもきちんと持つ。

世の中には「なるほど」のない「バカな」、つまりバカなと聞いた瞬間に思い、よく聞いてもやはりバカな、ということもじつは多いから、なるほどを求めることはきわめて重要である。それを求めるということは、経営行動を考える人に論理構築力を求めるということである。なるほどと思える論理を用意する力である。その論理がなければ、人々がついてきてくれない。

そして、「バカな」とつい常識的には感じてしまうことを発想できるということは、現場想像力をフルに働かせて懸命に面白い仮説、現実がじつはこう動くのではないかという仮説を創造することを意味する。ああでもない、こうでもない、とさんざんに考え抜いて、論理的に成立する仮説を最後に生み出すのである。

つまり、仮説創造と論理構築、それが「バカな」と「なるほど」の背後にあるものである。こうした説明を、学者的な解釈、我田引水、と思わないでほしい。卓越した戦略家は、じつは仮説創造と論理構築の名手なのである。

「バカな」と「なるほど」の一つの例とも解釈できるのが、つぎの不常識の経営の言葉である。

10．そこまでやるかのつるべ打ち

一連のつながった経営行動を、短期間に集中的に行う、それも「そこまでやるか」と顧客や現場が思うほどに徹底して「つるべ打ち」のように行う。その「徹底」が、たとえば経営改革や顧客へのアピールが大きなインパクトを持つには必要、という意味である。

なぜ必要かといえば、鍵は「臨界点」である。

物事が大きく変わるとき、そこには臨界点がしばしば生まれる。この点を越えれば一気に事が動く、逆にその点が切所となって動きが鈍ることもある、という限界の点である。人工衛星を打ち上げるとき、地球の重力から離脱する点まで行かないと、重力に引き戻されて衛星は落ちてきてしまう。その離脱点が臨界点である。

顧客へのアピールとしてのつるべ打ちの例が、グーグルの「10の事実」の最後の項、「すばらしいでは足りない」であろう。すばらしさを通り越して顧客を説得できる臨界点まで行かないと、顧客は動かない、ということである。

臨界点へは、到達すればいいだけではない。早く到達することが必要である。なぜなら、臨界点をめざそうという「大胆な経営行動」（たとえば、経営改革あるいはユニークな製品の顧客へのアピール）は組織のエネルギー消費が多く、またストレスも多い。それに長時間にわたって耐えるのは、むつかしいからである。

そうした臨界点に組織が早く到達するように、人々の間に一定の方向への流れをつくり、大胆な経営行動にためらいがちになる人々の背中をその流れの力で押すように工夫する必要がある。それが、「そこまでやるかのつるべ打ち」なのである。

経営改革の場合など、つるべ打ち的な同時多発行動は、抵抗勢力への対抗策としても意味がある。どんな改革にも抵抗勢力はつきものである。しかし、つるべ打ちは抵抗勢力がまとまる時間的余裕を与えない。それであちこちに抵抗が分散している分には、それほど怖くないのである。

つづいて、捨てる決断についての言葉をみてみよう。

11. 捨てる決断：2－1＝3

事業にしろ、市場にしろ、なにかを捨てるという決断は、しばしば経営者やリーダーを迷わせる。捨てることがもったいない、怖いからである。しかし、いかにも不常識の経営に聞こえるこんな言葉（方程式）をネット証券で大きく成長した松井証券の松井道夫さんから聞いたことがある。

ふつうの算数の答えとしてはまちがっている。しかし、人間の心理や波及効果を考えると、正しい方程式になる。

捨てる決断をすると、現状の2から1をマイナスする（つまりなにかを捨てる）ことによって、そこにまずは穴が生まれる。しかし、その後に、その穴をべつのなにかで埋めようと懸命に考える人が出てくる。あるいは、そういう人をつくる。さらには、1をマイナスしたことによってそれが邪魔していた別なものが表へ出てくることもある。いずれも、マイナスするプロセスからなにかが生まれることを意味している。

逆に加える決断の場合、方程式は　2＋1＝1　になってしまう、と松井さんはいう。

1が加わったためにそれまであった2との関係が複雑になる。あるいは、2が安心をする。だから、ねじれや緩みが出る。それが全体の成果の邪魔をする。だから、1を加えたのに成果がかえって落ちてしまう。プラスするプロセスでなにかが余分になり、それが邪魔をして、結局悪影響が大きいのである。

捨てる決断の方程式（2－1＝3）の意味は重い。

多くの新しい経営行動をとろうとするとき、しばしば新しいことを実行するための資源不足が問題となる。しかし、今すでに余分になりつつあるものを捨てること（あるいは転用すること）をまず考えた方がいい。捨てた後に、あるいは転用によって、新しい資源が生み出されてくる。それは、人々のエネルギーだったり、眠っていた能力や設備であったりする。

捨てるという引き算から生まれるプラスを考えられない人、信じられない人には、引き算の決断はできない。なにかを切れば、そこからなにかが生まれる。切断の出血や痛みを抑えようと、努力が生まれる。そこから波及効果がおきて、プラスがやがては生まれてくる。そのプラスを信じ、その波及効果をつくろうとするのが、不常識の経営の一つである。

しかし、不常識を、あるいは「バカな」だけを、いきなり最初から求めるのはまちがいであると教えてくれるのが、つぎの孫子の言葉である。

12．戦いは、正を以て合い、奇を以て勝つ

正とは、正統的で定石通りの戦略であり、奇とは意外性を持った戦略のこと。孫子は、「戦略の基本は正、そこへ奇を加えると勝てる」といっているのである。

正の戦略で「合う」と孫子がいう状況の典型的イメージは、戦場で定石

に従った布陣で四つに組む、というものであろう。しかし、その四つに組む状態だけだと、敵との戦力の差がきわめて大きくない限り、はげしいぶつかり合いがあちこちでおきることになり、消耗戦になる。そうなったら、明確な勝ちを取るのはむつかしい。しかし、そこで奇襲作戦が加わると、戦況が一気に変わって、勝ちが取れる。

企業の競争戦略でも同じであろう。競争相手と似たような製品ライン、似たようなサービス、類似の価格で競争を挑んでも、消耗戦になるだけである。そこになにかの「奇」が加わると、競争の状況が一気に変わって、多くの顧客を勝ち取ることができそうだ。

アップルのiPhoneの使いやすいインターフェイス、すばらしいデザイン、などは発売当初はまさに「奇」であった。しかも、携帯電話としてもモバイルインターネット端末としても性能はとびきりで、「正」をきちんと基礎に持っていた。

つまり、奇正の組み合わせが大きな成果のもとであり、そしてここが大切なのだが、正がまずあって、そのうえに奇が加わると勝てる、と正奇の優先順位も孫子は指摘している。いいかえれば、正がなくて奇ばかりでは勝てない。そして、もちろん、正ばかりでも勝てない。

これを不常識の経営に関連して解釈すれば、不常識な経営は奇の部分を持っている。しかし、その不常識ばかりを求めるような経営は、じつは成立しない。正という基礎部分があってはじめて、奇が生きるのである。

原理とものの見方

さて、経営を考える言葉の最終パートは、原理で考える、きちんとしたものの見方をする、その両方の大切さについてである。つぎの四つの言葉を取り上げよう。

13．原理方程式：経営の具体策＝環境×原理
14．神は細部に宿る
15．大きく構える
16．マグニチュードと濃淡をつねに考える

13．原理方程式：経営の具体策＝環境×原理

いい経営と多くの人が思うもの、成果を上げている経営行動の背後にはこの方程式が成り立っている、と考えられる。その経営行動の具体策を決めた人は、なんらかの考え（原理）を持って、しかし自分たちの置かれた環境条件も考えたうえで、具体的に適切な行動を決めた、ということだろう。

この原理方程式が意味を持つもっとも分かりやすい状況が、経営の具体策の国際比較と、同じ国で環境条件が大きく変わった後の経営の具体策の変化、であろう。

国際比較に例をとれば、国によって、社会環境や歴史的条件がちがう。その環境のちがいが、同じ経営行動の原理を持っていても、経営行動の具体策の国によるちがいを生む。

そして、観察される具体策のちがいから、経営の原理そのものが国によってちがうとただちに決めつけない方がいい、とこの方程式は語っている。同じ原理でも、異なった環境に反応して、選択される具体策にちがいが生まれるのは、十分にありうることである。

たとえば、第3章で議論したインセンティブシステムのつくり方は、国によってかなりちがう。日

米のちがいを例にあげると、日本は年齢的な配慮をする傾向がアメリカよりはかなり強いし、現場の人々が実際に上げる成果を金銭的インセンティブに直結させようとする度合いはアメリカよりも弱い。

現実の観察はたしかにそうであろうが、それを「インセンティブの与え方の原理そのものがちがう」と解釈する必要はない。成果を上げた人のインセンティブは大きくするのが適切、という原理は日米ともに共通しているが、環境条件がちがうから、現実に観察されるインセンティブの具体策がちがう、と解釈した方が自然であろう。

その日米の環境条件のちがいとはたとえば、社会的・文化的に、「人々の間の待遇のちがいを社会としてどの程度容認できるか」「年齢というものを人々の待遇を決める際の配慮条件とすべきという社会的認識がどの程度に存在するか」、あるいは「金銭的報酬の大きさが持つ社会的意味のちがい」などという環境条件である。

だから、日本企業で成果ベースのインセンティブシステムをアメリカ式のマネで導入しても、安定的に機能しにくいのである。同じ原理（成果に応じてインセンティブを与えるのが正しい）が日米でともに成立しても、社会環境とのかけ算で具体策の正解が変わる、という例である。

こうした環境条件と原理のかけ算を考えるべし、というのがこの原理方程式の一つの意味だが、もう一つの意義は、経営行動を決める人は自分の原理はなにかを考えるべき、とこの方程式が語っていることである。つまり、かけ算が大事、そして自分の原理はなにかを考えることも大事、ということである。

読者のみなさんも、自分の原理をみつける、自分が納得できる原理を大切にする、という姿勢を持ってほしい。この本のような経営学の本の一つの意義は、そうした「自分の原理」をつくりあげるための材料提供である。

14．神は細部に宿る

これは現実を観察する際のものの見方についての、私の好きな言葉である。ここでの「神」とは、二つの意味がありそうだ。

一つは、現実全体の象徴という「神」である。現場の細部に目の前の現実全体の傾向を象徴するようなことが表れることが多い。だから、一つの細部を見ることで、全体の様子を想像できる。一事が万事というが、一事がある特定の細部、万事が神である。つまり、万事が一事に宿っている。

それは、一つの細かな現象（たとえば工場のトイレの汚れ）がじつは氷山の一角であることを意味している。だから、細部を見ると、全体が見えることがある。私もしばしば、工場見学に行くとトイレを借用する。トイレがきたない工場で、綿密な品質管理やコストダウン努力は期待しがたい。

「神」という言葉のもう一つの意味は、「原理」ということである。現場の小さな現象にも、その現象を生み出した原理がある。現実はそれなりにつじつまの合った論理の産物なのである。その意味で、「現実は論理的である」ともいえる。だから、一つの現実の細部からその現実の背後にある原理を推測できるのである。

その推測のためには、現実の経営の具体的姿をよく知り、それを環境変数で「割り算」をして、原理を導き出す、という方法をとるのが自然だろう。つまり、先の13の原理方程式を変形して、

原理＝経営の具体策÷環境

と考えるのである。こんな環境でこういう具体策をとっているのは、こんな原理を持っているので

はないか、と逆算で見当をつけるということである。

多くの名経営者が、じつはこの割り算をやっていて、その結果として「自分の経営の理論」あるいは「経営のコツ」を抽出している、と私は思っている。だから、名経営者の話には、深さを感じるのである。彼らが、経営の具体論を語っているだけでなく、自分がつき詰めた自分なりの原理を語っているからである。そんな逆算による原理の推測を読者もしてほしい。それで、自分が納得できる原理を、自分でみつけてほしい。

さて、細部に神はたしかに宿るのだが、細かいところ「ばかり」を見ているだけではバランスのとれたものの見方にはならない。だから、つぎの言葉が意味を持つ。

15. 大きく構える

細部を観察する目を「虫の目」というとすれば、大きく構えること、つまり大きな地図を持って長い時間の射程でものを見ること、は「鳥の目」で見るということになるだろう。虫の目と鳥の目と、両方を使い分けることが、ものの見方として大切である。

「あえて大きく構えて」、大空に舞う鳥の目で地上のものを見るようにしないと、二つの弊害がついつい生まれやすい。一つは、現実的になりすぎて目の前の制約に目をとられすぎる、という弊害である。視野狭搾のおそれがある、と表現してもいい。

目の前の制約ばかりを静的に眺めていると、八方ふさがりに見えるかも知れない。しかし、万物は流転する。必ず動いている。新しいものが古いものに交代していく。そうした動的な見方とは、時間的な射程の長いものの見方であり、そこからいい経営の発想は生まれてくる。

「小さく構えてしまう」ことがもたらすもう一つの弊害は、不都合な真実をついつい見なくなることである。

不都合な真実とは、自分の組織をとりまく要因の実態として、大きなマイナスをもたらすポテンシャルが大きいような真実のことである。「そうなったら困るな」という不都合である。その不都合さゆえに、ついそれから目をそらしたくなる。それが、不都合な真実を見ないということである。

それは、無知ゆえにあるいは知的怠慢のゆえに見るべきことが見えなくなっている、というのとはかなりちがう。目の隅ではちらっと見えているのに、そこまで視野を拡げないでいる。結局は、都合のいいことだけを見たがる、という人間の弱さが根底にある。

それを防ぐには、大きく構えて、大きな地図をあえて拡げて、その上に否応なしに周囲の現実を明確に位置づける努力をするしかない。

ただし、さらに人間の弱さを指摘すれば、そうした大きな地図自体がしばしばゆがみがちになることは、意識した方がいい。自分たちに近い分野（地図でいえば地域）については細かな縮尺の、しかし知らない分野では縮尺がずいぶんと粗い、そんなゆがんだメンタル地図を多くの人が持っている。だから、企業の例でいえば、既存事業では綿密な計算で慎重に行動する企業が、新規分野ではずいぶんと荒っぽいジャンプをしてしまうのである。

正しい縮尺の大きな地図を意識して、その上で長い時間の射程で動的にものを見る、見たくないこともしっかり見る。それが、「大きく構える」ということの基本であろう。

「大きく構える」ことに関連して、つぎの言葉でこの章を締めくくろう。

16．マグニチュードと濃淡をつねに考える

大きく構えてものを見れば、大小さまざまな細部が目に入ってくる。その全体像をどう捉えるのが、建設的か、思考として健康か。

結論的にいえば、細部の間の重要性のマグニチュード（大きさ）の比較をし、そしてどの細部が大切かの濃淡をつける、という姿勢をつねに持つことである。

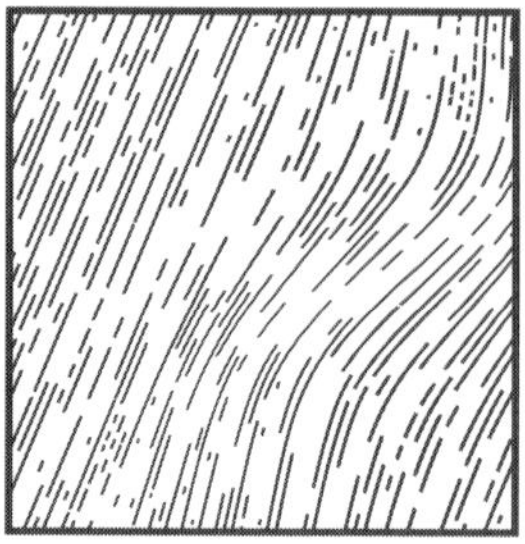

すべての細部を細かいままに全体としてべたっと並べても、情報処理能力に限界のあるわれわれには、「全体を理解する」ということにはいたらない。ましてや、そこから経営行動を決める、つまりなにかの行動を一つ選択する、そのための発想は生まれにくいだろう。

たとえば、顧客のニーズに応えようとして、製品の機能も大切だし、価格も顧客は気にしそうだ、と考える。さらに、補助的サービスも重要に思える。そのうえ、製品の機能にもさまざまな次元があり、補助的サービスはもっとさまざまな要素でできあがっている。さて、どこを自社のアピールポイントにするのか。第1章の立ち位置設計であげた、訴求力構造の設計の基本である。

答えは、顧客のニーズは束になっていること（どこか一つだけ満たせばいいのではない）を深く認識し、すべての訴求ポイントは大切にする。ただし、どの程度の力をそれぞれのポイントに注ぐかは、濃淡をはっきりつけるべきである。そして、各訴求ポイントの重要度のマグニチュードをはっきりさせる必要がある。そうしないと、自分たちのアピール全体がぼやけた像として顧客の目には映ってしまうだろう。

マグニチュードと濃淡の感覚が小さい人はしばしば、行動案の選択のための長いチェックリストを

つくりたがる。洩れがないように、と考えるから長くなる。そして、リストができると安心する。しかし、それだけではあまり役には立たないだろう。その長いリストをすべて合格点でパスする行動案など、現実にはないだろうから。

リストアップされたチェック項目のなかで、重要度の優先順位をつける必要がある。なにを重視して選択するのか、という濃淡である。しかしそれでもしばしば、淡いところが淡いままでいいか心配になる、優先順位の低い項目がその低さでいいのか気になってしまう。それで、結局はぼけた思考になる。

濃淡はきつすぎるくらいにつけて、じつはちょうどいい。濃淡をつけることをためらいがちな人間の弱さを考えれば、それが正解になりそうだ。

学者コラム

井尻雄士

Scholar Column — Yuji Ijiri

井尻雄士先生(私のカーネギー・メロン大学時代の恩師だから、先生と書かせていただく)は、異色の会計学者である。日本の公認会計士試験合格の史上最年少記録(少なくとも当時は)で公認会計士になった後、アメリカに留学し、一九六七年に三二歳の若さでご自分の母校・カーネギー・メロン大学の教授になられた。アメリカでも、異例の若さである。そして、後にはアメリカ会計学会の会長にも選出された。

私が六九年にカーネギーに留学したときのアドバイザーの一人として、井尻先生を大学がつけてくれた。当時の私の専門分野はオペレーションズリサーチという経営数学のような分野だったので、同じ専門だったわけではない。日本人だから、日本語で話せるから、という大学側の配慮だったと思う。

しかし、ご自宅にお招きいただくことが重なり、公私共に親密にさせていただくうちに、じつに偉大な学者だと感じるようになった。そして博士論文の研究をはじめる博士二年生の半ば頃には、井尻先生のもとで博士論文を書きたいと思った。それで、管理会計分野に自分の専門を変え、先生のもとで博士論文を書くことをお許しいただいた。当時のカーネギーは、そうした自由度にあふれていた。

私はこの本で「原理」の大切さを強調しているが、その原点は井尻先生からの薫陶にある。先生自身も実務志向の強い会計学の分野で、きわめて原理志向の強い研究をされた方なのである。

しかし、先生から私は経営の実務感覚の大切さも学んだ。当時、ガルフ石油のコンサルタントとして週一回勤務されていた先生から、「伊丹さん、経営っていうのは、他人を通して事をなす(Doing things through others)ということだと思うよ」と先生の研究室での雑談のなかでいわれたのである。

あのときの狭い研究室での光景が、まだ記憶に残っている。意外なことを聞いた、という印象である。その意外さだけが記憶に残り、この言葉の深い意味をしばらくの間、私は理解できなかった。しかしその後、日本で企業研修などで経営についての議論を現場の管理職の方々とするうちに、この言葉の意義の深さをしみじみと感じはじめたのである。

先生からはまた、「大きく構える」ということの大切さも学んだ。私が一橋大学の助教授になってしばらくの頃だったろうか、日本に来られた先生との二人だけの席で、自分の分野を管理会計から経営学に移していた私に対して、こうおっしゃったのである。

「伊丹さん、どうせ経営学をやるなら、五〇〇年はもつ経営学をめざしたらいいよ。それにトピックも、地球という惑星のマネジメント、というような大きなことも考えたらいい」

これには、驚いた。五〇〇年と地球のマネジメント。スケール感がすごすぎる。そこまでは私は行けなかったが、その頃から「人本主義企業システム」という視点で日本的経営を企業システムの理論として考えるという発想を持ちはじめたのは、こうしたスケール感の影響があったのであろう。

さらにいえば、先生の影響は他にもこの本にある。経営の具体策を環境で割り算することによって背後の原理を推測する、という考え方である。割り算という言葉で示唆されたのではないが、「社会科学の研究というのは、神様だけが原理をご存じで、研究者が断片的な情報からその背後の原理を想像しながら突き止めていくこと」といわれたのである。

それをエルーシブ（Elusive）というカードゲームの例で教えていただいた。神様役の人が、自分がカードを見せる順番のルールを自分の心の中で決め、カードをプレーヤーに順番に見せていく。プレーヤーは見せられたカードから神様役が決めたルールを推測する、というゲームである。カードの印という断片情報、そしてそれが見せられる順序という環境条件、それらから割り算で暗黙のルールを逆算するのである。

エルーシブとは、つかまえにくい、という意味である。経営学の理論づくりの作業はまさに、「つかまえにくい」経営の原理を現実観察からなんとかつかもう、推論しよう、という試みなのである。

参考文献

・伊丹敬之『日本型コーポレートガバナンス』日本経済新聞出版、2000
・――『場の論理とマネジメント』東洋経済新報社、2005
・――『イノベーションを興す』日本経済新聞出版、2009
・――『本田宗一郎　やってみもせんで、何がわかる』ミネルヴァ書房、2010
・――『人間の達人　本田宗一郎』PHP研究所、2012
・――『経営戦略の論理（第4版）』日本経済新聞出版、2012
・――『孫子に経営を読む』日本経済新聞出版、2014
・――『高度成長を引きずり出した男』PHP研究所、2015
・――『直感で発想、論理で検証、哲学で跳躍』東洋経済新報社、2020
・――、加護野忠男『ゼミナール経営学入門（第三版）』日本経済新聞出版、2003
・――、青木康晴『現場が動き出す会計』日本経済新聞出版、2016
・小倉昌男『小倉昌男　経営学』日経BP、1999
・楠木建『ストーリーとしての競争戦略』東洋経済新報社、2010
・H・サイモン『経営行動』（桑田耕太郎他訳）ダイヤモンド社、2009（Herbert Simon, *Administrative Behavior*, Free Press, 1945）
・E・シュミット、J・ローゼンバーグ『How Google Works（ハウ・グーグル・ワークス）』（土方奈美訳）日経ビジネス人文庫、2017（Eric Schmidt and Jonathan Rosenberg, *How Google Works*, John Murray Publishers, 2015）
・城山三郎『燃えるだけ燃えよ　本田宗一郎との一〇〇時間』講談社文庫、1988
・高橋伸夫『コアテキスト　経営学入門（第2版）』新世社、2020
・武石彰『経営学入門』岩波書店、2021
・P・ドラッカー『マネジメント：課題、責任、実践（上、中、下）』（上田惇生訳）ダイヤモンド社、2008（Peter Drucker,

Management: Tasks, Responsibilities, Practices, Harper & Row, 1973）
・——『現代の経営（上、下）』（上田惇生訳）ダイヤモンド社、2006（Peter Drucker, *The Practice of Management*, Harper & Row, 1954）
・沼上幹『小倉昌男　成長と進化を続けた論理的ストラテジスト』ＰＨＰ研究所、2018
・野中郁次郎、竹内弘高『知識創造企業』（梅本勝博訳）東洋経済新報社、1996
・Ａ・ハーシュマン『経済発展の戦略』（麻田四郎訳）巌松堂出版、1961（Albert Hirschman, *The Strategy of Economic Development*, Yale University Press, 1958）
・Ｃ・バーナード『経営者の役割』（山本安次郎他訳）ダイヤモンド社、1956（Chester Barnard, *The Functions of the Executive*, Harvard University Press, 1938）
・Ａ・バーリ、Ｇ・ミーンズ『現代株式会社と私有財産』（森杲訳）北海道大学出版会、2014（Adolf Berle and Gardiner Means, *The Modern Corporation and Private Property*, MacMillan, 1932）
・平井一夫『ソニー再生』日本経済新聞出版、2021
・藤本隆宏『能力構築競争』中公新書、2003
・森健一、鶴島克明、伊丹敬之『ＭＯＴの達人』日本経済新聞出版、2007
・吉原英樹『「バカな」と「なるほど」』ＰＨＰ研究所、2014

【著者略歴】

伊丹敬之（いたみ・ひろゆき）

国際大学学長、一橋大学名誉教授。
1969年一橋大学大学院商学研究科修士課程修了、72年カーネギーメロン大学経営大学院博士課程修了（Ph.D.）、その後一橋大学商学部で教鞭をとり、85年教授。東京理科大学大学院イノベーション研究科教授を経て、2017年9月より現職。この間スタンフォード大学客員准教授等を務める。『マネジメント・コントロールの理論』『経営戦略の論理（第4版）』『人本主義企業』『日本型コーポレートガバナンス』『場の論理とマネジメント』『よき経営者の姿』『イノベーションを興す』『人間の達人 本田宗一郎』『高度成長を引きずり出した男』『日本企業は何で食っていくのか』『難題が飛び込む男 土光敏夫』『孫子に経営を読む』『平成の経営』『直感で発想 論理で検証 哲学で跳躍』『日本企業の復活力』『中二階の原理』など著書多数。

経営学とはなにか

2023年5月17日　1版1刷

著　者　伊 丹 敬 之

発行者　國 分 正 哉

発　行　株式会社日経BP
日本経済新聞出版

発　売　株式会社日経BPマーケティング
〒105-8308　東京都港区虎ノ門4-3-12

印刷・製本　シナノ印刷　　DTP　CAPS

ISBN978-4-296-11805-2　　Printed in Japan